教育部中学教材配套参考书

复旦五浦汇丛书

U0958612

黄玉峰　主编

从陪伴到放手

作文新探索

从采访家人的非虚构写作开始

杜虹　等　编

上海科学技术文献出版社
Shanghai Scientific and Technological Literature Press

图书在版编目（CIP）数据

作文新探索：从采访家人的非虚构写作开始 / 杜虹等编 .
—上海：上海科学技术文献出版社，2020
ISBN 978-7-5439-8126-3

Ⅰ . ① 作…　Ⅱ . ①杜…　Ⅲ . ①作文—高中—选集　Ⅳ .
① H194.5

中国版本图书馆 CIP 数据核字 (2020) 第 059459 号

策划编辑：张　树
责任编辑：苏密娅
封面设计：留白文化

作文新探索：从采访家人的非虚构写作开始
ZUOWEN XIN TANSUO: CONG CAIFANG JIAREN DE FEIXUGOU XIEZUO KAISHI
杜　虹　等编
出版发行：上海科学技术文献出版社
地　　址：上海市长乐路 746 号
邮政编码：200040
经　　销：全国新华书店
印　　刷：常熟市人民印刷有限公司
开　　本：787×1092　1/16
印　　张：12.25
字　　数：253 000
版　　次：2020 年 6 月第 1 版　2020 年 6 月第 1 次印刷
书　　号：ISBN 978-7-5439-8126-3
定　　价：38.00 元
http://www.sstlp.com

《作文新探索：从采访家人的非虚构写作开始》

编 写 成 员

杜　虹　简振雷　彭艳萍
复旦大学附属中学青浦分校2021届学生

引言

从上学第一天开始，家、学校，就成为学生生活的主要场景，虽然现在的教育在极力为学生创造更多的课堂外的实践活动，但是，谁也不能否认，学习压力越来越重，框在“刷题”上的时间、框在课堂上的时间越来越多。当然，您会说，可以通过阅读，打开视野，不能“行万里路”，就“读万卷书”，都有道理，但是，书籍上的经验、故事要转化成自己的智慧才真正有用。那么，如何帮助学生看见生活、感知生活、表达生活，我认为这是语文老师应该坚持做的。我的方法很简单，手把手帮助学生建立各自的“写作素材库”，告诉他们，每一个人都是独特的，都是值得珍惜的。

基于上述想法，我们让学生采访自己的家长，记录“口述历史”，在 2019 年初的寒假，完成这份独特的语文作业。

作文命题一定要切合学生生命发展的需求，闭门造车式的写作肯定是乏味的，不能诱发学生思考，只能是走形式的机械训练，我不赞成。“与别人无关，与潮流无关，甚至与这世界都无关。我们所需要做的，只是努力去做一个更好的自己”，这是我常常在学生随笔中看到的思想，其实，这也是社会上很大一部分人的思想。追求个性并没有错，但一个人如果只追求个性，不能关注“共性”的规则、需求，不了解自己的“来龙去脉”，不走进社会，那么如何去培养人的责任意识呢？

什么与我相关，我与什么相关？这是我一直带领学生思考的问题，复旦大学附属中学青浦分校成立于 2015 年 9 月，第一届学生只有两个班级，我除了教语文，还负责学生处工作，经常与家长打交道，就在那个时候，我开始思考：为什么现在的家庭条件越来越好，但是，焦虑的家长越来越多，学生感觉自己很“孤独”，不被理解；家长觉得自己很辛苦，也不被理解。每次看到双方的“各执一词”，我就在想，这原本是世界上最亲近的关系，他们都那么爱着对方，却为什么会有这样的隔阂？

老师，为什么他们可以有自己的爱好、自己的朋友，我们只能学习？

老师，为什么他们不理解我，我遇到的困惑真的很想和他们说，但是……

老师，我觉得自己要崩溃了，因为找不到前行的理由了。

……

这些看似幼稚的发问，其实也是父母亲与孩子精神层面的鸿沟。

如何让学生更多地了解家长的生活呢?

2018 年末,我和特级教师黄玉峰老师聊学生、聊亲子关系、聊写作指导时,黄老师说他在 20 多年前带着学生写过《听妈妈讲那过去的故事》,学生很有兴趣,写了好多好文章。这个命题,和自己最近一直琢磨的“口述历史”、亲子关系研究相契合,于是,我兴奋地和备课组的简振雷老师、彭艳萍老师商量,我们一致决定,设计一份“特殊的寒假作业”。

寒假结束后,这份“特殊”的作业共有 117 位学生完成,收上来整理后,接近 62 万字。

“我爷爷和我奶奶都算是知识分子,所以他们对我爸其实还是有点小失望的(这是我爸自己说的),不过这并不要紧,因为他们把寄予我爸的希望与期待都加在了我身上,有时候隔代亲就是这么一回事吧。感觉我爷爷是全家最宠我的一个了吧。上学的时候每次周五回去吃晚饭,他们总是会问起我最近考试怎么样,考得好不好,班级里排多少名之类的,感觉他们比我父母还要在意成绩这些事。每当知道我考得不错的时候,他们总会露出欣慰的笑容。奶奶每次跟别人说起‘我孙子这次考了年级第一’的时候,让我感觉到这可能是她感到最幸福的事情之一了。所以说我绝不是为我一个人而学,为我独自一人而考,更是承载着长辈对我的无限期待与无限盼望,我又怎么忍心让他们失望呢。”周吉同同学写道。

“听了妈妈的讲述,我才知道他们经历了很多,我现在遇到的迷茫他们也都曾经经历过,一下子,觉得自己不孤独了……”

这 117 个触动人心的故事,我们三位语文老师反复修改了 10 个月,一边看,一边被这些故事中的情节温暖着、感动着、幸福着。本书选录了 34 篇,与大家分享。因为作文要求是以记录口述历史的形式完成,为尊重讲述者和记录者,除了错别字、语法及常识错误之外,基本不做改动。

感谢黄玉峰老师,感谢上海科学技术文献出版社,特别要感谢我的 120 位学生和他们身后的家长,是他们精彩的故事汇集成了这本书,是他们对彼此的真情讲述和耐心倾听,成就了我们这次特殊的寒假作业。

我还有一个理想,给家长们布置一个暑假作业——《听孩子讲那未来的故事》。

杜　虹

2020 年 2 月

我们的寒假作业，是这样要求的：

作文：从采访家人开始

写作形式：采访自己的长辈，听他们讲述过去的故事，记录口述历史。

写作意义：每一个人，都是生活在过去、现在和将来的，我们每一个人都有权利记录自己的日子、自己的足印、自己的经验和错过。请同学们利用寒假，安静地听妈妈、爸爸、奶奶、爷爷、外公、外婆讲一讲他们的人生经历，谈一谈他们感受到的社会变化，记录他们的喜怒哀乐、他们眼中的世事变迁。在你专注的聆听中，在你笔尖的移动下，你会沉浸、惊讶、感动……

子曰："父母之年，不可不知也。一则以喜，一则以惧。"把聆听、记录的故事，作为献给讲述者的春节礼物，是不是挺有意思？

或许你会碰到，他们说自己没有故事，他们说没有什么可以写的。遇到这种情况，该怎么办？晓之以理动之以情，发挥你探索未知的能力吧。

作为记录者，你一定会有收获，你会是真正的受益者。

写作要求：不少于5 000字，不要忘记署名。

目录

一　人烟未有处

张原畅

时间是漫长的，亦是短暂的。经历时有一种艰辛，回观时又有一种惆怅。人生总有一些刻骨铭心、一些难以忘怀，或遗落在某一渡口，或模糊在某页书刊，岁月洗礼，一一封存，装订成册。当又一次轻叩，忽而想起，那年夏天的雨点、那年冬天的恋歌，轻捻时光，掀开了往事，撑开了回忆的帆。但是，人只要一回忆，便会生出一种暮年的心态。

是啊，回忆过去的人，似乎都有种莫名的垂暮感。殊不知回忆的价值，是不可估量的。或曰何为历史？事实上，他们都没有意识到，我们自己走过的那一段，就是历史。历经千百代，似水流年，生生不息，在我们身边，遍地都是历史的见证者，而每个人都谱写着自己的历史。于我辈而言，能做的只有将祖辈的记忆用我们手中的纸笔记录下来。肉体将逝，精神永存，只有被遗忘才是真正的逝去。身边的文化，口述的历史，是时候得以挽救了。

于我最亲近的，无疑是父母了。而于他们最亲近的，便是他们的父母，也就是我的祖辈。近几十年来，我国发生的变革可谓是遍地开花，接踵而至，丝毫没有给人以喘息的空隙，而父辈及祖辈应当是经历过的。诸如我辈，皆诞生于近 21 世纪之始，是新时代的见证者。但是为了开启新时代，过往种种又是何等辛苦？我辈不得而知。不夸张地说，我辈似乎是站在前辈的肩膀上，甚至是累累尸骨上，登高望远的。而那些过往，应当铭记于我辈心中。记得我自打幼时就对父辈及祖辈的过往经历较为好奇，故而七零八碎地从我母亲嘴里听闻了一些她与父母过往的故事。她的母亲，也就是我的外婆，恰巧是 1949 年出生的。那一年，正是中华人民共和国成立。顺带一提，我父亲的父母，也就是我的爷爷奶奶，他们的岁数更大些，估摸着应该经历过不少中华人民共和国成立之前的战事，比如抗日战争等。但毕竟那时他们岁数也都太小，一来没有太多印象，二来没有切身投入其中，多少有些模糊。相比之下，我母亲的父母一代的故事更为清晰，或许对我来说也更有吸引力，渐渐地便记了下来。

在我的祖辈一代中，令他们记忆深刻的往事，可能便是知识青年插队落户的故事了。所谓知识青年，我通过互联网搜索，有了一定了解。知识青年，泛指有知识的青年，一般指受过高等教育的年轻人，是特定历史时期的称谓。具体则指从 1968 年开始一直到 1978

年末自愿从城市去农村和农垦兵团务农或建设保卫边疆的年轻人。这些人中大多数人实际只受过初中或高中教育。不过说来惭愧，我外婆受教育程度较低，似乎只是小学毕业。据我母亲补充，当时政策是每个家庭必须有一个符合年龄条件的孩子参加“计划”，即“上山下乡”成为知识青年。据说那时候能成为知识青年“上山下乡”是何等荣幸，走出家门去往边疆的排场也十分隆重，可以说是前所未有的壮观。尽管如此，就根本而言，知识青年其实是去开拓边疆的，换言之就是做体力活的，每个家庭考虑孩子年龄是否符合的同时，也会有不少个人想法融入其中，可能会把自己喜爱的孩子留在身边，而把没那么亲近的孩子送出去。不过，我外婆倒是个特例——她是自己主动提出去的。凑巧的是，她赶上了“上山下乡”的最后一批，轰轰烈烈地奔赴新疆，一别便是岁月荏苒了。可想而知，当时边疆的情况是多么荒凉，用“惨烈”二字形容恐怕是毫不为过的。据我外婆描述，那时的新疆就好像是一个“戈壁滩”，只有光秃秃的土地，别的什么都没有，和从小长大的上海相比，简直是天壤之别。想必当时不仅新疆如此，大部分地区皆是如此状况，只不过边疆可能更为落后一些罢了。由于知识青年是去开拓边疆干活的，那么一个人的能力体现毫无疑问是根据劳动的多少而定的。我惊奇地得知，我外婆当时从班长开始一路扶摇而上，如若不是受教育程度不高，说不定就能当上个副场长了。

据我外婆叙述，前往新疆的大部分知识青年都是山东人。也许是能干，故而领导级别的人物便也都是山东人担当的。众所周知，上海的女孩子毕竟地处江南，有十指不沾阳春水的意味，也让不少其他地区的知识青年误解，都认为上海小姑娘根本干不了什么活，更别说这种开荒挖土的重活了，明面上、暗地里都对上海来的女孩子没什么好感。可是我外婆却出乎众人意料地打破了常理，让众人吃了一惊。虽然我外婆也是“上海小姑娘”，但是她干事的劲头却远超于那些娇羞的女孩子。据说一次，他们一行人要挖一条水沟。水沟，顾名思义，肯定是在土地之下的。要先从上面挖个坑，然后跳下去继续挖。同时，由于有水流淌的缘故，水与泥土混在一起，别提有多脏了。对于有点洁癖的我来说，简直是匪夷所思。当时我外婆也在那一队人马之中。惯性思维告诉其他人，这个上海来的女孩子是不会也不敢干这种脏活的。而且其他人似乎也不怎么愿意干这种脏活。就在这时，我外婆一马当先，纵身跳入水坑之中，开始干活。没有半点迟疑，更没有一丝嫌脏的抱怨。当时整队人马都惊呆，好似发生了什么不可思议的大事一般。据说从那以后，其他人再也不敢妄自轻视这些来自上海的女孩子了，同时也被我外婆的勇气折服，甚至有几个胆子小点的都对我外婆毕恭毕敬，哪怕是几十年后也都是客客气气的。

时光飞逝，约莫着所有的知识青年应该都是在整日整日的劳动中渡过的。对于我外婆如何遇到我外公的，此处众人皆是语焉不详，我也没有深究。当然，我外公当时也是在新疆插队落户的知识青年，而据我推测，知识青年之间结婚生子似乎是非常正常的事，而且当时的新疆人烟稀少，恐怕每天能接触的也就这么一群知识青年了。这一待就是几十年，知识青年的青春全都被挥洒在了一块块戈壁滩上。不过在我看来，这虽然有些残酷，但是就大局而言，这个政策仍是有效的。如若不然，现在的边疆地区可就没有现今这般发达了。中华人民共和国占地如此之庞大，要带动每一寸土地一起发展起来，是何等的不易。人民的力量是无穷的，在抗战之时便有了清晰的体现了。靠着人民，就如千千万万蚂蚁集结在一起，将这大漠孤烟直的荒凉边疆，重新翻覆，焕然一新。

我母亲是我外婆回到上海生的，但是当时由于外公外婆在新疆已经待了几十年之久，半辈子就这样过了，可能就决定在那里永远扎根下去了，所以也将我母亲的户口落在了新疆。据说我母亲出生后 8 个月，我外公外婆再一次回到了新疆，继续在新疆劳动，而将我母亲托付给了她的外婆来照顾。据我母亲回忆，由于是自己的外婆，所以童年过得也十分愉快，毕竟是至亲。但是有些家庭的知识青年生下孩子后，是将孩子托付在自己的兄弟姐妹家中的。这些孩子多半是没有寄养在祖辈家中的孩子快乐，因为亲戚家中也有自己的孩子，而对于自己的孩子多半是更加偏向的，这样也就忽略了被寄托在家中的孩子。一年后，我舅舅也在上海出生，同样也被托付给了我母亲的外婆照顾。我母亲就是这样和她的弟弟与外婆一起长大的。

岁月如梭，转眼我母亲已经初二毕业了，可是由于户口在新疆，所以无法在上海继续念书。于是，我外公外婆决定让我母亲去新疆，在新疆读书。据我母亲所述，当时开往新疆的火车是绿皮火车，速度极慢而时间极长。乘火车抵达新疆后，还得乘几小时的车才能到我外公外婆所在的农场。由于我母亲晕车，一路上可谓苦不堪言。漫漫长路，孤身一人，远离故乡，何等寂寞。想想现在去新疆时间也不短，再考虑到当时的条件，我也觉得有些害怕了，坐这么久的车，还真是很不容易的。等我母亲到新疆时，新疆已经建设得很不错了，早不是以前的戈壁滩了。虽然说不上有多现代化，但是也已经初具规模。可无论如何发达，仍然有许多不足，比如说教育方面。据我母亲所述，她在新疆的学校，跟上海的教育质量差很多。甚至学校里的英语老师都没有我母亲英语说得好，不会的地方还要询问我母亲。听闻此言，我也忍俊不禁了，还有这等趣事？当然我母亲在故乡上学时，成绩原本就挺好的。总而言之，在新疆上学的那几年，貌似是有些浪费时间了。不过既然是父母的决定，那也没有办法了，既来之则安之。于是我母亲就这么在新疆待上了两三年。

但是在新疆的这几年，倒也不是百害而无一利的。因为我外婆一路平步青云做了领导，而其他领导大多都是山东人，所以领导之间的来往还真不少。借此机会，我外婆也练就了一番好手艺——便是烧菜了。入乡随俗，我外婆对于新疆的当地菜肴也是得心应手，而受周围人的影响，烧菜的风格和一些菜式都有山东人的感觉。同时，从小土生土长于上海的她也略有上海的风味。浑然一体，竟有厨神之手艺，令人赞不绝口。这点我是完全赞同的，我也经常去外婆家里吃饭，每一道菜都让人垂涎欲滴。因此可想而知，我母亲在新疆的那几年，自然尝试了不少美味，恐怕在戈壁滩也有不少山珍吧？顺带一提，由于山东人热衷于大蒜，我外婆自然而然就爱上了大蒜。没错，也顺便带上了现在的我。

几年后，政府出台政策，允许知识青年的一个后代户口回归他们来时的居住地。当时有重男轻女之风，很多人都受此影响，我外婆也不例外，所以就把我舅舅的户口迁到了上海，让他继续在上海读书。虽然我母亲户口没有回到上海，但是我母亲本人还是回到了上海，在上海工作。说到这里，我不禁有些疑惑得提出了问题，知识青年的后代只能有一个回归原来的地方，那么知识青年和其他后代都会留在边疆，这样下去，边疆的人口岂不会越来越多，而上海的人口就会越来越少了吗？对于这个问题，我母亲给出了答案。当时国家鼓励生育并且会评"光荣妈妈"的称号，所以每个家庭最少得有个四五个孩子，甚至有些家庭会有十几个孩子。而知识青年计划只要求每个家庭中一个孩子"上山下乡"，其他孩子都会留在原来的地方结婚生子，所以不会存在一边人口增多、一边人口减少的不平衡问题。我这才醒悟，由于我外婆是自告奋勇参加"上山下乡"的，所以我根本没考虑他们家中的其他孩子如何如何，看来是我多虑了。

很快高考恢复，众多知识青年拼死拼活，只为参加高考，读自己当年没有读上的大学。关于这个问题我也询问了我母亲，为什么我外公外婆没有响应高考恢复政策去参加高考呢？我母亲回答说，我外婆小学毕业后就不想再读下去了，碰巧又去"上山下乡"，所以终身也就只有小学文凭了，高考恢复也没有什么影响了。而对于我外公来说，虽然他是高中毕业的，但是每个人的梦想是不同的，有大学梦想的人才会拼死拼活地参加高考继续读书，可是我外公大概不属于这类人吧。不同人有不同观念和不同理想，也就尊重他们自己吧。想来对于他们而言，可能教育观念并不是非常强烈，缺乏教育似乎也并没有什么。毕竟当初，无论是自愿或是无奈，都已经决定了这一辈子的走向了，再有什么改变都是徒劳，这就是宿命吧，是这一代人无法改变的命运。

有道是计划赶不上变化，随后几年政策又连连改变，相应的人员也四处调动。几年后，有些知识青年还是留在插队落户的地方，但是也已经更换了新的工作，供应了新时代的需求，他们的小辈也都跟随他们待在那里了；有些知识青年则回到了自己原来的地方，继续生活。想来这些知识青年"上山下乡"时也只有十几岁，再回故地时恐怕不少已年过半百了。这大半辈子，就这样献给了边疆，献给了祖国，应该也有不少感慨。当年，或许有不少知识青年已经想过要扎根在那里，这辈子就不回去了。直到国家再次颁布政策，他们又都心动了。眼下地处边疆，故乡永远是心中的向往，既然能回去，又为何不回去呢？我外婆和母亲的故事到这里也就差不多告一段落了。一代人，几十年，就这样尘埃落定。不知现今，当时的那些知识青年们故地重游，再回到自己曾经插队落户之地，看看那些在自己手下挖掘出来的土地，又是何等感慨，又会作何感想呢？

一代人又是一代人，紧紧相依，好似上一代人始终影响着下一代人。那一代人中，其他人的后代我无从了解，我只知道我自己，和我所在的这一条生命线，这一条不知何为始、又不知何为终的生命线。每个节点，都是一个分岔口，千千万万个分岔，又造就了千千万万的人。这条生命线，暂时停留在了我辈身上，我们肩负着记录这条生命线中一小段的任务，并传承下去，生生不息。无论是家谱，还是口述历史，无疑都是为了记录我们这一整条生命线的始末。可源头来的活水，又会流向何方呢？纵观我外婆与我母亲两代人，似乎发生了太多太多改变；再看看我自己，到现在十几年的生活，却似乎一成不变。不是的，或许对于我外婆和我母亲来说，生命之初的十几年，也像我一样风平浪静吧。那时的她们，又有谁能料到今生会如何呢？而我的现在，只是她们的过去罢了。

生命线，还在蔓延，何方，在召唤着？

未来，一片渺茫，而我，去向何方？

又有何人，为我谱写了来路？

又有何人，迎我踏遍了归途？

终究是，尘归尘、土归土。

【教师点评】

真所谓"赌书消得泼茶香，当时只道是寻常"，每一次轻扣，都可以撑开回忆的帆。每一个人走过的那一段，都是历史。"就在这时，我外婆一马当先，纵身跳入水坑之中，开始干活。没有半点迟疑，更没有一丝嫌脏的抱怨。"这就是外婆留给那片土地的敬礼。

知青，是应该被我们记住的，他们用最宽容的心包容了突然的命运。

感谢您的理解：身边的文化，口述的历史，是时候应该挽救了。（杜虹）

【一起思考】

历史只是那些大人物、那些英雄撰写的吗？我们每一个人踏踏实实地生活，上不愧对天地，下不愧对个体生命的价值，这样的阅历，难道不值得被记载下来吗？每一个人，都应该是社会的经历者、见证者。

二　我家那个老一代的知识分子

徐路扬

爷爷和我隔了两代人，他成长的年代与我们现在的21世纪截然不同。我的童年是和爷爷奶奶一起度过的，从伴随着褐色麻雀叫声的读书、练字，黄昏落日时的散步，到安静夜晚的入眠，我和爷爷有了一段重叠的记忆，那是我距离他最近最近的时光。我从小就觉得爷爷是个了不起的人，他教我认字写字，他是读过书的知识分子。小时候的我坚定地认为：读过书的人厉害极了！那可能是我的认知里第一个正确无误的理念，直到现在我仍然这么觉着。而爷爷本身就是一本书，他是我人生中翻开的第一本书，是陪伴着我长大第一本书。今天，也请你来读一读这本藏匿在巨大图书馆中独自发着光的书。

爷爷出生于1942年，七年后，毛主席在天安门广场庄严宣告："中华人民共和国成立了！"举国欢庆的那年，正巧是他上小学的年纪。爷爷的父母是传统的手工业者，做着木匠的工作，有一手精湛的技艺，但没有什么文化。太爷爷闲暇时喜欢淘旧货，也偶尔去听听弄堂口的说书，爷爷打小便随着他经常跑些旧货市场，翻看一些地摊上的古籍书籍，或自己偷偷跑了去听说书。久而久之，受了些许影响，慢慢在家中，自己拿毛笔练习写字，或者像说书的那样，凭空编些段子讲给自己听，全然凭着自己的兴趣。中学时期，老师见爷爷字写得好，文章也写得不错，就叫他负责班里的黑板报，写一些诗、画一些图，他就着手开始写诗，写着写着竟喜欢上了，诗写得越发有趣，一手漂亮的字也练了出来。高中毕业时，作为上海市普陀区和平新村的第一个大学生，爷爷考取了南京大学的数学天文系，学习天文专业。那时候村里的人们都不懂"天文"是什么，纷纷说："啊！我们弄堂考了个大学生，看天象算命的！"

在大学里，爷爷的数学成绩拔尖。有一次测验后，教授上大课时说："这次测验系里只有一个'女生'考了优秀，站起来让我看看是哪个同学！"爷爷站了起来，非常尴尬。他因为名字过于复杂，取了同音字写在试卷上，开始也没有发现"季红"这名字听起来像个女孩名，觉着简单方便好写就用了，弄得全班哈哈大笑。爷爷注重于平时的积累，非常努力，认真听课，认真完成作业，从来不在考前抱佛脚，反而觉得考试的时候，最轻松的心态能够带来最好的成绩。期末考试前，大家都在自习室里复习，只有他拿了一本小说津津有味地看着。教授问:“这位同学,你怎么不复习啊?”爷爷抬起头来,教授见是他,对着他点点头,“好,好,继续看吧,放松放松!”

大学毕业,南京大学数学天文系有一个保送研究生的名额,爷爷因为品学兼优,得到了这个宝贵的名额,他也成为中华人民共和国成立后第一批自己培养的天体力学方面的硕士研究生。爷爷的研究方向,是导弹弹道运动轨迹和人造卫星运动轨迹的数学计算。

研究生即将毕业,爷爷本来可以分配到国防科工委做导弹轨道方面的工作,但赶上“文化大革命”,他的研究生导师被打成“右派”,导致爷爷无法通过政审,进不了该专业的应用方向——国防科工委,只能被分配到南京的紫荆山天文台工作。1970 年,中国发射了第一颗人造卫星,这件事过后,爷爷满怀壮志,来到紫荆山天文台,一心想要报效祖国,却发现,那时的紫荆山天文台已全无科研之风,大家都害怕被拉出去批斗,工作停滞,没有人敢继续做科研。爷爷只好暂且按下自己的志愿,拿着一本中药书,在紫荆山上挖草药。不知道彼时的他有没有像陈胜那样躺在草药堆上,对着天空中的鸿雁立下志向。两年后,爷爷忍受不了这挖挖草药的平淡生活,报名调到边疆去支教,这一教,就是四年。新疆的老师少、地方大、孩子多,开始他只教数学,后来连着物理课一块儿上。那里没有正经的学校,孩子们都想上学,但同意他们长途跋涉去上学的家长却不多。爷爷白天帮忙种地,打土坯,晚上叫些想要学习的孩子到他家里上课。1977 年恢复高考,爷爷教的那批学生里,有七个考上了大学。现在说来,他还能把那群学生的名字讲得清清楚楚。同年,在邓小平同志的亲自关怀下,经党中央、国务院批准,中国科学院新疆分院恢复,到各大高校招募人才,这一调查,发现有这样一位本该属于科研事业的有能力的知识分子,且这人正在新疆!于是将爷爷调至中国科学院新疆分院,从事人造卫星轨道的研究。1980 年,爷爷独立完成了一套人造卫星轨道的计算方法,获得了国家自然科学奖三等奖,被授予享受国务院政府特殊津贴。他讲着讲着激动起来,说:“在人民大会堂啊,颁奖的时候,我就觉着,中国科学的春天,终于回来了!”此后的二十多年,爷爷一直在为中国国防事业工作、研究。2001 年,他不舍地离开了自己的工作岗位。我们行走在陆地,头顶上的,是他最爱的一片天空。

退休后,爷爷重新拾起自己曾经的兴趣爱好。他喜欢下中国象棋,喜欢收藏各种各样的石头,喜欢写毛笔,喜欢画马,画山水画……总之在我看来,除了手机这样的新科技,爷爷样样都会,样样都精。他和大多数退休老人一样,普普通通地玩着自己普普通通的爱好。

小时候,爷爷奶奶带着我,拿壶茶,在菜场里买点我喜欢的炸鸡,买点蔬菜,然后就来到公园里看棋。奶奶看不懂,带着我和其他的老太太唠家常。爷爷看得聚精会神,好像自己也是棋盘中的一颗棋子,生怕别人下错一步,把自己供了出去。有机会就自己上手,下一盘。就这样一下午,天黑了才回家吃饭。就这个习惯到现在也没有变,今年吃完年夜饭,爷爷也叫我们把他送到公园去看棋。现在他会用电脑下象棋,每次到爷爷奶奶家看望他们,奶奶喊他出来吃饭,他都回:“马上!马上就下好了!等这盘结束了!”过了一会儿大概是卡壳儿了，又喊我的爸爸，“快来帮我看看这棋！”受爷爷的影响，我的姑姑、大伯和爸爸都会下棋。我的大伯曾经到广州打工，没打着工，还没钱回家，就一路和别人下棋，赚回家的车费。

爷爷喜欢收藏石头，他家放眼望去摆满了石头。说是石头还不太好，爷爷收藏的都是一些经过雕琢或浑然天成的玉石，有的晶莹剔透，有的巧夺天工……他能够就一块玉石跟你聊很久，从它的颜色、密度，如何辨别真假，一直到怎么样的比较好。记录下来大概是一本《玉石科普大全》。妈妈买到的玉，不知道是真是假，就送去给爷爷验一验。有一次，爷爷买到一块玉雕的小人儿，那个小人儿脖子高高昂起，抬起头向上看，嘴巴微微笑着。他非常喜欢这块玉，把它拍下来，设置为微信头像，原来爷爷的微信账号是没有头像的。有次去爷爷奶奶家，他特地小心翼翼地拿出裹在一层层布料里的它，像个炫耀自己新玩具的小孩：“这块玉雕的就是我啊！”爷爷说，“你们看它抬着头，在看天上的星星！”那瞬间，我仿佛在爷爷的眼里看到了星光闪耀。我想，他应该真的看到了一片天空吧，那里繁星点点，银河洒落。

爷爷喜欢写毛笔，奶奶也喜欢写毛笔。我幼儿园的时候，他们就握着我的小手，我的手握着毛笔，一笔一画地教我写自己的名字。兴致来了，爷爷即兴写下两句诗，奶奶拍着手说：“好！今天给老头子加个菜！”我什么也不懂，跟着奶奶拍手。

爷爷喜欢国画，自己画，也爱看别人的画。他小时候跟着太爷爷逛旧货市场，现在喜欢和奶奶一起去淘旧货，家里原先挂着一幅《万马奔腾》的画，就是他淘来的。那幅画气势恢宏，一批批健硕的马儿扬起马蹄，蹄下尘土飞扬。他爱极了那幅画。

总而言之，爷爷是那种典型的老一代的知识分子，棋书画样样精通，凡事喜欢探究，学问如此，爱好亦是如此，平时与大家相处时就略显严肃，但对我大多时候是笑眯眯的。小时候，爷爷出去买菜，路上会经过一些卖贴纸、娃娃的小摊，他每次都会买个不同样式的贴纸带给我，就因为我喜欢拿着贴纸到处贴。我拿小花贴在爷爷手上，他也不生气，由着我闹。我们爷孙俩经常在家打打闹闹，唱着来自遥远新疆的儿歌。

我上初中后，为了方便我上下学，爸爸妈妈和我搬到了学校附近住，爷爷奶奶仍在原先的房子里。每周六，我才坐着爸爸的车子去一次爷爷奶奶家。到了初三，几个月才去一趟。我和爷爷奶奶的距离随着我的长大一下子拉得好远好远。那个时候我可以对爷爷发小孩子脾气：“爷爷我不要吃这个！我想吃那个脆脆的牛排！”可以撒娇：“爷爷爷爷！带我去游泳好不好！”但是我拉着爷爷的手逛公园的时光终于像河流里的鱼一样游走了。我在爷爷深爱的这片天空下长大，却离他的天空越来越远。关于爷爷的记忆几乎全部停留在我的幼年。现在见到爷爷，是偶尔的，一年只有四五次的。爷爷和我之间变得好陌生，不像隔了层虚无缥缈的纱，那是一面透明的墙。按理来讲这是不应该的，我和许久未见的朋友可以相隔三年没有碰面，见到的那一瞬间立马就可以恢复了最初最熟络的模样。“最近怎么样啊？”爷爷问我，我每次都答：“都好都好！”这大概是中国人都会有的善意的谎言，为了不让长辈担心的欺骗。节假日的客套话我复制粘贴地学来讲给爷爷奶奶听，小时候圆滚滚的我在妈妈怀里和现在打扮得漂漂亮亮的我站在他们的面前说同样的祝福语，那种感觉完全不一样。除此之外，我其实不知道还能说些什么。平时不见面的日子里，爷爷和我也没有打过电话。不知道为什么，这种距离感使我心中的爷爷的形象从一个会和我打趣的慈祥的老头变成了一位高高在上的科技研发者。我想那应该是敬畏。我很讨厌这种对我最亲的家人产生的敬畏，我认为它并不该存在于爷爷和我之间，即使爷爷是我的长辈，是我从小就认定的很了不起的人，是一位科研者。有的时候我甚至会怀疑我自己的记忆，怀疑是否有过那一段和爷爷奶奶腻在一起的很快乐的日子。

高一新开学，我收到了这样一条微信，是爷爷发给我的。他说："路扬，再过几天就要开学了！在这里爷爷想跟你说几句心里话。首先要送你两个字、一句话：第一是'静心'二字。在这两天里就要开始把心静下来，因为静能生慧，把所有的杂念通通抛到脑后。然后自己对自己说：我现在的任务就是好好读书，只有读好书才不辜负大家的希望和父母的养育之恩。第二是不经一番寒彻骨，怎得梅花扑鼻香。当你碰到困难时，你要马上想到，我可以，我行，我能克服。静下心来想一想。因凡事总有它的规律性和连贯性。因为你很聪明。还记得吗？你一岁八个月时就会用毛笔写上下大小人，在二岁半时就会写简单的日记。爷爷奶奶坚信：路扬是不怕吃苦的，是好样的！"看完，我哽咽了，我落泪了。我只记得我和爷爷奶奶一起写过毛笔字，可我不知道我在多大的时候会写什么字。这样的鸡毛蒜皮他们记了十几年。

三个月之后，"嗡嗡"的一阵震动，我又收到了来自爷爷的微信消息："路扬，开学已有三个多月，在这段时间里，你在各方面都有所进步和提高，爷爷奶奶为你高兴和自豪！送你一首短诗：'一生一世日月长，云卷云舒两相忘，若问人间谁最苦？最苦莫如老爹娘！'最后再送你二不求：一不求平时瞧不起你的人。二不求遇到困难躲得远远的人。二不交：一不交意志消沉的人。二不交表里不一的人。与你共勉！"

过生日的时候还会收到爷爷大清早送来的温暖："路扬，今天是你十六周岁的生日。爷爷奶奶祝你生日快乐！爷爷送你两句话：第一，望你像考试一样认真做作业。第二，像做作业一样轻松考试。如果把这两句话真正领悟了，将会快乐无穷！"

你看，爷爷总喜欢送我些话，那些大概都是他七十多年来总结出的精华。这么想来，好像每过一段时间，爷爷都会给我讲一些话，他把自己的生活感悟教给了我，我践行着他教给我的话。那是我们之间除了血缘之外的紧密联系。那也是一代人对一代人的刻在DNA里的影响吧。我们之间其实不曾分开过啊。我是他仰天看着的那颗星星，在他的引领下学会安全地在轨道上运行，学会发出自己的光。

被外星UFO抽走的记忆随着UFO的撞毁冲回属于它们的家，回到我的脑子里。是爷爷设计了一个轨道让陨星去做的这样一件坏事吧！我对自己之前的想法感到愧疚，哪有什么敬畏呢？哪有什么透明的墙呢？走过去，击碎它！对面站着的，是一位平凡普通的老人，是我爱并且爱我的爷爷。

【教师点评】

“我从小就觉得爷爷是个了不起的人，他教我认字写字，他是读过书的知识分子。”的确，你的爷爷与众不同，他用自己的方式关心着孙女，表达着对你的期许，我想，这些深意如果你真的弄懂了，爷爷一定很满足。我们应该从老一辈知识分子身上传承那种坚韧和执着，你要珍惜这一切。老师也相信，爷爷的文化基因在你的体内，等待我们一起去唤醒。爷爷这一代人，朴实而坚定，如同送你的十六周岁生日的那条微信，看似简单，却寄予厚望，他们人生坎坷，却始终没有忘记仰望星空。（杜虹）

【一起思考】

我们做了父母之后，就自动升级成了“教育者”，学会了不断地叮嘱、建议，我们是否应该思考一下，何谓“不言之教”？

三　北方的孩子

张心妍

在同龄人中,我的妈妈算年龄很大的了。她是土生土长的吉林人,出生于1969年初,有一个比她大1岁的姐姐和一个小8岁的弟弟。新年一过,她就刚好迈入半百了。

在我眼里妈妈一直是一个很年轻的人,我一直很佩服她尽管出生在那个久远的年代,思想却与当代青年一样前卫,从未囿于一隅。她平时经常会在与我随意的闲聊中提到她小时候的故事,每次一开口就能讲七八分钟,我也只是坐在旁边默默地听,看似漫长的故事在我听来却一点不冗长乏味。

她的故事的一切都要从20世纪50年代说起,其中有不少代表性的象征。

1950—1965　关键词:列宁装、文工团

那个时候中国老百姓的衣食住行,朴素简单如当时一首民谣所说:"四个兜的中山装,小米高粱吃得香,几户人家一个庄,走亲访友靠步量。"革命的激情,心中的理想,引领着50年代人们的生活,他们工作繁杂但没有怨言,生活清苦但没有牢骚,遇到困难也不气馁。他们对幸福生活的向往,无可厚非。当时南京有童谣:一进堂屋亮堂堂,房里摆的大花床,姑娘穿的花衣裳,小伙子穿的"列宁装"。新中国成立之初,苏联的服装成为革命象征,深深地影响着城镇居民,"列宁装"一度成为最流行的服装。但到我妈出生那时候,基本上没有人穿了。

妈妈的外公是个勤恳的男人,当初为了逃难,孑然一人挑着担从山东到了东北。后来一直在松花江边做排筏的工作,兢兢业业。娶的老婆也勤俭持家,共同把十几个孩子拉扯大。大概老天也是偏爱朴实的人,他们在那个困难的年代靠小两口自己的力量积累了可观的一笔财富,自己用石头和砖头盖了一个有前后院的大宅子,日子过得还算舒坦。他们其中一个女儿生得漂亮清秀,梳着浓厚乌黑的及腰长发,在文工团当报幕员和舞蹈演员,在那块地方是颇有名气的,被别人称为"大辫子"。这位姑娘也就是我姥姥——北方人都是这么叫"外婆"的。她和我姥爷是通过文工团和另外的企业联谊时认识的。姥爷是中专生,在那个时候已经是了不起的学历了。郎才女貌,两人情投意合,很快就结婚了。

随后就有了很多故事。

1966—1977　关键词：玩、冻梨、糊火柴盒、票、除四害、过年

姥爷能干，到现在也仍然是。所以如今年近耄耋身体却特别硬朗，双眼炯炯有神，精神矍铄。现在想想这份珍贵的品质在我们家人的每个人身上都有所体现，每年春节大家聚在一起的时候总是争着活干，其乐融融。姥爷在家里后院安了葡萄架，一到夏天，推窗一望，满眼碧绿饱满苍翠，郁郁葱葱把整个架子都包严实了。冬天，姥爷就会在下边挖地窖，里面塞上白菜、青萝卜、红萝卜。到时候了，就可以拿出来做酸菜了。

20世纪60年代末，姥姥姥爷二十来岁，生了姨妈，又过了一年多，我妈妈就出生了。姐俩情同手足，从小到大什么事都在一起。1970年，经历种种磨难，妈妈的外公因为脑溢血去世了。外婆很坚强，一直挺了过来。所幸我们家依然过着不错的生活，我妈的童年没添上什么不好的回忆。那时候的孩子都无忧无虑，她总说现在的孩子不会玩，整天只会盯着手机屏幕。其实我小时候也喜欢和邻居家的小孩约出去滑滑板、骑自行车，但她小时候玩的花样要多了去了。那时候上学就上半天，作业又少，每天放学就几个小朋友约着找一块空地，跳房子、打老虎、捉迷藏、踢毽子、跳皮筋……甚至随便找一块矮墙，两手撑在土里，双脚一蹬，“啪”就轻而易举地靠墙倒立。小时候没什么脏的概念，经常玩得一身泥回家，姥姥也不管。

东北小姑娘们喜欢玩“嘎拉哈”，就是东北话里的羊后膝盖骨，小小的一块，有四个面，在新疆叫作“阿斯克”。他们先用墨水给骨头上色，拿四块放在地上，另一只手拿个小口袋。玩的时候先把小口袋抛到空中，然后迅速把地上的四块骨头翻到一个方向，然后利落地接下掉下来的口袋，这样循环往复，直到所有的“嘎拉哈”都改变过四个方向为止，很有趣。不仅是玩，她还喜欢在冬天的时候吃冻梨——北方天冷，梨被冻得硬邦邦的，颜色发青黑。把梨拿进屋子后，表面浮上一层白霜，她用手擦擦灰就抓起来啃，咔嚓咔嚓，一下能吃好几个。那种梨冻起来后更好吃，清爽香甜。可惜现在吃不到了。“小时候牙口是真好，啥都能吃。”她每次说起这个都特别得意。

除了玩和吃，她和姐姐还经常跑去隔壁邻居家。他们家条件不好，入不敷出，经常会糊一些火柴盒赚些外快，一个两分钱。我妈她们就经常去帮忙，都是从工厂拿来的加工好的半成品：薄薄的树皮条儿，条儿上面早已被机器打好印痕儿，一弯，便可拢成长方形。树皮条儿，黄黄的，有的还留有黑黑的结疤，散发着浓郁的树木清香。放在面粉糨糊上一拢，把盒口细边儿黏好，就大功告成了。堆起来的火柴盒像小山一样，特别壮观。她们一直觉得，在图乐子的同时还能够帮助别人，就是好事。

那个时候买什么都只能用票。除了粮票之外，还有布票、肉票、油票等等。票证范围之广、地域之宽、品种之全、时间之长、数量之多，在世界上极为少见。由于家里票都不多，姥姥买肉的时候从来不买瘦肉，专门挑大块的肥肉拿回家，在锅里炒出油，不嫌腻。至于衣服，没有专门买衣服的票，一年基本上只穿同一件衣服，只有过年的时候，姥爷会给妈妈和姨妈每人做一件新衣裳。有时候看到别家小孩身上穿的衣服好看，姥爷就照着那个样子在裁剪板上做一件差不多的。每次做衣服都会把尺寸做得大一点儿，这样好能多穿几年。

大年三十那晚，6 点多一家子就开始吃年夜饭。那是一年中为数不多可以吃上肉的日子。酸菜炖肉是一定会吃的，到了现在我们家也经常做。除了这个也就白菜、萝卜、土豆几样菜，但吃着特别香。晚上姥姥姥爷允许她们不回家。她们就相互串门，到别人家去十几个小孩子围在一起边打扑克边嗑瓜子。几个人约好到外头去放鞭炮。每次过节都是一年里最开心的时候，所以她和她姐姐最期待的就是春节。

等到了八九十年代，凭票供应的东西越来越少了，市场经济的引入，集贸市场的恢复，使年夜饭菜肴的种类由贫乏走向丰富，鸡鸭鱼肉成了年夜饭的主角。条件是好了，可是过年的年味却淡了，渐渐地也没有那么期待过年。

她总是说小时候的过年才是真过年，我也信。

活在那个年代的人都知道，有一阵子举国上下开展了以“除四害”为核心的爱国卫生运动。这场全民性的运动，曾被提升到卫生领域的人民战争的高度。犹如隆冬里的一把火，毛主席讲话和下基层视察卫生的示范举动，将始于 1956 年的“除四害”运动推向火热的高潮。“老鼠奸，麻雀坏，苍蝇蚊子像右派。吸人血，招病害，偷人粮食搞破坏。”伴随这句耳熟能详的顺口溜，放假时，为了响应“除四害”的号召，学校要求每个学生都要抓苍蝇，开学装在玻璃瓶里交上去。于是我妈和她姐姐一有空就兴致勃勃地抄起苍蝇拍到菜场旁边一阵挥，能抓多少就抓多少，一次能打几十个，全丢在瓶子里。上交给学校的时候，特有成就感。

除了这个之外，还有一件她现在想都不敢想的事：捡马粪。这也是放假的任务之一。马粪在当时是特别好的肥料。那时候每天都能看见马车，农民上城里卖菜走亲戚，都赶着马车。她和姐姐就拎着竹筐在大马路上搜寻，看到有马车经过就跟在后边追，大部分的马屁股后面都有马粪兜子，但也会不小心掉下来一些。捡的人多，她们就追上去抢，用报纸隔着捡起来扔进筐里。后来农民买拖拉机的多了，城里也限制马车进入，渐渐地看不到马，自然也不捡马粪了。现在看来，这场运动，留下的不仅是一代人的记忆，也给一个高度政治化的卫生制度贴上了鲜明的时代标签。

1976 年是多灾的一年。国家主要领导人的先后去世，对国人来说无异于晴天惊雷，天降噩耗。老百姓接二连三地听着哀乐，扎着白花，心怀悲伤。当时我妈还在上小学，毛主席去世之后，每人发了白纸和铁丝折成白花别在胸前，手臂上再戴上黑纱。全校都停课了，老师在上面念悼词，他们学生就在下面听着，所有人都哇哇地哭，泪水像水龙头一样止不住流下来。不管在哪里，一说到毛主席就要哭，也不知道为什么要哭，哭得比谁都伤心，只知道不停地流泪。据说 9 月 9 日之后的十多天，大家都不怎么说话，只是埋头干活。

然后就有了粉碎“四人帮”等一系列事情，那是一个时代的落幕。

过了一年，我舅舅出生了。我妈正在上小学，家里突然多出一个弟弟，对她的影响也很大。姥姥姥爷白天都去上班，她和姨妈两个人分时间带着舅舅，去哪里都抱着。舅舅小时候生得机灵可爱，特别招人喜欢，到哪都会被别人逗两下。我妈当然也很高兴能有个听话的弟弟，给生活添了很多乐趣。

1978—1987　关键词：电视、三好学生、小鹿纯子、一中、三八线、高考

70年代末邻居家买了第一台电视。那个年代电视作为家庭里最值钱的“电子产品”是每家每户都非常羡慕的存在。电视上频道少。新闻、电影、戏剧、曲艺、电视剧、体育比赛……播什么看什么。我妈有机会就找其他小孩子一起去看电视。有一阵子，所有人都在看“四人帮”的公开审判。后来流行日本的《排球女将》，满脑子都是小鹿纯子活泼可爱的形象和矫健的身姿。诚然，围在一起看电视是那个年代的人最美好的回忆之一。

妈妈小时候，有些时候的日子对她们家来讲并不好过。当时注重“成分”，类似于现在的政治面貌，到哪里都必须写上自己的“成分”，我们家的人只能写“地主”。其实所谓地主，不过是有一小块地而已。可“地主”在那个时候是被歧视的，我妈妈和她姐姐从小就被别人家的孩子欺负，被骂“地主家的孩子”。姐俩受了很多委屈。为了响应祖国的号召，每个家庭必须要有一个上山下乡的人，看到邻居家的哥哥姐姐干活特别累，不愿意走上同样的道路。但是如果能考上大学，未来就完全不一样了。在双重的压力下，她俩又天生有要强的劲儿，两人拼了命的学习。有时候八点上炕睡觉，第二天凌晨三点半就爬起来背书，家里养的鸡都还没打鸣。

说来挺有意思的，上了初中，学习在我妈眼里从来都不算什么压力。我一直觉得她怀我的时候准是吃的不对还是哪里出了问题，她和我爸都是标准的理科生——她最擅长数学，我却总是因为做不出数学题而头疼。她初中的时候从来没考过第二名，同时她还是校舞蹈队和短跑队的成员，甚至还担任校合唱团的领唱。我一直嫌她唱什么歌都能唱出革命调子来，或许和她小时候的经历有很大关系。

她们班有几个学习成绩不好的同学，我妈经常会去给一个女生讲题，有时候还会去她家辅导她学习，这些在她眼里都很平常。直到初三那年，省里给了她们学校一个三好学生的名额。那时看重德智体美劳全面发展，学校就把这个名额给了我妈。填表的时候，要写优秀个人事迹，想来想去，她就把帮助这个女生的事情写上去了。后来自然而然是评上了，但想想，她总是觉得随便把别人的事情写在评奖的内容里，还挺对不起人家的。

评上了省三好学生之后，她就被省里最好的高中——吉林一中提前录取了。于是她就没有必要和别人一样去中考，少了很多压力。每天学校老师总是把她叫过去批试卷、理本子，课都没怎么上。到了中考那会，老师对她说，她想不想考都可以，可以随便考几门喜欢的，权当体验一下氛围。都不必猜，我妈就非常高兴地去考了一门数学。

姨妈在前一年也考上了一中，这样两姐妹又在一个学校念书了。以前念初中时，她们要搭很久的车，再沿着松花江走好长一段路才能到，路上约莫花去两个小时。一中离家不远，每天早上起来乘半个小时公交车就到了。

刚到这所学校的时候，身边都是优秀的学生，她的压力也很大，内心也没有笃定地想过向往的象牙塔。那时社会不怎么开放，男女生之间从来不讲话。我妈同桌是个男生，喜欢用铅笔在课桌上画“三八线”。她每次写数学题，胳膊不小心越过界，都要被他同桌一肘子顶回去。因此她很烦他同桌，嫌他小心眼儿，两人经常吵架。

直到高二分文理班，我妈毅然决然选了理科。虽然数学对她不是什么问题，但她最讨厌的学科竟然是物理，高考物理只考了四十来分。巧的是，她们班主任就是教物理的，虽然她这门学得特别差，可是这位物理老师却待她特别好，经常教她不懂的题。甚至连高三要填志愿时，也是这位老师给她出的主意。而高二的同桌更有趣了，对方是典型的东北男生，成绩特别好，脑子灵光。别的男生下课都去打篮球，他却仍然在座位上埋头写数学题。我妈说，在这种重点中学，每个人都会囤很多辅导书一本一本地“刷题”。很多男生在学校大大咧咧，天天嚷嚷什么“写啥作业，去打球啊”，其实回家都偷摸着熬到后半夜三点，把不会的题存着，回学校之后到老师办公室排着队问问题。我觉得现在我的同学和他们也没什么两样。

他同桌算特别喜欢学习的那种人，但我妈和他的关系比跟高一的同桌好不到哪里去。原因是他总是瞧不起我妈，每次她做出一道很难的数学题，他总是带着一种难以置信的表情说：“啊！这你都做得出来啊?”我妈就被他气得翻白眼，上课的时候她也烦他在座位上不安分，两个人总是发生口角。不过对方的确非常聪明，后来考上了清华大学环境工程系，是当时全国最好的专业。不过后来她觉得很奇怪——高中跟班级里那帮男生，要么就是这种冤家关系，要么就没怎么说过话。毕业了以后，这些男生却还来看她，对她关照有加。她跟班上那些要好的女生，到现在也还经常通电话，保持着密切的联系。

80 年代考大学要比现在难多了，初中一个 50 多人的班，能考上高中的不到 10 个人；而普通高中一个年级 400 人左右，最后只有几十个人能上大学。他们一中算特例，我妈高中班级里的同学全都上了本科。对比现在来讲，当时能考上大学的，其实就相当于现在能上 985 院校的成绩。高考过后，她去了远在西安的西北工业大学，在那遇上了我爸——这都是后话了。

这些事情从我小时候开始她就一点一点讲给我听，渐渐渗透在了我的记忆里。我有时在想，若是不把它记录下来，那这些平凡又珍贵的回忆，终究会在历史盈盈的眼波中褪色，然后随着岁月的长河奔腾而逝。

妈妈从来没有活在过去的影子里，可是她之所以成为现在的她，都是由那过去的所有记忆慢慢铸就的，缺一点都不行。她从来不觉得自己是什么优等生，也没有什么怀念过去的“情怀”。她只是一直平平淡淡地过着自己的日子，在她眼里清闲自在即是鲜衣怒马，把根深深扎在北方，永远都是一个北方的孩子。这些故事可以说很普通，又在某种方面精彩万分。我想，其实所谓精彩，也不过就是普普通通的人认认真真当了一回主角而已。

所幸的是，各得其所，喜乐安康。

【教师点评】

“妈妈从来没有活在过去的影子里，可是她之所以成为现在的她，都是由那过去的所有记忆慢慢铸就的，缺一点都不行。”老师和你母亲同龄，她所经历的，喜欢过的，遭遇过的，我都能从你的文字中找到记忆。玩羊“嘎拉哈”，帮邻居糊纸盒，看《排球女将》，和男生划“三八线”，过年全家吃酸菜炖粉条，记忆犹新，却转眼已逝。你笔下，母亲这个北方女孩的精彩，恰好就是送给母亲最好的礼物。因为，你愿意感受那些故事，感受那些普普通通，因为，你开始懂她了。（杜虹）

【一起思考】

除了怀念，我们是否还要传递给孩子们一些经历之后的沉淀？那可能是一个成长期孩子需要的。

四　妈妈的时间

韩雨亭

依稀记得我小时候妈妈会跟我讲讲过去家里发生的事情和她成长岁月留下的足迹，但如今我差不多都没印象了。趁着妈妈今天不忙，我把妈妈请到了茶室，泡上两杯茶，一杯递给妈妈，跟妈妈说了我的请求，我想听妈妈过去的故事，妈妈有些意外，顿了顿跟我说："有心听我讲过去，看来长大点了，那就讲给你听听。"我高兴地直点头，保证一定认真听妈妈讲。妈妈拿起杯子抿了一口茶，思绪慢慢飘向了她的过去。

深深烙印的童年

妈妈生于农村家庭，弟弟比她小 3 岁。平日里大人们都忙于农作，他们姐弟俩相依为伴。妈妈说要是家里大人到天黑了还没回家，她就把饭先烧好，然后自己洗澡，给弟弟洗澡，把换下来的衣服洗好，等着大人回来烧菜吃晚饭。这样的童年妈妈觉得很单纯、很快乐。但在妈妈 8 岁那年家里发生了不幸，她的弟弟从耕田的拖拉机上摔下来抢救无效而身亡。家里人无法承受失去亲人的痛苦，特别是我的外婆，妈妈说她几次三番要轻生随着自己的儿子一起去。而爷爷整天苦着一张脸，不爱说话，一个劲地干活。

提起这段往事，眼泪从妈妈的眼角滴落，听到这样的噩耗我也很难受，我递给妈妈一张纸巾，安慰着她："妈妈，都过去了，不要伤心了。"妈妈擦了擦泪水，看着我继续往下说。外公外婆失去了儿子，妈妈意识到她一定要做一个最乖的女儿来温暖他们。所以除了上学妈妈都陪在他们身旁，跟他们一起下地干活，一起忙乎家里的大小事。

我不禁感叹妈妈童年的苦，握紧她的双手。妈妈反倒笑笑，说："干活的苦那不叫苦，弟弟永远失去了那才叫苦，为了让爷爷奶奶少伤心一点，我一定好好读书，让书包翻身。"

刻苦努力的学生时代

妈妈从小学到大学 16 年的读书生涯都没让爷爷奶奶操过心，小学开始她就担任中队长、大队长。到了初中她的学习成绩始终名列前茅，中考她考上了自己的理想学校——青浦中学。妈妈说三年的高中生活苦中有乐，回味无穷。学习的过程非常艰辛，但自己不放弃不逃避和小伙伴们并肩前行的劲道是值得点赞的。和同学3年的交往也结下了深深的情谊，她说那些都是一辈子的朋友。

刚读高一的我，正好到妈妈这儿取取经："妈妈，我觉得高中要学的科目好多，有时候作业都来不及做，你当时是这样吗?""是啊，我们吃好晚饭就直奔教室做作业，晚上如果做不完的话，第二天早上一早起来做。学习是自己的事，苦点累点都不算什么。"妈妈的话深深地触动了我。

妈妈凭着她的刻苦努力，考上了大学，爷爷奶奶高兴得不得了，家里终于出了个大学生，以后可以不用种田了，书包翻身了。我也为妈妈感到骄傲。

带着梦想去工作

大学读完，妈妈回到青浦做了一名光荣的人民教师。从教20年，她付出了很多，但她觉得为了学生一切都是值得的。不论带的班级有多差她都不退缩，既以老师的身份教育他们，又以朋友的身份理解他们，彼此之间始终保持和谐的氛围。因此赢得了学生的信任和尊敬。听妈妈说到这儿，我记起来前不久还有学生请妈妈吃饭，我便问道："妈妈，上次请客吃饭的是你哪一届的学生?"妈妈立即答道："哦，那是2007届的孩子们，现在他们一个个都成家立业了，那么多年过去他们还记着我，这是当老师的幸福。"是啊，一日为师终生为师，我也不能忘记所有教过我的老师们。

"妈妈，谢谢你给我讲了很多过去的事情，不仅让我知道了你的过去，也让我从你身上感受到了很多可贵的品质，我要好好向你学习。"我给妈妈添了杯水，妈妈喝了一大口，注视着我，语重心长地说道："若干年后你也会把你的故事分享给你的孩子，走好脚下的每一步，千万不要悔不当初。"我点点头，让妈妈放心，虽然现在的我身上还有很多缺点，但我会慢慢改，相信我也会成为妈妈这样学习刻苦、做事坚持的人。

今天听妈妈讲她的过去，以后我还会让爸爸、奶奶、外婆等我身边的亲人讲他们的过去。

【教师点评】

我递给妈妈一张纸巾，安慰着她："妈妈，都过去了，不要伤心了。"读到这里，我相信这次作业是有意义的。

小韩同学通过这次作业，在感受母亲、理解母亲的过程中，已经开始思考，我应该成为一个什么样的人，在字里行间，记录者常常不由自主地"显身"，几句插入语，把他的感受表达了出来。我在寒假之后问大家，这次作业，你们认为最大的收获是什么。学生回答虽然

五花八门，但有一点是统一的：没有想到我的父母经历了那么多，我原来却不知道，所以，最大的受益者是我们。（杜虹）

【一起思考】

家长与孩子的沟通中，是否应该有这样一个环节，告诉他们，我们的经历，你现在承受的压力，我们也承受过。

五　比星星更亮的是……

倪成瑜

我的妈妈，是一位普通，但又不那么普通的人。

“我是农村出身，年幼时，差不多10岁以前，由于家里条件并不是很好，以及当时物资匮乏，所以苹果、零食都是逢年过节时才能吃到的。所以我现在平时零食不怎么吃，也是从小这样，因为没有，所以习惯了。哪像现在让你吃水果，还要削好，拿到你嘴边。也是因为我以前没有，所以一直希望尽我所能，让你多吃点。”

在过去，对农村孩子来说，读书才是唯一的希望，也是唯一的出路。

“因为是农村的孩子，我从小学四五年级就自己每天骑半个多小时的自行车上学，外公外婆，也是尽他们所能买比较好的自行车给我，但是风大雨大，浑身湿透还是要上学，所以我想如果我住在城镇上有多好，现在我做到了让你上学不用风吹雨淋。为什么读书用功，因为出身农村，虽然不用很劳累，但是还是要帮助做农活，酷暑要下田插秧，寒冬还要到地里拔大头菜送奶牛场。那时就想，读书至少是件不要干活的事情，读书好不用再做这些农活，所以认真努力读书。”

普通如我的母亲，她读书的目的很简单，就是为了出人头地，改善生活。她只是想要在辛苦了一天之后能睡进大沙发温暖的怀抱；只是想在寒冷的冬天不必在冰冷的积雪中，用冻红的手指扒白菜；只是想在酷热的夏天不必顶着骄阳，扛着比自己小小的身体还重的锄头下地耕作；只是想让辛苦了大半辈子的父母，安享晚年；只是想让自己能做出的选择，是基于热爱，而非金钱。

可这些努力和梦想，不是说说而已。过去有比现在更多的困难，不仅仅是精神上的压力，也有物质上的缺失。茅厕没有水冲，忍着恶臭在半夜偷偷借着厕所的灯光看书，没有蚊帐，任凭嗜血的蚊子在原本光滑的肌肤上叮一块又一块的肿包，回到家，要烧水煮饭、下田劳作，筋疲力尽后继续挑灯夜战，苦读圣贤书——这是两段并肩行走的生活。

“高一第一个月外婆告诉你我回家哭了。是的，我记忆深刻。高中学业跟不上，你现在的压力，我当时一样有，我是从徐泾中学考上来的，跟青浦镇上的孩子就已经比不上了。但是，你现在有给你请的补习老师，当时我没有。当时我还有另外的压力，我需要依靠读书改变的是自己的命运，比如户口，以后的工作，以后的物质生活。而你不需要，我和你爸爸只希望你能通过学习做你喜欢做的事情。一个学历改变的是我和你爸爸那一代人的命运，而对于你来说，学历只能影响你的生活。等你经历了我的岁月，你自然明白。我现在跟你多说一点，只是希望把我的经验给你，希望你少走一点弯路。”

记得刚上高中，我忽地被成山的学业压力压得抬不起头，迷失了方向，甚至一度怀疑我努力学习的意义。第一个星期我就哭了，那天晚上妈妈走进我的房间，和我聊了许久，关于以前，关于学习，关于人生。我想起来龙应台一句话，和我妈妈的话语惊人的相似："不要抱怨读书苦，那是你通向世界的路。孩子，我要求你读书用功，不是因为我要你跟别人比成绩，而是因为，我希望你将来会拥有选择的权利。选择有意义、有时间的工作，而不是被迫谋生。当你的工作在你心中有意义，你就有成就感。当你的工作给你时间，不剥夺你的生活，你就有尊严；成就感和尊严，带给你快乐。”

她们那一代，选择不多，只有读书才能改变人生，他们的坚持是为了改变命运，就算最终跌入烦琐，洗尽铅华，同样的工作，却有不一样的心境，同样的家庭，却有不一样的情调，同样的后代，却有不一样的素养。

“我需要依靠读书改变自己的命运。”她用平常的语气说出了这句话，但我注意到她的眼神前所未有的坚毅，透露着点点的亮光。一瞬间我明白了她，她的所有努力和所有拼搏，都是在与出身和命运抗争，一场明知自己处于劣势的战役，可她却咬着牙在荆棘丛中劈开了一条道路，满是泪痕的脸骄傲地对着天空，迎来曙光。

“到了高考的时候，说实话，选择警察作为职业，主要是因为它是一份稳定的工作，是不需要依靠父母关系，可以靠我当时的成绩可以考取的。虽然当时成绩不是拔尖，但是警校女生的录取分数线还是很高的，基本是与同济、交大差不多的分数。为了让父母省心，我选择了这份职业。如果一定要说一个有闪光点的理由，就是我觉得社会是个大机器，我们是里面的螺丝钉，我希望我至少是个有用的螺丝钉。”

不普通如我的母亲，她最终成为一名警察，女警察的确少见，我问起原因，稳定的生活首当其冲，因为在她梦想的未来里，没有太多的变数，公务员是第一选择，有可观的工资，能获得国家保障。我又问，稳定的工作这么多，为什么偏偏做警察？她只是说："我觉得社会是个大机器，我们是里面的螺丝钉，我希望我至少是个有用的螺丝钉。”

原来改变自己还不够，她想要作为社会中的一分子使其平稳运转。我想，只要怀着这一份心，不管做什么都有意义。就算是建筑工地的农民工，或是另种处于社会底层的人们，只要把自己看作社会的一部分，尽自己所能把当下的工作完成好，比如把一个螺丝钉钉牢固，或烤出香甜可口的面包，或粉刷一面墙，便是在为社会做贡献，便是在实现自己的人生价值。这样，人才会看得起自己。看得起自己的心态，比什么都重要。

“工作以后，我和你老爸达成共识，基本不在家谈论工作。你有可能不了解，从警快20年，我可以告诉你，我对自己的工作负责，国家给我的荣誉就是对我工作的肯定。”

我曾和学长就警察的工作性质作过这样一场讨论。

我说："就算平庸，可能最后不得不随波逐流，但是并不影响美好本身。价值观还是没有那么容易被改变的。"

他说："环境给人带来的影响还是巨大的……共和国历史上因腐败而被判死刑的国家领导人的墓碑上刻着这样几个字'壮族人民的儿子'。河北第一秘李真，41 岁被枪毙，死前是河北省的正厅级干部，假借程维高的微风，连副省长都不放在眼里，曾经在二十出头时因为农民歉收而在群众当中痛苦。"

我说："迫不得已的事情还是太多了啊，但是也有许多以梦为马的人，所以历史上有那么多人选择隐居或是在最风光的时候选择退出。其实说到底还是要看个体的精神意志能否支撑他在各种环境下始终坚守初心。"

他说："个体始终是个体，个别人的坚守无法左右整个社会的取向，尤其是这个社会的价值取向歪曲之时。"

我说："有个体的存在就有希望。希望是我们这个年代像钻石一样珍贵的东西，指引着我们回家的方向。个体影响不到环境，但个体能影响其他个体。这就够了吧。在恶性循环里还拥有着一段良性循环，所以不会腐败到极端。善恶能达到一定的平衡。"

他说："但是，这个良性的循环的主体是'人'而不是'法'，人可能可以对此做出改变，但是这样的改变是不长久、不稳定的。"

我说："从根本上解决问题，就是需要这样的'人'，去改变'法'，从而让法成为主体做出改变，这样的改变是长久而稳定的。"

其实到最后我们谁也没有说服谁，我只在心中默默地想，我的妈妈就是这样的个体。我曾无意瞥见天光，所谓天光就是我的妈妈警察制服上的一枚枚象征荣誉的勋章所折射的阳光，不偏不倚地照进我的心底。我知道，从此，我将永远光明。何其荣幸，我的妈妈在去年获得了"全国优秀警察"的称号，即使我对她的工作不甚了解，可凭借着"天光"，我笃定她绝对配得上。

"我和你爸的职业让我们了解更多的社会黑暗面，很多人走上弯路，大多有原因，家庭因素、歪曲的追逐名利之心等等。所以我们希望你看事情不要光看表面要看深层次的意愿。同时与人交往也是如此。"

我曾无数次和她置气，往往是由于她用理性的眼光看待问题的结果与我的绝对感性不符。在她看来，人与人之间的信任极难建立，大部分的承诺不过是建立在谎言基础上的海市蜃楼，而我执拗地坚持人心本善，没有人会想方设法毫无理由地加害另一个人，确实天真单纯而幼稚，我只是不甘愿面对那些不尽美好而难以言说的世事，宁可称作"特殊案例"。

她说完这段话，我知道了她的理性从何而来。她选择的这份工作，注定让她看到了世界的背面，那是肮脏的疯狂的丑陋的不堪的阴暗的背面，宛如洇开的黑墨，心理素质要多么强大，头脑要多么镇静理性的人，才能承受住对价值观的挤压，仍然在风雨飘摇中屹立不倒，在一片血泊中岿然不动。她常说她想要我成为一个理性的人，做一件事要考虑后果，我总让她失望。我和她不一样，我是被甘甜的雨露浇灌生长的花，她是千锤万仞后仍挺拔的草。我是只存在于世界的正面，而她能把世界翻个底朝天。了解这个社会的运行规律，懂得为人处事的圆滑规矩，却始终不甘于身处其中——是为莲者，出淤泥而不染，濯清涟而不妖。

“我跟你说过，我不喜欢看灾难片，因为我看多了社会现实中的不幸。现在我希望通过警察这份职业去改变一些人的观念、生活，虽然很难，但我也是在努力。最初的从警理由有可能只是因为这是一份稳定的工作，但是现在我是希望通过我的这份职业去改变一些其他人的命运。”

《流浪地球》大火，我也推荐妈妈去看，可她以不爱看灾难片为由拒绝了我的邀请。妈妈告诉我，现实生活有时能比电影还离奇，更残忍，更无情。她曾经审问过许多我这个年龄的孩子，有的叛逆吸毒，有的错信邪教，有的生活放浪，与我的世界观根本天差地别。也许因为亲眼见证过灾难和悲剧的发生，才会觉得虚构的根本不足为提，掉进过纯粹的黑暗里，才会觉得画布上的黑点都是小问题。而我们所拥有的稳定，犹如鳞光依附鳞，是暗处的人们用血肉浇铸，用生命阻止它的耗散，于污秽中苟延残喘，为只为给普罗大众以安宁。

对于她的工作我越来越好奇，可她始终不肯透露太多，我也就没有继续追问。

“看多了灰色，所以我们基本不回家谈论公事，我们希望回家能放松，所以我研究美食，喜欢旅游，我也喜欢买漂亮衣服，跟你说以前没结婚的时候，我淮海路、南京路逛的不要太多，一个月要去逛街两三次。但是慢慢的因为工作原因，我不需要红妆来打扮自己。在一个大家都穿制服的环境里，你怎么可能涂口红、涂脂抹粉，别人会用异样的眼光看你。”

对与错不是非黑即白，它们始终处于灰色地带。所有的妈妈以前都是少女，都爱打扮自己，可迫于种种现实不得不放弃。我的妈妈就是这样，穿上制服，就意味着她不再是她自己，而是光荣的人民警察，要受到条约的种种限制。她被迫褪去华美的衣裳，卸下精致的妆容和美甲，她不是那个少女了。但有一点不变的是，她始终热爱生活，以往擅长于买买买的手现在熟练地操起了菜刀和锅铲，周末总会给我做一顿丰盛的大餐。研究食谱、健身、跳舞机，尝试所有新鲜的东西，才是保持年轻的秘籍，她显然精通此理。

“我不大多说以前的事情，是因为我不喜欢回忆过去的不美好，我希望能多看看未来，多改变一下自己和家人的生活。所以，我基本不同你说我小时候的事情，我只希望通过我的努力，尽量给你最好的。我和你爸都希望你开心，幸福，不必太优秀，只希望你能有孝心，能在我们身边。不必怀疑我和你爸还有你爷爷奶奶对你的关心和付出，只希望你能回报我们一半的关心就足以。就像我一直对你说的，这个世界上真心对你好的，只有你的父母。”

我想，她只希望我幸福，她之前所做的一切改变，只是想要让我活得更好。

“不回忆过去的不美好，使劲地向未来展望。”来路无可眷恋，值得期待的只有前方。而她始终充满期待，一种对未来的自信，而她对我的爱也远远超乎想象。我之所以能莽撞而热烈地选择，我之所以能横冲直撞从不怕摔倒，我之所以能在自己的天地恣意徜徉，我之所以能清白而无知地生活着，满眼只有手冲咖啡和进口文具，都多亏了母亲为我打拼来的环境啊。

过去终究是过去，过去的故事讲得完，未来却一望无际，也就是为什么期待，足以成为支撑人生活下去的信念。从妈妈和我讲的过去的那些故事中，我能够发现，她就是充满期待和信念的人，作为坚守初心的个体，一心一意为了改变自己、改变社会而努力，让我过上了更幸福的生活。妈妈过去的故事，总有种能撼动时间和空间的力量，让我感受到无数记忆的重合、命运的凑巧，和甜美的归属。我不再局囿于旁观者的身份，而是真情实感地将自己带入妈妈的故事，切实体验了一回她的人生。

即使见过了世界的背面，也要坚定不移地相信美好的存在，热爱生活。改变命运也要不乱于心，不困于情，不念过往，不畏将来。这才是妈妈给予我，除了生命以外的，最好的礼物。

我的妈妈一直都是普通人，却也因此闪光。

【教师点评】

看到“我需要依靠读书改变的是自己的命运，比如户口，以后的工作，以后的物质生活。而你不需要，我和你爸爸只希望你能通过学习做你喜欢做的事情。一个学历改变的是我和你爸爸那一代人的命运，而对于你来说，学历只能影响你的生活。等你经历了我的岁月，你自然明白。”我是有些紧张的，因为现在的孩子非常排斥家长这样的想法。

然而，读完全文，在人称的不断变化中，她在聆听妈妈的故事，也在反思母亲的各种告诫，在理解母亲的同时，她开始形成了自己的判断。正如文中所言“对与错不是非黑即白，它们始终处于灰色地带”，她在讲述，却没有变成简单的传声筒，而是把自己加入进去，去品读，去甄别，这一点很可贵，也是我们让学生做这次作业的一个原因。（杜虹）

【一起思考】

除了唠叨、叮嘱之外，我们还可以用怎样的方式，把我们对他们的爱、期许，传达给他们呢？

六　那年时光

邢熙文

从呱呱坠地到牙牙学语，我眼前的世界在父母的引领下，由茫然空虚的漆黑变得绚烂缤纷，我逐渐热爱上了去探索未知的精彩，随之充盈胸膛的，是对无限未来的渴望与渴求。然而，这只是我自己的世界，只是些许仅仅属于我自己的故事罢了。一直以来鲜少地试图去挖掘父母以及长辈的故事，他们所处的时代与环境就已注定他们所经历的故事的不凡。至少当那些陈旧到几乎泛黄的往事，像深埋在土壤中的枯瘪种子被重新翻弄出来时，我意识到每个独一无二的个体，都有份深藏在心底那片丰盈土壤里的独一无二的经历。聆听父母叙述的同时，我仿佛穿梭在过往的旧时光中，时常对那些遥远的故事心生向往，种种弹去尘垢而慢慢显露色彩的故事也常常让我不禁暗自感叹与思考。

（一）

妈妈与我上的是同一所小学。记得我第一次到小学报到，那天阳光明朗，头顶之上一片清澈的苍穹，踏进校园后，立刻就被阴凉的树荫笼罩并包裹着，妈妈牵着我的手，带领我寻找班级。一路上遇到形形色色的小朋友与家长，妈妈始终迈着沉着的步伐，好像轻车熟路，并无寻觅之意。走廊尽头左手边的第一间便是我的新教室。当天的学校广播中提到，这是所百年老校，这令我印象十分深刻，对于当时年仅 7 岁的我来说，100 年好像是个不可估量的数字。回家途中，我按捺不住心中的好奇，经过询问得知，这也是妈妈的母校。只不过，学校的有些建筑与陈设都改变了，唯独那棵高耸的梧桐树，始终屹立不倒，每当我与同学们在古树底下的石凳上玩游戏时，我都会不经意间好奇地抬头打量这棵百年老树，妈妈小时候也会在这里与同学们嬉戏玩耍吗？那当她像我一样抬起头时，看到的会是怎样一番光景？

每到“六一”儿童节，小学都会举办半天的游园会，每个教室负责不同的游戏项目，而在二十多年前，小学的“六一”儿童节是在篝火晚会中度过的。妈妈说，篝火晚会下午 6 点准时开始，在下午三四点一天的课程便结束了，孩子们基本早已完成作业，跑到校园的石板路上玩起各种各样的游戏。夕阳西斜时就是孩子们回家吃晚饭的时刻，他们始终快乐无忧，无论是在亮堂宽敞的大路，抑或在狭窄而阴暗的小巷里，他们总是蹦蹦跳跳地朝着自己下一个目的地进发。在“六一”儿童节这一天傍晚，他们的目标即是按时到达学校的操场，和自己熟悉的朋友或者不熟悉但很快便结交的朋友，围坐成一个大圈，进行各种游戏活动。女孩子们大多跳橡皮筋或者丢手绢。操场边昏暗的灯为这些充满欢声笑语的孩子们提供少许光亮，也就借着这一点点昏暗的灯光，加之填满心田的乐趣，孩子们便能毫无顾虑地一直玩耍到解散的时刻。二十多年前小学校门口的马路，还只是一个小而窄的弄堂，在放学后或解散时，天色一暗，便会有三两个顽皮的孩子来到这路边更小、更窄的弄堂前转悠，为的是当时孩子们之间广为流传的，关于这个小弄堂的鬼故事。光线幽暗的弄堂中，路边的墙壁爬满了潮湿滑润的青苔，在昏暗的少许光线下更显得阴森可怖，也许只是形单影只的小鸟掠过的一个影子，便能让这些孩子们吓得不轻。当时，一个半夜吸血鬼外出专吃红衣女孩的传说在这片小孩子中闹得“沸沸扬扬”，直到辟谣前，即使白天，也没有女孩子敢扎上甚至小小一根红色的头绳。天真可爱的孩子们，似乎不会相信这世界上没有鬼怪，而即便一两个令人毛骨悚然的鬼故事，也不能浇灭他们去探索的欲望与热情。当时校园周边围满了正被拆迁的平房，在一片狼藉的房屋废墟中所藏着的，是孩子们最感兴趣的宝藏，常常有孩子们在放学后三五成群地结对去挖宝，却挖出并不十分令人喜欢的“宝贝”，像那些年代久远的棺材、古时候的几乎已经腐朽的铜钱，已经不能吓唬到前来探索的孩子们，甚至有些顽皮的孩子用不知哪里挖出来的险些化为灰烬的白骨互相嬉笑逗乐。这些在大人看来沉重恐怖甚至沾染所谓晦气的事物，似乎未在那些孩子们天真果敢的字典中出现。听着妈妈讲这些自己以前童真的趣事，当这些鲜活的、跨越数十年匆忙时光的小故事展现在我面前，给我带来的熟悉感与亲切共鸣，仿若引着我再次领略了一次别有滋味的童年时光。

小时候的妈妈还常常被外婆带去拜访我的外曾祖父。我的外曾祖父是一名老中医，据妈妈回忆，外曾祖父的祖上一直都开着药房，从小耳濡目染，外曾祖父潜心研究，不负众望，练就了极好的医术，便继承了家业。在三年困难时期，整个世界兵荒马乱，民不聊生，众人纷纷到外曾祖父那里求医，其中不乏县长这类人物。据说，外曾祖父曾独自琢磨出了专治一些小毛病的中药，疗效极好，他就这样凭借不凡的医术，在当时荣获“陈半仙”这类称号，在整个青浦县中小有名气。妈妈回忆说自己年轻时的一次感冒引起了血液中多项指标的不稳定，被医生怀疑得了白血病，焦急之下，她立刻向我的外曾祖父求助，好在通过外曾祖父给出的药方调理了一个月后，她的各项血液指标便回到正常范围内了。关于外曾祖父治疗的病人，我的外曾祖母也是很好的案例。外曾祖母在她四十多岁时被查出小脑萎缩，这对于当时的家庭来说无疑是一个沉重的打击，但外曾祖父坚持针对外曾祖母的病况配方药剂，日复一日，年复一年，外曾祖母的病情再无恶化。听到这里，我心里暗自惊叹，医者当之无愧是自古来被人不停赞颂的一项伟大的职业。小时候去到外曾祖父家，见到的永远都是那个慈祥和蔼、满含笑意的老人，而身体不好的外曾祖母则常常躺在床上，见到我们的到来便努力站起身，嘴中支支吾吾，手中拿着几个小橘子塞到我怀里，满脸和蔼真挚的笑容。我也曾询问过外曾祖母的病情，却没想到会有这样一段过往。琐碎的记忆碎片拼凑到一起，我心头不禁为之微微颤动。只是，我亲爱的外曾祖父带着陪伴他一生的知识与事业，在两年前离开了我们。多想听那个整日微笑着的和蔼老人坐在摇椅上亲口给我讲一讲他的过往……遗憾的是，有些外曾祖父生前接待过的病人，在他去世后也就失去了自己的主治医生，那些他曾给出的秘方，那些烙刻在他脑海中的医药知识，那些他给病人开出的药方、授予的方法，将永远伴随着他，落入尘土之中，化为世间细碎的尘埃，无人再知晓。

妈妈的叙述平淡无奇却处处深入人心。我们总是在不经意间感受到与父母、长辈之间的嫌隙，有时甚至为此而不安宁，却忘记他们也曾年轻，忘记去好奇、去了解过去的故事。时光的波涛从未带走任何宝贵的财富，我们却渐渐将自己离这些过往的财富越推越远……不过，回头伸出手却不晚，真正有价值的吐露从来不在意时间、空间的跨度。她所叙述的，是永恒的故事。

（二）

相比妈妈，爸爸的过去更多是待在乡间田野。

我很喜欢待在乡下，这也是我向往爸爸小时候的生活的原因，总觉得那里有更多好玩的东西，拿现在的社会来说，那里有鲜活的鸡啊羊啊之类的家禽动物，娇生惯养的城镇小孩很难见到的，更有清澈纯净的夜空熠熠生辉，只不过近年来确实也浑浊了不少。对于爸爸养过的许多小宠物，我总都羡慕不已，除去现在家中父母不允许养的小猫小狗之外，鸽子、金鱼、兔子、乌龟乃至一些昆虫更是不在话下。他们整日整夜地与新鲜美好的大自然接触，鲜少呼吸浑浊污染的空气。乡下的大自然五彩斑斓，田野中青色的瓜、绿色的藤，还有金灿灿的花，大红大紫的蔬菜水果，蜂蝶在其中嬉戏打闹，更加增添了活力与色彩，夏夜就算躺在门前的路上也不会戒备，抬头满眼灿烂的星河，耳畔边每家每户热闹的讲话声，却不显得嘈杂，蝉和雀的鸣声萦耳，扑面而来温柔的清风，直到空中飘来淅淅沥沥的小雨，父母才会传来亲切的叫呵声。耳边的雨滴敲击在世界的每一个角落，像是敲打着生活的节奏，整个夏天都在这样的节奏与韵律中明亮了起来。

农村的孩子们总有数不尽的玩物，玩游戏玩累了便去探险，郁郁葱葱的竹林是躲猫猫的最佳地段，却也藏有不少宝贝，一不小心便会在地上发现一两个新鲜出炉的大鸡蛋，捧到手上甚至是热乎乎的，不仅颇有趣味，而且当时发现的鸡蛋就和了不起的宝物一样令人激动，这种生活中突然从天而降的小惊喜放在现在也会令人兴奋不已吧。当然，好玩的不止这些，爸爸喜欢去抓各种小动物，像麻雀、龙虾和鲫鱼，根本不在他的话下。和好友三五成群，用诱饵、罩子和木棍精心设下简单的陷阱，等目标一到，手中紧握的绳子一抽，小小的麻雀便手到擒来。天气晴朗时，他们总喜欢到河边去，挽起裤腿和袖子，赤裸着双脚踩进清澈凉爽的河水中，河水像顽皮的孩子们一样扑向脚踝，撞击成浪花后又向更远的地方奔去，爸爸是抓龙虾的好手，用事先在树上抓好的小虫子作为诱饵，常常满载而归。而捉鲫鱼更需要团队合作，先在下游填充好，防止鲫鱼偷偷溜走，再回到上游，稳和准在此刻显得尤为重要。这样形形色色丰富多彩的生活着实令人向往不已。

不过，令人糟心的事也不少。夏天的夜间，常常有隔壁村的人越过小河来偷瓜，就连爸爸自己也热衷于跑到对岸去吃别人种的又大又甜的西瓜，只不过有次竟然真的有个隔壁村的人被抓住了，当他乘上小船想要赶快逃离时，有位英勇的村民一脚踩上了对方的船，将他硬生生拽上了岸边，去接受众人“良心的拷问”。还有一次，爸爸在田野边玩耍，突然发现田野中所种的稻谷浸泡在一种奇怪的液体里，一番思考过后，他断定这药水是用来抵挡老鼠与黄鼠狼的破坏的，在好奇心的驱使下，他拔了一根水稻，用尽千方百计引诱别人家的一只鸡来吃下这根水稻，结果不言而喻。那户人家着了急，直接登门兴师问罪，结果爸爸不但赔了一只鸡，还遭受了一顿打骂，不过我猜这并不能减少爸爸小时候顽皮的本性。据他回忆，最令人糟心的是以前的乡下总有黄鼠狼在夜间偷偷摸摸地出没，抓些无辜可怜的小动物来饱餐一顿。看似平静的夜晚实则暗流涌动，当光明再次降临，一切的可怖勾当都无藏身之处，雪白的毛发与骨头在阳光下格外刺眼，谁能想到一觉醒来，爸爸养的小兔子竟被翻墙而入的黄鼠狼给偷偷吃了呢！当他看到地面上残忍的痕迹与脚印，当他用扫帚清理那片残存的刺眼白色，爸爸的心里一定不好受吧。但生命本来的面貌便如此，离开与诞生周而复始，虽然在乡下可以养许多宠物，但失去陪伴自己已久的宠物带来的悲痛应该不亚于失去多年玩耍的好友吧，日夜都要经历这么多次反反复复的分别，这似乎在刹那之间为花花绿绿的田野之间平添了些许的残酷。万幸的是，他心中并没有丢失一丝一毫对自然与生命的敬畏之情，没有什么比生命更加珍贵与难以替代的了。

印象中乡下的孩子与大人们在交往中总是留有一份质朴。围绕家周围的几百米内，似乎没有一户人家不熟悉，互相结伴出行，串门吃饭打牌等都是家常便饭，慷慨赠送似乎更加平常，新包了馄饨饺子，多收割了几斤蔬菜水果，刚煮好的饭菜，这样无价的交易每时每刻都在进行，交换的是彼此质朴而纯正的感情。就连小狗也时刻不忘情谊，爸爸的高中在城里读，每次往返都乘公交车，从小陪伴他的小狗总准时在车站迎接小主人的归来。离开拥挤而嘈杂的学校与车厢，迎面而来吐着舌头使劲摇动小尾巴的小狗，一双亮晶晶的眼睛炯炯有神，此番场景总令人心生暖意。这样的环境培养了爸爸的重情重义，直到现在，与他关系最好的朋友，仍是自己初中时的好兄弟，逾二十年从未剪断的友谊，多么令人向往与钦羡。

有一件体现当时人们质朴与热情的小事，令我印象深刻。当时爸爸和奶奶乘着从城镇回来的公交车，下车后突然发现竟丢失了钱包，那里面可全都是用来给爷爷治病的钱啊！慌乱之下别无他法，爸爸和奶奶只能不顾旁人诧异的目光，向着远去的公交车拔腿就跑，可人的腿怎么比得过公交车的轮子？头顶艳阳高照，看着离自己越来越远的车尾，气喘吁吁的母子俩几乎绝望。好在天无绝人之路，此时一位乘着摩托车路过的人热心询问了母子俩事情的经过，得知来龙去脉后，他立刻做出了决定，用自己的摩托车去追逐远方的公交车。追上后，他们向车子司机解释了一番便上车去寻找，结果在一个座位底下发现钱包竟就好端端地躺在那儿，似乎早就在等着他们来取呢。这件事若是放在现在，该是更加艰难曲折的。我心中温暖如潮水，我意识到这样质朴的本质不仅仅存在于当时的乡下村民之中，更是存在于当时的社会之中，虽然世界从不可能绝对的尽善尽美，但我仍希望这样质朴纯洁而又热情的民风可以一直蔓延过时光的间隙，唤醒每一个当代人心灵的净土，勇敢地用热忱与友善淹没过无声的冷漠枷锁，使之在当代社会中无处遁形。

故事的交换是彼此灵魂的交流，世界上每时每刻都有不同的故事发生，失去与得到周而复始地运作着。如凯尔泰斯·伊姆雷所说的："生命用悲伤让你了解什么叫作幸福，用噪音教会你欣赏寂静，用缺失来评价存在。"当你经历一些事情，它为你带来的思考与收获，总能铸就你未来光明的一切。语言是思考的标点符号，每一个故事的传递，对叙述者来说，都在传递着一个时代，一段岁月，对聆听者来说，都是一次冲刷与思考。

【教师点评】

我很喜欢她讲故事的方式，平平淡淡，细腻动人，正如她母亲父亲的那些经历。如果没有这次采访，这份作业，他们可能更多地生活在自己的那个世界里，甚至有的孩子会把自己封闭起来，觉得自己就是一切，父母只是那个提供衣食住行的家人。所以，我让他们用这种方式去弄清楚作为独立个体的父母亲的生活，他们的世界。在这个过程中，他们会逐渐明白"故事的交换是彼此灵魂的交流，世界上每时每刻都有不同的故事发生，失去与得到周而复始地运作着"，他们会明白儿女除了完成自己的人生，还要承继家庭的嘱托，这是作为中国人必需的担当。（杜虹）

【一起思考】

如果说代沟是一定存在的，那如何用平等的、如文中所言"灵魂的交流"去慢慢抹平呢？

七 “青菜萝卜”的点点滴滴

廖　琪

自从两年前我的外公去世，母亲就常常开始回顾她的过去——童年或是成年后的一件件往事（或许也是因为她年纪逐渐大了开始变得很怀旧）。有时候，吃着吃着饭，她就开始讲她过去的一些趣事或是可以称得上惨痛的经历，每到这时，我也总是一个很好的听众，不管有些故事她已经讲了多少遍，我还是会再听一遍。

这些谈话都是从吃火锅开始的。每年的冬天我们家都会吃火锅，父亲母亲总会望着那冒着热气的萝卜青菜，回忆起小时候的点点滴滴。而我，则坐在一旁静静地听着，听着一个个小故事像火锅中的萝卜一样被捞出来慢慢品味。

似乎每一次吃火锅，我都会抱怨大多都是白萝卜，丸子很少，这时母亲就说："我们以前吃饭哪有现在那么多选择，每次你外婆烧一些自己种的青菜，一碗米饭，在加一点辣椒酱，我和你舅舅呼噜噜一会儿就吃完了，那时候都是自己家里种的，吃得香啊。"一旁的父亲也维护母亲："我们小时候就喜欢吃萝卜丝炒饭，萝卜和饭一起煮。然后你奶奶就用一个大碗盛。大家一起吃，吃得也香啊。"那些如此简单的食物在他们的口中似乎就像人间美味一样让人听了垂涎三尺，就是不喜欢吃白萝卜的我听了也不禁想要尝试一番。于是我尝试着夹了一块，咂摸了半天也没咂摸出什么美味，想想这也许是只属于那个年代的那一群人的回忆吧——每一个时代，都有其独特性和封闭性，同一代人似乎都能意会，但是其他时代的人就很难走进它。

"虽然我们这一辈小时候吃的东西不算多，但也总归能填饱肚子，不像你外婆外公这一辈小时候常常饿肚子。你外婆还好，她的母亲是地主家的小姐，本来应该算家境不差。但到了你外婆这一辈，地主渐渐都变成人人上街喊打的仇敌了。又因为你外婆是家里的大姐，所以她从小就干很多活。但你外公就不一样了，你外公家里穷，兄弟姐妹又多，小时候总是饿肚子，所以为什么你外公身体老是不好，就是小时候没东西吃，把身子给饿坏了。"桌子中央的火锅不停冒着热气，热汤沸腾的"咕嘟咕嘟"声中夹杂着母亲的声音，突然忆起外公的母亲声音显得有些低沉。我和父亲一起静静地听着……

"其实说起你外公外婆，他们就属于典型的女强男弱的范例。你外婆是很好强的，干活做事都很麻溜。你外公就比较懒，我记得我小时候，有一次，他好像去江西宜春那一带砍树挣钱，结果一年不到就回来了，挣倒也挣了些钱。不过后来就一直待在家里，主要靠你外婆种一些菜养活家里。其实那时候牛和猪都很值钱的，要是你外公肯吃点苦，养几头猪，卖了也能赚不少钱呢。”

“你外公吧，虽然有点懒，但是对我和你舅舅一直很严格，我一闲下来，他就喊着‘快点去做功课’，就是作业写完了，他也让我学习。我偶尔看一些课外书，他都不同意，觉得看课外书就是浪费时间。平时上学常常是天还没亮，就把我们俩叫起来。我们家后面就是一座山，我早上经常爬到山顶，然后在上面大声读书。读完书就走路或者跑到学校，所以我那时候一直很瘦，体育也很好。”说到这，母亲得意地笑了笑。

母亲又继续道：“你舅舅那时候读书还很不错的，那个时候考大学很难的，可能一个班里也只有几个。你舅舅就考了一个师范大学，你外婆高兴得不得了啊，见人就夸你舅舅怎么怎么好，怎样有出息。我呢，其实我脑瓜子也是很聪明的，但是到了高中，前两年一直都在玩，没好好学习。到了高三，我就发誓一定要考一个大学。然后我在高三的时候发奋努力，最后也考上了大学。我那时高考英语化学考得还不错，不过物理倒是没考好，我到现在还记得。”听完母亲的“逆袭之旅”，我不禁有些惊奇，原来母亲当时竟也不怎么“乖”呢。“上了大学以后，因为学校离家很远，在另外一个省，知道再也没有人管我了，我在大学的时候就使劲玩，和几个爱玩的女同学玩得疯疯癫癫的。现在想想，还是有些后悔的，在那个宝贵的青春时间里，却没有学些知识。所以交友要慎重，现在这个学习的年龄尽量不要交那种非常爱玩的人。”

“后来上大学了，因为我和你爸都是一个学校的——他比我大两级，所以我们就这么相遇了。当时我觉得你爸这个人非常老实用功，就吵着一定要嫁。当时你外婆和舅舅是反对的——所以我曾经也算是结婚没考虑父母建议的。后来你爸先毕业来到了上海工作，两年后我也跟着他来了上海，然后就在这生活工作。”

说到大学，父亲也不忍插了几句：“我们一家七个兄弟姐妹，我排行老七，所以送我去读书，等我读到初中毕业，家里人看我成绩不错，就继续供我读书，但是其他的兄弟姐妹就开始打工干活了。我读初中的时候，数学非常好，我记得当时我参加了我们那个市里的数学竞赛，结果得了个第一名。那次竞赛我还记得很清楚，当时监考的有两个老师，有一个老师就是教我数学的老师。快到考试结束的时候，我还在做最后一题，然后那个老师看我会做最后一题，就赶快站到我旁边，看着我做，生怕另一个老师把我的卷子收走。后来我好像考了 97 分还是 98 分。”

“你爸数学确实很好。他中考的时候考了个丹江口市的状元，不过后来考到一个省重点高中就成绩平平了，因为那里高手很多，所以后来就考了一个比较普通的武汉的大学。”

“其实现在想想一生中最快乐、最宝贵的时光就是高中、大学的日子，同龄人一起学习、一起玩，确实是很美好的！”母亲感叹道。

听到这里，我突然感觉很奇妙。你们的人生就这样被决定了。几十年的时间一下子就这样飞逝了，一下子只剩下故事中为数不多的字眼了。可真谓“人生寄一世，奄忽若飙尘。何不策高足？先踞要路津”。忽然间，我似乎从母亲的一生经历中读懂了几千年前也同样由此感慨的那群青年的心境：到了中年，突然发现自己的大半生时间都已耗尽，然而依然还是没什么成就——贫穷的依然为钱所困，不得志的依然被那“离离山上苗”所阻……人生如此可贵而短暂，是因为它只有一次，过了就没有机会再来一遍。所以每一个青年更应在年轻的时候一展宏图、追逐梦想——也许会失败，但不会留下遗憾！

“你们过去的生活到底是什么样的呢？那时候你们家里有电视机吗？我听说那时候有什么生产队的？是不是和《平凡的世界》里讲得一样啊？”好奇的我忍不住又提出了几个问题——我想像小王子一样从不放过任何一个问题。

母亲紧接着说道：“我们那时候哪有那么窘迫啊，至少电视机还是有的。但是以前的电视机是黑白的，很小的。而且就你外公管着，我怎么敢看电视呢！说到生产队，那时候确实是有几个生产队的，一个大的村子里会按人家分成几个生产队。就像你们一个班会有几个组一样。那时候我们有像何家湾呀、张家桥呀、孟公殿呀，还有什么石塘呀等等好多咧。那时候一个生产队就会有一个队长，大家会一起干活。但是因为生产队算是最小的单位，就会出现一些情况像这家人可能做得少一些，那家人做得多一些。后来改革开放，生产队就少很多了，不过现在有一些地方依然有生产队。然后那个时候，我们都是用粮票、油票这些票来换东西的，不像现在直接用钱买。那个时候生产队会分到每户人家一定量的票，按人头算。如果要买米，就用米票换；买面，就用面票。”

“原来如此啊，”我说道，“我一直都好羡慕过去的生活啊，你们那个时候学习一定没有这么累，而且周围有山有水，简直就是陶渊明口中的‘桃花源’了，那时候该多开心啊。”

“那时候的生活哪有现在好。那时候生活环境简单，我上学住的宿舍都是一二十个人一个房间，而且还没有空调。室友来自不同的地方，品德性格方面也都差异很大。那时候热水都是抢着倒的，你要是去晚了，就没有热水了。所以有时候你出去一会儿工夫，你自己接的热水有可能就被别人用掉了。我记得有一次，我发现枕头下的十块钱不见了，结果是一个室友偷走的，其实我那时候心里很明白，但是也没有说。后来毕业的时候那个室友送了我一双鞋子，估计是因为那时候拿了我的十块钱而耿耿于怀。

而且那时候我们不像你们现在那么多课外书看，也没有那么多的东西可以享受，吃什么肯德基啦，就是简简单单的青菜白米饭，肉都只有过年的时候才吃得到。所以你现在的生活比过去不知道好多少倍，你还不好好珍惜。”

“可是我也羡慕你有一个哥哥，我多希望有一个姐姐或者哥哥啊！”我羡慕地说道。

“有太多兄弟姐妹也没什么好的，在我们那个刚刚温饱的年代，多一个孩子就等于多一张吃饭的嘴。况且你舅舅过去经常欺负我。”

“啊！你还会被舅舅欺负，可是舅舅看上去不像会欺负你的样子啊！”

“他小时候脾气可暴躁了，我经常被他打。而且他考上大学后，你外婆可就宝贝得不得了了，告状也没用。”

“哈哈，那你就打回去。”我开玩笑说，“对了，小姨不是你的亲妹妹吗？”

“她不是你外婆亲生的，而是你外婆的弟弟的女儿——也就是你大舅爷爷的女儿。你大舅爷爷家里生的都是女儿，小姨排行老三，当时你大舅爷爷养不起第三个女儿了，所以她一出生就放在你外婆家里带着。你外婆带她带了几年，宝贝得不得了，我和你舅舅都不可以动她一下。我记得好像有一次你外婆就因为她狠狠地骂了我一顿，好像我不是亲生的一样。后来她三四岁的时候，你大舅爷爷非要把她接回家，但是他们不亲，所以你大舅爷爷也没怎么管她，所以她长大了以后，也没有好好地受教育，没有好好工作。她也是很可怜的。当初你大舅爷爷就不应该把她接回去的，如果在我们家好好带的话，也不至于学坏了。”

“可是舅妈好像不太喜欢小姨呢？”我问道，“但是我觉得小姨挺好的呀。”

“因为你舅舅舅妈结婚的时候，她偷了你舅妈的金项链，所以你舅妈觉得她品行不是很端正。但是也不能怪她，毕竟造成她这样的原因是她小时候的环境不好，她也是很可怜的。所以有时候也要多为她想想。”

“嗯！”有些人生来确实有相对不公平的命运，就像那些留守儿童，这些儿童其实是无辜的，但社会的发展扼杀了他们原本应和普通孩子一样的童年。所以我们更应该理解帮助他们。

“那大爷爷和大奶奶呢，他们是外公的兄弟还是外婆的兄弟啊？”我问道。

“你大爷爷是你外公的大哥，小爷爷是你外公的弟弟。所以你外公和大爷爷、小爷爷的房子是靠在一起的。”母亲回答道。

“我记得以前小时候好像经常和外婆去大爷爷家玩，我好像还记得小时候大爷爷家里养了好多小鸭子，很可爱，我就总是去玩那些小鸭子，后来不知道为什么有一只小鸭子死了，大爷爷就非常生气。后来我就有点怕大爷爷了。”我回忆道。

“是吗，这事你怎么没说过呢！”母亲打趣道，“是呀，其实你大爷爷大奶奶都是一些没有很多文化的人，他们一生都活在乡下，不免总会为了一些小事较真。虽然你外公和大爷爷、小爷爷房子建在一起，但是他们关系都不是很好。当然也是因为小时候家里没什么饭吃，大家会一起抢——去年我们过年去看望你外公的妹妹，她就说到她小时候几个哥哥姐姐早上吃东西，怕还在被窝里的她听到，就用被子捂着她的耳朵，怕她听到也要闹着要吃。所以那时候兄弟姐妹的感情是很淡薄的。后来，你外公和兄弟分房子，你大爷爷大奶奶也是抢这抢那的。其实你外公外婆这一辈人大多生活在农村里，没见过什么世面，天天就只知道那一点菜地、鸡鸭，所以他们也就一辈子抢抢这些东西了。”

是啊，在那个物资匮乏、人口爆发的年代，大家都会为了一口饭而拼死拼活，而处在这个逐渐发达的社会的我们，也没有资格去轻视贬低那些人们——因为换作是我们，也许也是一样的！只能说，我们是幸运的，躲过了动荡的年代，生活在新世纪的初期，是他们老一辈人为我们扛过了风雨，才能让我们在阳光下成长！

火锅的热气逐渐减少了，客厅里也越来越冷了。不过这一次听母亲讲了这么多我从未接触过的“历史”，也不免是一次丰富的收获。听了这么多，也想了很多。也许未来的我也在中年以后回想现在的我，会感到格外幸福和快乐；也许未来的我只是社会中默默无闻的一个人，但我将时时刻刻记住这一份历史，满怀热情，因为正处青春的我拥有着未来的无限可能性。

“路漫漫其修远兮，吾将上下而求索。”

【教师点评】

你是一个乖孩子，一个称职的听众，虽然你并不能完全理解那个时代，但你的“听”已经满足了父母诉说的愿望。我常常听家长反映，现在的孩子不愿意听他们讲话，今天看来，不是这样的，如此有仪式感的交谈，味道如同那小火锅，你一言我一语，原本的隔阂慢慢地融化，慢慢地有滋有味，真好。“我也总是一个很好的听众，不管有些故事她已经讲了多少遍，我还是会再听一遍。”你是他们的骄傲，因为你的聆听，你的理解，并非一味地孝顺，你是在他们的讲述中，完成着自己“小我”的突围。（杜虹）

【一起思考】

作为家长，您愿意呈现一个真实的自己给孩子吗？您能够接受逐渐成熟的孩子的“挑剔”吗？

八　三代四口一校一村

冯佳怡

外公是1958年出生的，外婆是1959年出生的。

毛主席去世是1976年，外婆17岁。外公外婆和我说，那时知道这件事是喇叭里的广播。当时外公外婆是去我的初中旧校址参加的追悼会，一路跑过去的，哭着跑过去的，一人戴着一个黑袖章。

那个时候我的外公外婆互相还不认识，我的外婆问外公："那个时候我去了，不知道你外公去没去。"外公立马回外婆："去了，肯定去了，哭着去的。"外婆和我说，她是一路跑到我们学校的。

其实，正如马宏杰在《最后的耍猴人》中所说的："我走过中国很多乡村，在其中很多地方，像杨林贵这般年纪的农民大都对毛泽东怀有深厚的感情，很多农民的家里至今还挂着毛泽东像，越是落后的地区，对毛泽东的崇拜心理越强烈。年轻人虽然对毛泽东了解不太多，感情不是太深，但是父辈对毛泽东的感情也在影响着他们。"那时，一个又一个的人朝学校奔去，也许广播还在感慨，也许家狗还在低鸣。

镇上的人，大部分都和我就读的是同一所学校——一所1965年建成的老学校。我爸、我妈、阿姨、叔叔、舅舅，大部分都是。学校50周年校庆的时候，发的历届毕业生册子里，我家亲戚的名字处处可见。

外公外婆都不是我们初中毕业的，都在邻村的初中，也都只有初中文凭。我的外公外婆在毕业后，都选择在农村的家中帮忙干活。那个年代生活很苦，"大跃进"后"文化大革命"，国家经济水平较差。

那时候，买什么东西都需要"票"：粮票、布票、糖票、自行车票。没有票就算钱再多都买不到东西。

我又想起《搜神记》中冯唐先生曾写道："我问老妈，现在好还是过去好？老妈反问，有什么区别吗？我被问住了。1971年我出生，那前后，有很多文人死掉，有很多票，光有钱没有用，比如粮票、油票、肉票、布票、肥皂票、糖票、豆腐票、月经带票等。在这前后，有很多玩意儿下架，有许多许可证，光有钱没有用。"

外公外婆的记忆是从妈妈出生为分界的，即 1982 年。

外公外婆说，妈妈出生后，买东西不用票了，也不吃大锅饭了。说起大锅饭、人民公社我回想起《活着》里面命运多舛的富贵，家里东西全被拿去人民公社，后来不吃大锅饭了，家里边揭不开锅。妈妈和我一样，错过了那个时代。

让妈妈说起她的童年生活，她可是沾沾自喜："我们当时玩的东西可比你们多好多，一放假就一群小孩子聚在一起玩。"

我如今觉得，那个时代，孩童们的快乐是相似的，没有电子产品，没有高楼大厦，可他们却能发现生活中的美好。我在书里读到过："其实，在玩儿这方面，现在的孩子很可怜，太单调。除了到商场买玩具，就是在电脑上玩游戏。哪个玩具都说锻炼儿童动手能力，哪个游戏都说开发智力，我一点儿都没看出来，我看到的都是买来的玩具堆得跟小山似的，孩子的新鲜劲儿一过连看都不看一眼，整天沉迷于电脑网络游戏，不单智力没见开发，反而越玩儿越傻，分不清现实和虚拟世界，不懂交际也少有玩伴儿，在电脑前一坐就是一天，废寝忘食，头昏脑胀，还乐此不疲。照这样下去，人的某些功能就该退化了。

"回忆起我小时候，那才是孩子应该过的童年生活。没有这些高级玩具，但孩子从来也不缺游戏内容，拍方宝、扇元宝、滚铁环、抽'汉奸'、要磁片儿、玩弹球、扔沙包、跳皮筋儿……到处都可以找到玩具，而且都是孩子们自己动脑筋亲手制作出来的。一帮一伙，热闹非凡地追逐在街头巷尾，天真烂漫、无忧无虑，而童年的玩伴儿长大后也会是你终身的朋友。"

妈妈小时候，一群小孩子，今天这家，明天那家，玩的花样可多了。今天去田里钓龙虾，明天跳绳，后天玩弹珠……

那个时候钓龙虾，我妈说一开始还是规规矩矩坐着钓，后来对着风平浪静的田埂实在坐不住了，一群孩子就下田里去捞。路过的大人好心提醒一句田里有蛇，孩子们就着急忙慌地回到路上去。抓蝌蚪那便是家常便饭了，看着蝌蚪一天天渐渐长出两条小腿，才依依不舍地把它放回田边的水沟里。偶尔运气好，会碰到几只蟹，当然，小孩子是不敢抓的，只好眼巴巴地望着。

妈妈六七岁的时候，曾经掉到井里去过。农村里的井都在院子里。当时和几个同龄（也许是小一二岁）的孩子们去亲戚家玩，几个人玩着玩着，玩具一不小心掉进了井里，比妈妈年龄小的孩子让妈妈去捡，我妈一只脚站在地上，探下身子去够那个东西，没够到（以我家的井深度来言，我这个身高也肯定够不到，更别说当时只有六七岁的我妈了）。于是那个小几岁的弟弟和我妈说："要不我把你另一只脚也抬起来吧，这样你就够得到了。"我妈依言抬起她本用来支撑的脚。于是，我妈便只闻其声不见其人了。

后来是亲戚家的大人听到我妈的哭声才赶来，用地里干活的耙把我妈拎上来的。我妈说那个好像猪八戒的九齿钉耙。

说起这个，外公说，妈妈还有一次摔倒水沟里去。我妈说，那次她骑着自行车，连人带车一起摔的。外公说，后来自行车也被人偷了。我问外公那个时候买自行车还用自行车票吗，外婆说不用了，我妈出生后就不用了。然后外公和我说那辆自行车挺贵的，他们三个回忆了一下，应该是300元？按照当时的物价，的确挺贵的。怎么就被偷了呢，怪不得在我记忆中我们家里没有自行车。

我妈好像和水有着特别的缘分，反正她是这么说的。她小时候和别人一起玩的时候要下河玩，结果脚破了。

外公这个时候又想起来妈妈做过的一件傻事——杀鱼杀到天黑。我妈立刻开始辩解："是你和我说鱼死了就杀掉的，一会死一只一会死一只，我不是都要杀掉的吗？"听到这，我也不由得笑起来，难怪看我妈现在杀鱼怎么这么利索呢，原来是"熟能生巧"啊。

我问妈妈当时是不是还有走街串巷卖东西的人，手里还拿着拨浪鼓叫唤的。我妈说有。外婆说那时买东西不是用钱买的，是用塑料换的。我妈说，她以前看见别人用塑料纸盖着砍好的柴，就会上去扯一点，去换糖吃。那时的糖啊点心啊还是包在纸头里的，我妈说它又便宜又好吃，比现在卖的好吃多了。

那时候过年我妈最兴奋了，平常吃不到什么好东西，到了过年就可以吃到。一个当时很贵的奶油蛋糕，大人们都不让孩子们吃，再送到其他家，到最后硬邦邦的也没人要吃了。

过年的时候，除夕晚上要等到凌晨的钟声响起，然后便是各家各户响亮的鞭炮声。颇有"爆竹声声辞旧岁"之感。初五迎财神，晚上又是噼里啪啦的一阵响。

我问我妈她小时候有没有看过戏，我妈说当时都是一个大屏幕，村子里放的，大家都拿个小板凳，抓一把瓜子在那坐着——喂蚊子。这种时候肯定是早起的鸟儿有虫吃，村里面的人吵吵嚷嚷地往大屏幕赶，伛偻提携，往来而不绝。

妈妈有个好姐妹，从小一起长大起来的。两个人读书的时候一起在院里写作业，想吃零食了往往留一个人在家，另一个人溜出去买。有大人发现少了一个人，就会对着事先关上的厕所门说："她在上厕所。"

妈妈也是我读的那所初中毕业的，那个时候还是旧旧校区，妈妈毕业了，就换到了旧校区。我初一时便换到了新校区。我妈初三的班主任是我初三的数学老师。家长会的时候，我看到许多家长也是他的学生，大家围在办公室旁边的空旷地上聊着。我妈有的时候会和我聊聊这位数学老师，他们俩都是不显老的那种，站在一起也不知道差了几岁。

我记得之前我和初三班主任说起这件事的时候，班主任和在教室里的数学老师聊起来了，他们都还记得，一个带1班，一个教4班。语文老师也说过，来开家长会，大部分都是她的学生。

话题扯远了。

外婆小时候更加淘气，妈妈说自己小时候一点都不顽皮，外公说我想象不到外婆年轻的时候是什么样子的。

外婆小时候总是跟在大人后面，像一个跟屁虫。大人让跟，她就好好跟着。大人不让跟，她就偷偷摸摸溜出去躲在大人后面。要发现她了，她就后退躲到旁边，然后再悄咪咪跟上。

妈妈小的时候掉到井里，而外婆小时候掉进过化粪池。她的兄弟在旁边，马上就喊了大人来，然后家长捞起外婆就扔到旁边的河里，连人带衣服一起洗，就像涮火锅一样来回晃。

外婆年轻的时候很顽皮，天天爬树、爬铁塔。又一次她爬上桑树摘桑葚吃，吃的一嘴黑，站在地上的兄弟招呼她把桑葚摘下来扔到下面，自己在下面用衣服接着。桑葚会褪色，所以到最后他们的衣服上都被染上了黑紫色。

外婆生了妈妈之后，有一次要下地去拔胡萝卜，让妈妈和她一起去，妈妈不要去，外婆说着就要打妈妈，妈妈就一路跑去亲戚家躲着。妈妈年纪小跑得快，外婆跑不过她，就去村里便利店借了一辆自行车，一路骑过去，追着妈妈要打。

外婆小时候抓过鸟钓过鱼，自己去泥地里面挖蚯蚓，然后就在河边等着鱼上钩。

我觉得这样的生活很像沈从文的《边城》。

沈从文在《边城》里展现了一个如诗如画般恬静优美的山村，纯真自然的乡情。"近水人家多在桃杏花里，春天只需注意，凡有桃花处必有人家，凡有人家必可沽酒。"

村子里大家都互相信任、互相帮助，在我有记忆至今，我未曾感受到村子里还有这样纯真质朴的过往，如果家长不说，我也不会知道时光到底带走了些什么。

我曾一度不欢喜这样的生活。蚊虫多不说，蛇、壁虎、蜘蛛哪哪都有。村子里有一条不太宽的河，上边有一座破烂的石桥。没有公交车，出行不便……

但是家长的这一番回忆让我重新审视这个我生活了十几年的村庄。

小时候我喜欢乱跑，从南到北从西到东，这里那里都是亲戚，外地人也不多。所以当时家长特别放心，我就骑着自己的四轮自行车或踩着旱冰鞋(这些我也记不清了，我的童年记忆大部分都是家长后来讲给我听的)。

家附近还是有一些外地人租房子的。小时候和几个外地小孩一起玩，摔破了皮，流了好多血也不敢告诉家长，遮遮掩掩才回到了自己房间。

老式的房屋的屋檐下，一般都有"画檐"，我家墙上有一块就是五彩斑斓的。那里有个燕子窝，春天伊始，我能在洗漱时听到叽叽喳喳的鸟叫声，外公和我说，燕子回来了。

我去屋外望那个燕子窝，意外地发现，那里聚着四五只小燕子。那只稍大的燕子在我家院子上空飞旋，应和着它孩子们的呼唤声。

之后的一段时间，不管是早晨出门还是傍晚回家，这清脆的呼唤声都陪伴着我，几个月都这样，尤其是看到几只小燕子学会飞行之后，院子里五六只燕子在地上留下了回旋的影子。

我也不知道这个燕子窝是什么时候出现的，也许比我年纪还大吧。后来在初三时读到一篇文章，是说村里房子都翻新后便没有燕子窝了。那一刻，我感到了些许欣喜，毕竟每年春天，都是燕子轻微的鸣叫声陪伴着我。

上海的秋天很短，但收获的喜悦不会减少。以前家里的那一亩地已经变成了绿植，小时候就跟在家长屁股后面看着家长在地里忙活，却总是不愿意下地。如今尽管地没了，老一辈人却总想自己种些什么。外公在家门口开辟了一个新菜园，要我说，那就是“麻雀虽小，五脏俱全”。春夏秋冬四季都更换着符合时令的蔬菜，还有一棵桃树，结的果很甜。一到夏天，外公外婆就开始盘算今年能结多少玉米，秋天时，还有一袋袋香气逼人的柿子。

去年冬天，下了一场大雪。屋檐上结了一块冰柱，缓缓地往下滴水。我站在积雪的阳台上看这个穿上白衣裳的世界，感受着自然的魅力。这个冬天下了三场雪，门前门后的两块菜地上积满了雪，隐隐看得出底下的绿色。

午后，趁着阳光正好，我们一家在院中晒太阳。外公把家里用了近 20 年的已经吱吱呀呀的木椅拿出来，准备修。外公外婆和我讲了这把椅子的年岁之大——在我出生之前就有了。那把椅子是用木头做的，没有用一根钉子，照样用了十几年还没有散架。我后来与外公在阳光的沐浴下下了会儿棋。农村里，很多人都是亲戚，前来串门的叔叔也趁机和我外公较量一番……

在农村的生活很简单（不能说是简陋），家里的房子是外公外婆结婚时买的，兢兢业业近 40 年，每次下雪外公还会担心积雪会不会把房子压倒。

我在龙应台的《亲爱的安德烈》中看到这样一段话：“农村中长大的孩子，会接触更真实的社会，接触更丰富的生活，会感受到人间的各种悲欢离合。所以更能形成那种原始的，正面的价值观——那‘愚昧无知’的渔村，确实没有给我知识，但是给了我一种能力，悲悯同情的能力，使得我在日后面对权力的傲慢、欲望的嚣张和种种时代的虚假时，仍旧得以穿透，看见文明的核心关怀所在。”

在农村住了十几年的我，并没有掌握什么类似于二十四节气之类的农耕知识，也许正是因为我在农村的缘故，我还没有被现代文化冲击的“一贫如洗”。过年，我还能听到儿时那种喜庆的鞭炮声。我还能切身体会到那些被现代氛围笼罩的城市中体会不到的情怀、声音和色彩。

时代的年轮一圈圈转过，岁月在我的农村留下一道道印痕，在我的记忆中留下一圈又一圈涟漪。过去那些岁月都已逝去了，可它却还能在我们的心里久久流传。

我想，我以后的孩子，如果可以的话，我会让他的童年在我生活过的农村里度过。让他知道妈妈、外公、外婆的故事，然后等着他问我：“我想听妈妈讲那过去的故事。”

【教师点评】

的确，农村长大的孩子更接近生活，可能更懂得四季更替，心怀五谷丰登的愿望。虽然我们很难界定哪个时代的童年更像童年，但在钢筋水泥间，孩子还是孩子，只是缺少那

一份野性。妈妈的故事会流传下来，因为你已经为自己在乡村度过的童年感到满足，而且希望故事可以延续。（杜虹）

【一起思考】

现在和过去有很多不同，但是我们是否更应该一起思考，不同背后的一脉相承？

九 逐梦者

时旭章

译林出版社前任社长章祖德先生是我的外公，有幸能听他讲讲过去的事。

本文来自译林出版社前任社长兼总编辑章祖德回忆，以第一人称记述。

1988 年下半年，江苏人民出版社《译林》编辑部，经新闻出版署批准，升格为译林出版社。当事人员配备不齐，急需扩大规模，我的一位大学同学来找我，推荐我去出版社工作。当时我正译完美国长篇小说《血迷》，并将在《译林》杂志 1989 年第一期出版，他的动员在我心中泛起波澜。出版是我非常尊敬的一项职业，这些年来，因为业余从事翻译，与一些出版社编辑有所交往，心里有时感到纳闷，他们为什么不能策划出版一些在我看来更有价值的图书。另一方面，在与这些编辑的接触过程中，我自认为以自己的学识和眼光并不比他们差，只是无人引荐，我从外地调回南京时，就无法考虑进出版社工作。现在一个突如其来的机会，使我有可能从事向往已久的事业，我就毫不犹豫地对我同学说："我愿意去出版系统闯一闯。"我之所以答应得如此干脆的另一个重要原因，是我不想在高校的环境里浑浑噩噩地度日子。当然这个决定还与我有些不太安分的性格有关，对新的挑战总是感到刺激，感到兴奋，虽已过了不惑之年，还是想尝试一下新的职业，新的环境，新的挑战。我妻子听到这个消息，也表示坚决支持，只是我母亲听说我要换工作有些不放心，以为我出了什么差错，特地让小弟来南京了解情况。经我解释后，她也不持异议了。经同学介绍，我与出版社负责人进行了一场谈话。或许是因为他听了同学对我的"美言"，又听了我对图书出版的一番设想，他当即表示欢迎我加入这个新成立的出版社。但他提醒我，我去后，职务暂时不好安排(因我当时已是高校的系主任)。我立即向他说明，我之所以要来出版社，纯粹是因为我对图书的热爱，希望能经自己的手，使一些有价值的图书得到出版，至于是否能保持原先的职务级别，我根本不在乎，只要有一个能安静编书的环境就心满意足。也许我的诚意打动了他，他在这场谈话后，随即着手我的工作调动。但当我向学校呈上请调报告后，却遭到党委的否决，理由是，学校工作也需要我。眼看我的打算要落空，我决定破釜沉舟，向党委所有成员一轮又一轮地进行请调陈述。他们看我去意已决，觉得我的分析也有道理，终于答应放我离开。我的档案很快到了出版局。又过了个把月，调令便到了学校。我去译林的消息迅速在学校传开，一些人感到震惊，一些人感到惋惜，也有人感到迷惑不解，因为在那个年头，轻易放弃系主任的位置，去当一名无职无权的编辑，他们怎么也想不通。这里还特别要提到一件事，是当时出版局高副局长告诉我的。高副局长是个老革命，他的夫人是我在南京大学外文系读书时的老师。我毕业考口试时，有9位系里的领导和老师参加答辩，其中就有高副局长的夫人。我在校期间也算是一个优等生，再加上年龄偏小，很多老师都知道我。这次口试又给了她深刻印象。当高副局长在家讲起我要去出版社时，老师说了我不少好话，这些话又被高副局长带到了局党组会上，译林出版社是新单位，急需既懂业务又有行政工作经验的干部，因此我的调动迅速而顺利。我于1988年12月28日报到，元旦后正式上班。这是我参加工作的第四个单位，第三个新的职业，因此南京大学有位老师和我开玩笑，说我可以去世界银行工作了（当时世界银行在招聘，基本条件是懂两门外语，有五个单位的工作经验）。对现在的年轻人来说，工作单位合则留，不合则走，这是理所当然的事，跳槽也是家常便饭，但在20世纪80年代，尤其像我这样的四十来岁的中年人，又有一定的社会地位和一份安定的生活，要踏入一个新的行业，也还是要下决心的。

根据新闻出版署的要求，新成立的译林出版社的首要任务，是从事汉译外图书的出版，其次才是引进国外图书以及出版外语学习类的教材、教辅和辞书。译林社的领导办杂志已十年，对以通俗作品为主打的期刊出版，可谓得心应手，但对其他文学图书的出版，却缺乏经验，因此出版社成立后，选题应该如何规划，并未形成成熟的系统的想法，急需有人帮他出主意，搞规划，或许这也是他急于要调我来译林的原因。因此出版社成立的头几个月里，摆在全体同仁面前最严峻的问题是“出版社向何处去”，也就是什么样的图书是译林社的主攻出版方向。那时候我们几乎天天都要开会讨论，午饭后聚在一起闲谈也离不开这个话题，从社长到编辑，大家都在不停地探讨、摸索，这种摸索很艰难，很痛苦，但也很刺激，令人兴奋。

进社的头两个月，我处于熟悉情况阶段，主要的工作，是根据社长的委托，组织大家学习，或是处理办公室的杂务。春节后不久，由南京市伊斯兰教协会牵线，社领导和我与美国华侨仝道章先生进行一次会面。仝先生原是新加坡《南洋商报》的主编，因反对李光耀而坐牢，在牢中自学阿拉伯语，并开始翻译《古兰经》，历时十年方完成译稿，起先打算在香港出版，后又辗转多处，又因种种原因，最终由其弟仝道亮联系我社自费出版。经过几轮洽谈，双方达成一致意见，由译林出版社出版中阿文对照详注译本《古兰经》。双方签约后，具体的编辑工作便由我承担。《古兰经》中译本虽已出版多种，尤其是社科院马坚先生的译本，已被公认为权威译本，且1988年北京又出版了林松教授的《古兰经韵译》，但是出版一本带有详注的中阿文对照本，在国内尚属首次。我本是出版业的新手，一切均需从头学起，万一在编辑过程中出现差错，不仅会影响双方的合作，还可能产生不良的政治影响，所以，这个任务使我既兴奋又担心，但当时社内其他编辑都有自己的任务，而且中阿文对照本谁也没有经手过，领导既然如此安排，我也只能勉为其难，硬着头皮上。要编辑中阿文对照本，最大的困难是我对阿拉伯语一窍不通，而且江苏省也没有能够排版阿拉伯语的工厂。经双方讨论，决定去国外买英阿对照本，然后将其中的阿文部分，和中文译文拼版，如此一来，我只需要认识阿拉伯文的数字，就可以逐节逐行地编稿了。由于是出版经典，书中的内容不能出现半点差错，按照出版的规定，书稿在付印前，需进行三审三校，但了解内情的人都知道，二审往往不会逐字逐句地审读文字，三审更是以把政治关为主，文字的差错均由责任编辑的一审负责。本来三次校对也是防止文字差错的三道屏障，但中阿文对照详注本《古兰经》是双语图书，社里无专职校对，外社校对也不愿接这项吃力不讨好的工作，所以校对任务也只能全落在我的身上。详注本的内容非常丰富，除了中阿文经文外，还有大量附录：《古兰经》引得及其注释，列圣世系表、重要人名地名对照表、阿拉伯语读音简介及参考书目等，每个章节还有提要，其中穿插着许多阿文，稍不注意便会产生无可挽回的差错，因此整个编辑过程都是小心翼翼，如履薄冰。当时电脑排版还处于初级阶段，书中的图表和许多中阿文相间的内容都需要人工拼贴，然后照相制版；中阿文经文的占行不一，需要在电脑上对行距进行调整。为避免发生差错，我得长时间待在电脑排版车间，和工人及技师逐段安排文字。但也正是《古兰经》的编辑，使我熟悉了出版的全过程，为今后编辑其他图书打下了基础。该书出版后，江苏省伊斯兰教协会和南京市伊斯兰教协会召开座谈会，全国各地的伊斯兰教协会负责人和学界人士与会，仝道章也从美国来南京参加会议。会议期间，有个别阿訇对译本某些处理提出异议，言辞激烈，颇有兴师问罪的味道，一时气氛很是紧张，但会议毕竟是由江苏省伊斯兰教协会的大佬们组织，他们在全国穆斯林中具有影响，对处理教内事务富有经验，针对不同意见，他们做出明确的解释，语气软中带硬，表示不同意见可商榷，但这是教内的事，不得节外生枝。最后，会议终于圆满成功。会后，社科院宗教所的一位穆斯林研究人员对我说："你这个教外人士居然敢担任《古兰经》的责任编辑，我们都替你捏把汗呢。"

译林出版社的专业分工，就是要把中国文化走出去放在首位。就在我们讨论如何为打开国门做出贡献的时候，一个美国出版代表团来南京访问，其中有一家出版社对介绍中国的濒危动物很感兴趣，愿意就此与我们合作。经过磋商，双方同意在美国出版英文版的介绍濒危动物白鳖豚的图书。该选题由我方组稿并译成英文，由对方润色定稿。全书配有插图若干，全部在海外销售。社里指定由我担任责任编辑，并由一位南京师范大学的教授和一位新华社的高级记者写稿，南京大学英文教授译成英文。编写工作十分顺利，但选插图时遇到了困难，南京师范大学教授虽然长期从事白鳖豚研究，并在长江中作定期考察，但他的照片都是远距离拍摄，效果不够理想，上海科教电影制片厂也没有合适的照片。南京师范大学教授告诉我，中国科学院水生生物研究所曾捕到两头白鳖豚进行人工养殖，但因门派不同的缘故，他们无法帮我联系。我决定直接去位于武汉的水生所自报家门，求得他们的支持。在武汉接待我的正是著名的白鳖豚领军人物陈佩薰研究员，起先她的态度比较冷淡，我硬着头皮把此书的初衷和前后的经过对她作了汇报。我的坦率和诚恳打动了她，最终她给了我几张人工饲养两条白鳖豚的照片，并同意我把照片编入书中。此书出版后反应良好，世界野生动物基金会还拨款资助我们出版了该书的中文版，前些年电视中报道，长江中再也没发现白鳖豚的身影，武汉饲养的白鳖豚也先后死去。我们的图书在1992年出版后并没有得到有关部门的关注，对白鳖豚采取有力的保护措施，这是很遗憾的事情。

我们曾计划出版一套英文版的现代中国作家文集，定下的第一批作家是老舍、巴金、沈从文、茅盾，着手编辑的第一部文集是《老舍文集》，我们当即与老舍的家人取得联系，并得到了他们的授权。舒乙先生把他们家保存的老舍先生作品英文版全部复印给我们，我又通过其他渠道得到了另外一些篇目。材料就绪后，我决定自己来编第一卷，一位年轻编辑编第二、三卷。由于这些稿件年代久远，都是铅字排版，有不少差错，需要仔细校订，而江苏省内没有外文校对，一切编校工作都要由我们自己承担。编此书时正是盛夏，办公室条件简陋，我们的屋子又朝北，尽管电扇扇个不停，两人还是汗流浃背，但我们还得定下神来，全力以赴，唯恐因一时的疏忽影响全书的质量。文集出版后，我们把样书寄给了老舍家人，舒乙先生在回函中称该书是他见到的最佳的国内英文版老舍作品。我去北京时，老舍夫人胡老还专门邀请我去她家做客，对我表示感谢，又说了许多有关老舍先生的往事。回宁后，有同事和我开玩笑，说我为何不趁此机会请老舍夫人题字或画幅画。我说："我这个人怕见名人，与她交谈已足矣，得陇望蜀之事是不屑于做的。"《老舍文集》出版后获江苏优秀图书一等奖。在编《老舍文集》的同时，《沈从文文集》和《巴金文集》的准备工作也在进行之中。我拜访了巴老和沈从文的夫人张兆和女士。"文化大革命"后，巴老因他对"文化大革命"的反思而赢得人们的普遍热爱和尊敬，我是抱着虔敬的心情去拜见他的，然而巴老的坦诚和平易近人却使我深感意外。谈话间他详细询问了我社的状况和这套书的出版计划，并毫不迟疑地签署了授权书。使我感动的是当我告辞时，巴老起身相送。当时他的身体已很虚弱，走路抬不起腿来，但他却不管我的再三劝阻，坚持在小林女士的搀扶之下将我送到大门口。此事我曾对多人提及，虽然二十多年过去，至今难以忘怀。沈从文先生是中国现代文学史上的重要作家，因为某种原因，新中国成立以来他放弃了文学创作。"文化大革命"结束后，他在文学界的地位重新得到确认，但沈老的作品译成外文的并不多，这也是我打算推出他的英文版文集的主要原因。然而沈从文的作品地方色彩浓郁，文字简洁优美，要译成外文很不容易，我们请了数位学者参与其中，其中有天津外语学院金教授，金教授是国内著名的乔伊斯研究专家，当年在西南联大曾受教于沈从文先生，因此当我们邀请他参与文集翻译时，他答应得非常干脆，并很快寄来两篇译稿，但后来发生的事情却让他难以释怀。原来金教授曾在湖南出版过乔伊斯那本被称为天书的《尤利西斯》的节译本，他一直抱有译完全书的心愿，为此还赴美一年收集材料，回国后更是全身心地致力于《尤利西斯》的翻译。当时我社恰恰约请萧乾、文洁若夫妇翻译《尤利西斯》，便和计划出版金译本的人民文学出版社形成了一种竞争关系。金译本分上下两卷出版，上卷问世时间略早于萧文译本，我社以三卷出版，虽上卷落后于人民文学出版社，但很快又推出中卷和下卷，再加上萧乾先生的名声和宣传推广的力度，在图书市场的销售明显占优势，这使金先生十分沮丧。1996 年我去香港参加香港中文大学主办的翻译研讨会，恰逢金教授，我走上前去感谢他对《沈从文文集》的支持，他却气鼓鼓地对我兴师问罪，说我约他做译文集是个阴谋，目的是要推迟他对《尤利西斯》的交稿，使萧文的译本赶在他前面。我费尽口舌解释这是一场误会，纯属巧合，但金教授不予理睬，我也只能苦笑作罢。现在回想起来，他的情绪亦可理解，他研究乔伊斯多年，结果起个大早，赶个晚集，对此难以释怀也是可以理解的。

……

——来自译林出版社前任社长兼总编辑 章祖德回忆

【教师点评】

“我之所以要来出版社，纯粹是因为我对图书的热爱，希望能经自己的手，使一些有价值的图书得到出版，至于是否能保持原先的职务级别，我根本不在乎，只要有一个能安静编书的环境就心满意足。”这是时旭章外公的追求，也是那一代优秀知识分子留给我们的宝贵精神财富，章祖德先生的故事，其待人接物，勤于工作的态度，对其外孙，对外孙的同学们，对我们所有的人，都有意义。

【一起思考】

凡是成功，都不仅仅源于偶然，我们应该一起思考，他们为什么足够优秀？

十　拂去记忆的尘埃

吕　(絑)

春节，是全中国人民心中的重大节日，在这一天，不论天南海北，人们总是要回到自己的家乡，备上一顿丰盛的佳肴，享受这难得的团聚时光，我们家也不例外，而且我们家一直保留着一项传统的祭祖活动。

春节总是热闹的，大姑姑和奶奶在这一天都会使出压箱底的手艺，年夜饭的香味早早飘出，但这并不意味着我们可以伸一筷子，大快朵颐。这一天的菜，拥有另一个名字——贡菜。贡菜有很多的讲究。大桌上摆九碗饭，每碗不能太满；碗上摆好筷子，使筷子头向一边；倒上六杯白酒，九杯饮料，同样不能太满，放在碗边上；凳子拉开，奶奶在那里"唇吻翕辟"，说着些祝福的话语；菜肴摆在桌子正中。小桌子上摆了三只空碗，三杯饮料，桌子中间摆的是蔬菜水果。这些是给那些因为信仰佛教所有吃素的祖先们准备的。一句请祖先们吃饭，仿佛那已经故去的先祖，此时回到了阳间，吃起了人间的美味，来年也会照样保佑着他们的后代。所有的家庭成员按照辈分从大到小依次下跪磕头，奶奶在一边念叨着一些请求保佑的话语，气氛宁和，充满了对未来的美好期盼。酒香与菜香混杂在一起，使人垂涎欲滴，在和上欢颜笑语，年味由此而生。三炷香插在了柚子上，轻烟微浮，又是一年。

说到祭祖，就不能忘了清明。清明节每次祭祖前，都会准备好饭菜，开几个小时的车，到遥远的墓地去。走过一段我永远也记不清的小路，弯弯曲曲的路正好像那生与死的界限，令人捉摸不透。那一座座石制的碑，碑的侧面还刻了字，叙述着这个人的一生。正面的碑上，刻着逝者的名字，以及在他去世之前就已出生的嫡系亲属的名字。在祖先坟前用镰刀或是手拔的方式清理长出来的杂草；爬到坟上，在坟头立着的竹竿上取下去年挂上、现已发黄的白布，挂上新的白布；按照辈分大小，挨个在坟前磕头；将准备好的黄纸——寓意冥钱，和一些报纸、衣物之类的，点上火，烧给祖先们，供他们在冥界使用；将带过来的食物上贡，心里估摸着老祖先享用完毕，再大家一起吃掉，应是寓意着与祖先一起吃饭的意思；在离开墓地之前，放一长串鞭炮。在这个过程中，奶奶依旧在边上"唇吻翕辟，不知何词"。

我自己认为我是生长在一个将过去的传统继承的比较到位的家庭。我家的这些习俗，让我很是好奇，到底为什么留存多年，我们家族到底起源于何处，又终将归向何方。这让我开始对我祖辈、父辈甚至更早的老祖先产生了兴趣，想去了解他们的生活，他们的故事。

我们家前些年集资编了一本族谱。从族谱上知道我家也是一个长久传承的大家族。我们甚至还保留了辈分之说。父亲是“玉”字辈，我是“德”字辈。说起我们家的历史，那真是可以追溯到很久很久以前。据长辈们说，我们家原来在山东。明朝朱元璋称帝后，派遣他手下的一位大将作为镇远将军，去云南和贵州边界屯兵。这位将军也就是我的祖先，就在云贵高原安定了下来。自有家谱记载以来，我们家已经传承了一百多代了。

一百多代的沉淀，养育着一代代的子孙。真正只有到我父亲这一代，才走出了他们祖祖辈辈生活了数百年的地方。或许父亲口中他们的生活，与祖先的会相近一些吧。

我一直很疑惑一点：每每大年三十，我们家总是有包饺子的习惯，这是传统北方人的习俗。而像南方人习惯的包馄饨，在我们家则是大年初一才开始的事。明明我们家是在南方，为什么会有吃饺子的习俗呢？好奇之下，我去问了父亲。

原来我们家以前是在矿场边上的，由于矿里的工人都是来自天南海北的人，他们喜欢在过年吃饺子，爷爷奶奶觉得这样挺好，我们家便也开始在过年吃起了饺子。说起那片矿场，爸爸提它不止一次了。那里记载着他们四个兄弟姐妹的童年时光，那矿场、矿工和矿车皆是他们孩提时期最寻常的玩伴。

他们小时候在矿边的生活真是丰富多彩，什么炸鱼塘、跑去山上过夜之类的事情，现在的我们想都不敢想。父亲小时候是相当的调皮，炸鱼塘被发现的场景可以说是时常出现。用矿场开矿的炸药，扔到别人家的鱼池里去，还真是只有“熊孩子”才干的出来的事情。别看他现在一副严肃的样子，每年春节家人团聚，酒喝多了的时候，他们四个兄弟姐妹当年做过的糗事，总是被一个个抖了出来。晚上饿了去厨房偷些吃的之类，这些事或许当时瞒过了爷爷奶奶，可瞒不过朝夕相处的兄弟姐妹。

那时奶奶在一家医院工作，平日里，有些需要住院却付不起病床费的人，奶奶都会帮他们先垫付，让他们日后有了钱再还，有些人会将钱尽数还回，而有些人则是由于家里真的穷，付不起钱，偷偷溜了。奶奶理解他们，便也不去责怪他们。就这样，付出了一些金钱，却使在每年过年之时，都会有许多受过帮助的人送来一些自己家里的吃的，这也让父亲他们感触很深，收益颇多。奶奶在医院工作确实是有好处的。每一次爸爸他们学校组织春游秋游，他们都能从医院要来一些输液用的葡萄糖作为饮料，据说味道香甜可口，可真是令人羡慕。

爷爷给他们的影响不输于奶奶。爷爷在政府部门工作，好像是管粮食的。父亲曾笑道，若是他当年不从贵州走出来，来到上海，那么他现在还是一个“官二代”。爷爷脾气不同于奶奶的刀子嘴豆腐心，他十分和蔼，也博学多识，尤其是对古代的知识了解颇多。他学的杂，不仅仅是父亲他们兄弟姐妹四个，就连我们这下一代的名字，都是爷爷取的。听说是根据什么天格、地格、人格以及一系列复杂的东西算的。爷爷那时的学习条件很苦，家里穷，住的地方也比较偏僻，不论是上学还是考试，都要走上很远的路。在爷爷高考前夕，整个村子还被一把大火全烧了，什么都没了。但是爷爷没有放弃，去借钱、筹钱，再马不停蹄赶往考场，最终成了村子里“唯二”的大学生，另一个大学生是他的姐姐。

受爷爷的影响，我们一家人都很喜欢看书。爷爷曾经用过他一个月的工资去买了一本《辞海》，当然事后免不了被奶奶一顿责备。奶奶还曾向爷爷抱怨说都一大把年纪还读什么书，于是不让爷爷看书。爷爷后来甚至每天半夜起来读报纸、看书。由此可见爷爷对书的喜爱。父亲也深得他的真传，在高中时期就看完了爷爷珍藏的白话文版《二十四史》，以及一些其他的白话文书籍。还曾为了看书烧煳了饭，被奶奶一顿打。据父亲自己说，他视力不好是因为小时候躲在被子里偷偷看书；而幺爷视力不好则是因为躲在床底下看。

我小时候也在爷爷家生活过一段时间，不过这大多是在我才一两岁之时，对他印象现已不深，忆起与他在一起的时光，也只是一个个画面。但是爷爷那慈祥的面容，那手把手教我念书的场景，那独自看报的身影，还清晰地印刻在我的脑海之中，什么都无法抹去。总是在夜深时偶尔回想，听从小被爷爷带大的表姐言传身教，不断加深着不多的回忆。

在没有手机的年代，男孩子们的业余生活自然少不了体育的陪伴。在高中，父亲是足球队的主力，篮球队的替补。当时父亲学校是初中和高中都有的，他说他们班从一进校开始，就霸占了所有体育集体项目的第一，打遍全校。当然，他不仅能打，学习成绩也不差。尤其是他自吹自擂的生物，每次考试离满分都只有一两分之差。他的生物老师都让他在生物课上不用听讲，去复习一些像英语之类的薄弱学科。他的这份成绩让他的老师印象深刻，也给了比他年纪小、又被同样老师教的幺爷和小姑姑很大的压力。但这可无法撼动兄弟姐妹间那无法比拟的情谊。

父亲高三的时候，幺爷在初中部念书，可能是因为学习压力大的缘故，有时候打架也成了难免的。每次幺爷被人欺负的时候，父亲总是会招呼上一帮子“弟兄”去为幺爷“报仇”，倒是显得挺威风。幺爷也是一个调皮的人。有一次他和同学一起去山里玩，到了晚上，他们一帮男生先把同行的女生送回家——这点也使他们后来受到的惩罚有所减轻，然后男生们则打算在山里过夜。对山中事物充满了好奇心，又不肯输于其他人的男生们兴奋地去了一座自己并不熟悉的山，然而这件事不知什么原因并没有提前通知家长。那天晚上，所有的家长都着急得要命，四处打听孩子的下落。这件事慢慢被着急的家长传开，以至于很远的亲戚都知道了这件事。经多方探寻，问到了那些被提前送回来的女生，才得知他们去山里过夜了。话说，幺爷他们本打算在山里过夜是因为好玩，这带有着青少年的叛逆和孩子的无知与好奇，可是没想到山里的夜是又黑又冷，几个孩子都不好受，哆嗦着、颤抖着熬过了一个晚上。好不容易等到了天亮，他们急着下了山，正好当时有一位想要认幺爷为干儿子的亲戚家的场子就在山脚下。这位亲戚也知道了几个孩子失踪跑出去玩的事。男生们找这位亲戚要了些吃的，这位亲戚也把幺爷他们几个的讯息传给那些家长们，这件事才勉强告一段落。几个男孩子回去后自是免不了一顿“竹笋炒肉丝”，而那位亲戚也成功地成了幺爷的干爹。

父亲的高考同样一波三折。高考前一天，他突然想吃面包，爷爷就带着他请人开车去买。这回来的路上，差点出了车祸。幸好他没事，司机倒是有点擦伤，但是司机却十分担心我爸，表露出一副劫后余生的样子，说要是父亲有什么事，他这债几辈子也还不清。看来，不论是当时还是现在，高考真的是人生中的一件大事。真是淳朴的一代人呐！

高考第一门是语文。父亲出考场便说他语文作文写偏题了，于是吵着不想考了。爷爷奶奶安慰他说大不了重考，坚持让他考完，没想到最终成绩出来，父亲考上了哈尔滨工业大学。这场考试也让他完成了一直期盼的考全校前五的梦想。相继地，小姑姑和幺爷也紧跟着兄长的步伐，考上了大学。

上了大学，玩的东西也就不一样了。不再像是初中那样打架，换句话说玩的更高端了。当时，他们寝室一共有八个人，有着相同的爱好——足球。为了能够有电视晚上偷偷看球赛，他们自己去淘来组装电视的各种用品、工具和零件，自装了一台电视机。这也让他们寝室八个人，每个人都能够熟练拆装这台老式电视机。为了偷到电，他们还真下了功夫，三番两次将宿舍楼的电容丝烧断，把宿管折腾得不耐烦，于是让他们自己修，以示惩罚，没想到却着了他们的道。趁这个机会，他们把电线的绝缘层去掉换成了铜线，在从铜线中又接了一根线，不知不觉将电导了出去。白天的时候，他们拆掉电视机，把各个零件分别藏好，以防被宿管发现（这也是父亲一直告诉我说，我不论把东西藏在哪他都能发现的原因）。晚上，拿出零件，拼凑在一起，就成了一台电视机，调好天线，做好掩护措施——用被子将门上的透明玻璃遮住，防止灯光外泄，就开始看起球赛来。这样一干就是几年，最后，他们甚至还将这台电视机转手卖给了学弟，赚了好几百元钱。

那时，我们家的条件相对来说还算好的。父亲每个月有两百元生活费，一些条件相对差一些的同学只有七十五元钱。他们去食堂吃饭时，便有了明确的分工。钱不是很充裕的，就去买素菜，而相对有多一点的钱的人，则负责荤菜，再辅之以各个家长为孩子准备的家乡特色菜肴，比如辣椒酱、香肠……一顿饭也是有滋有味。有时候饿极了，家乡带来的香肠都顾不上用蒸锅蒸一下，或是经过加热处理，就直接吞下去，虽不是正经吃法，但也是万分美味。在外出之时，能够有一份家乡美食，便是激动万分。这吃进嘴里的，代表了家乡的人，对他的牵挂。那浓浓的乡情混着亲情，真是令人难以忘怀的味道。

后来，在他大学毕业后，父亲进入八一所工作。这时小姑姑在北京读大学，每次父亲出差去北京看她时，都会带上许多好吃的。这也间接性导致小姑姑的室友看见爸爸都会说一句，咱哥来了。

父亲与大学同学之间至今常有联系，还经常组织各种聚会。每次外出相聚，他们都会带上自己的家里人。每每在出游的路上，总能听他同学讲述他在大学时候的“黑历史”，就如每次上课，都会有女孩子帮父亲占座，真是惹得室友们一阵羡慕。这些“黑历史”讲给我听时，还掩耳盗铃似的说什么要瞒着我妈，总是引人不禁笑出声来。父亲此时也好似无法阻止似的，在一旁微笑地听着。

人生之中，总是会有人逝去，人们也总是能迎来新生。就在这生生死死之间，究竟留下了什么，又能够留下什么。是那几千年未断的文脉传承？是那兄弟姐妹之间的打闹嬉戏？是室友之间的相互揭短？……在这个漫漫历程之中，多少个名字、多少张面孔、多少个声音从我们的身边掠过，不做停留。真正能记在人们脑海里的，正是那经过岁月的沉淀留下的两个字——至亲。那过去的故事，有欢有喜、有哀有悲，在一场场起起落落中，变的是人，不变的是情。在茫茫人海中，很多人如白驹过隙、流星划空，一下子就不见了。但是这浓浓的血脉传承，早已刻在了我们的骨血之中。这流淌浑身的血液，无时无刻不提醒着我们，我们的背后，有许多的亲人，他们是我们强有力的后盾。

即使有些事情都已经过去了很多年，偶然回忆起，如品一盏茶，回味久久荡漾在我们的脑海里。已逝去的，重回脑海；已消散的，重新聚集，留下那酸、甜、苦、辣、咸，一遍又一遍地冲刷洗涤着心灵。日月变幻、沧海桑田，那些经历过的故事，又由一代代人的口口相传而留存下去。

【教师点评】

文化就是这样一代代流传下来的，贡菜，这个现在显得有些陌生的概念，把现代与祖祖辈辈们坚守的习俗融会贯通，中国人的慎终追远是我们的标志，是我们民族的特质之一，一个新时代的孩子，去看那些有些古老，有些落伍的保存时，她的心里一定会有一种对自己家族，自己家国的信仰，这也是让大家记录下来的理由。（杜虹）

【一起思考】

我们应该怎样和孩子谈论生命的起源，生命的终结？生和死，不能被回避。

十一 木 缘

俞秦一

除夕夜里，远方的村庄已提前响起了阵阵鞭炮声，家家户户都传来了饭菜的清香，存积了一年的辛劳混着美味佳肴化为了无尽的畅谈。伴着微黄的灯光，半瓶黄酒下肚，一家人围坐在圆桌上，嗑着瓜子听爷爷讲起了他的故事……

爷爷是家中的第四个儿子，当时因为家里贫困，没有能力来养育这个新生的孩子，万般无奈之下，爷爷在出生 40 天后便交给了远村的一户人家抚养。村庄位于上海的边界，远离城市和工业，目光所到之处皆是庄稼和辛勤劳作的人们，春季播种、秋冬丰收之时孩子们都放了农忙假，一个个小小的身躯出现在了稻田里，明明帮不了多大的忙可还是要挤在大人中间学着大人的样子，一小把一小把割着麦穗。调皮的孩子被大人赶到了一边，可他们并不懊恼，孩子总有他们的乐园，即使只在一旁拾着遗落的稻穗，那也是开心的。小村有一条河流贯穿，人们远行或运输货物全靠船，嫁娶新娘都是用一只船载新人，一只船放嫁妆。就连每年去杭州烧香都是靠着这一只只小船，孩子们目送着船儿离开，期待着船儿载满着米糕回来。爷爷也就是在这么一个简单的小村庄渐渐长大。

虽然爷爷是家里的养子，可是家里人对爷爷视如己出，在那个许多孩子因为繁忙的劳作只能选择去读夜校的年代，爷爷依然能在全日制学校里度过了自己的童年时光。在爷爷刚读完小学的那年，他的爷爷认为他从小聪明，所以打算让他跟着自己学做木匠。可是学木匠是一件多苦的事儿，爷爷从小便看在眼里，所以在知道之后怎么也不想学。旁人怎么劝他都不听，那时候还是老太太劝导他："在乡下没有门手艺做，那便只能选择去种田，种田多苦啊。学当木匠至少是一个可以去吃百家饭的行当，不必自己去种田。"在老太太的长期劝导下，年仅 13 岁的爷爷才答应和他的爷爷学做木工。

但好景不长，眼看着一切都在朝着正轨发展时，一场突如其来的疾病带走了他爷爷的生命。原本的学木工计划也只好搁浅。过了一段时间，老太太打算着给爷爷找一个新的师傅，但找一个木匠师傅谈何容易。在当时若是一个普通人家，是绝对没有机会拜一个木匠为师的。但好在他的爷爷是一个老木匠了，也教了几个徒弟，其中有一个便同意了收爷爷为徒，让爷爷留在自己的身边学木工手艺。那位师傅住在隔壁村，爷爷每天早起，快快吃了早饭后走去师傅那里。那时爷爷的师傅年纪也不小了，在旧社会里长大，对待爷爷也用他们那代人的方法。因为在隔壁村，过去有好长一段路，要是碰上下雨天，原本的乡间小路便满是泥泞，更加不好走了，所以爷爷每天都出发得特别早，有时到了师傅家，师傅还没吃好早饭。做木匠不能心浮气躁的，为了磨爷爷的性子，这时爷爷就得乖乖在那里站着等着，而且还要站得笔直，即使坐着也要有坐相，等师傅吃好了再帮师傅收拾了碗筷。在晚饭时即使自己吃好了也要等师傅吃好，再为师傅倒好了洗脸水才能离开，平时也要给师傅端茶送水。一开始爷爷也适应不了这样的生活，毕竟爷爷也是家里的长子，生活虽然不是锦衣玉食，但也有长辈的偏爱，加上这个年龄的孩子本来就爱闹腾，让他要处处守着规矩也实在是难为他了。所以那时候的爷爷不太喜欢他的师傅，总是认为他“老守着旧社会的那套东西，太死板了”。

开始学当一个木匠，基本功扎实是很重要的，所以要从基本功开始一点点学。刚开始是锯木头，从早到晚一刻不停地练。一开始爷爷并不能正确地掌握，老是拿膝盖顶着木锯，学了没几天好好的裤子就磨破了个大洞，爷爷自己也心疼，不敢让老太太看见。但这怎么逃得过老太太的眼睛，被发现了，不由地挨了一顿骂。那时的布都是拿布票来买的，一个人一年也没几尺的份额，这给爷爷用来补了裤子，过年就得少做点新衣裳了。作为师傅那里最小的一个学徒，而且也刚开始学，所以什么累的零碎的活都交给爷爷干，爷爷一开始手脚也不利索，做事情慢，有时还时常把事情搞砸了，挨师傅一顿骂。时间一长手上起了一堆的泡，连工具都握不住，但爷爷知道自己刚开始，做不了什么精细的活，所以即使心里有过怨言，也接受了这样的日子。后来开始学着用刨子，看起来是简单，但是如何手工把木头刨成方方正正的四边形可绝不简单，也是那时的不断练习，造就了爷爷现在的好手艺，后来爷爷手里刨出来的木块，用直角尺去量，两个边都紧紧靠在尺上，没有丝毫误差。木匠的工具也是各式各样的，想要熟练掌握所有工具的使用，也花了爷爷不少时间。我记得爷爷有一个墨斗，是一根针拴着一根浸在墨水里的绳子，把绳拔出，上面就自带着墨，一根针插在木头里，轻轻地拨一下绳子，木头上就有了一条笔直的黑线。

爷爷学艺之路渐渐稳定了下来，基本功打扎实了，便开始学做物件了。可偏偏不巧，这时又遇见了20世纪60年代的“三年困难时期”，有了人民公社，家家户户都拆了厨房，改去食堂吃饭，每个人每天都有限定，不能多吃，所以吃不饱那已是家常便饭。平时食堂里米量不足，通常都选择煮粥，而煮的粥也只是一锅水里面撒几粒米罢了。说他是粥倒不如说那是一碗汤。早上起来稍微喝了点粥，便要跑去师傅家。对于一个正是长身体的孩子而言，吃这些怎么够呢。有一次在去师傅家的路上，爷爷实在饿得受不了了，把带着的中午饭吃了大半，饭盒都快要见底了，可还是感觉不到一丝丝的饱意。就是在这样艰苦的环境下，爷爷还是每天坚持去邻村的师傅家学木工。

跟着师傅学了两年，爷爷的手艺便已经不错了，师傅在出去干活的时候会带上爷爷一起，也是让爷爷历练历练。在和师傅一起出去时，爷爷有做得不对的地方，师傅还可以指点一下。爷爷回忆道:“有次和另外一个老师傅出去干活,那老师傅认为爷爷还是个黄毛小子,不怎么看得起爷爷,平白受了好些冷眼。”大多数时候爷爷都是在自己村里或隔壁村修修房子,若说远的那得是到青浦城区或松江去。爷爷回忆有一次他和师傅去上海火车站附近干活,那时也不过十五六岁。没有任何机械化的工具,做东西靠的就只是手头的家伙而已,所以出去干一次活都要带上好多东西。爷爷比同龄人更单薄一些,挑着细长的担子,一头放着一袋木工工具,另一头就扎着自己的被褥,又是搭车又是步行,走了好远的一段路才到。

爷爷在乡下读了小学,在那时的农村也还算可以了,但爷爷心里还是想去继续读书的。那时家家户户装灯泡是有数量限制的,一般一家人就只能装两个灯泡,爷爷家一个装在了厨房,还有一个在父母房间里。所以爷爷通常白天干完了活,晚上就待在厨房里,看从别人那里借来的书。

后来乡下的经济水平好了些,许多人家开始造起了新房子,那时的爷爷已经离开了师傅,自己出来单干了,面对这么多的人家,爷爷也是实在忙不过来,早上刚给这家人家上了正梁,下午便要去另一户人家帮他们干活了。当然虽然经济水平稍有改善,但说到底造新房对普通家庭而言也是一笔不小的花费。爷爷总是说他们现在造房子手头也一定很困难,所以我能帮他们做一些就做一些。如果在造房子途中发现木材不够了,爷爷总是帮着人家改一改图纸,或是换一些实惠的木材。木匠做工后可以在人家家里吃饭,所以许多木匠都会带着自己的孩子一起去,但爷爷从不这样,说人家请你吃饭那是客气,刚造了新房手头也紧,不要老是去麻烦人家。吃完饭,爷爷也从不多休息,赶紧继续去干活。有些人家一下子拿不出这么多工钱,爷爷也不急,总是说:“没事等到丰收的时候给也没问题。”或许就是在那个时候爷爷种下了好人缘,如今我偶尔在乡下田间走走,路过的老人看见了也都和我聊天说:“你是老木匠的孙女吧,看着像得很。”因为爷爷处处为他人着想着,在村里便传开了名声,许多爷爷的朋友都把孩子往爷爷这里送,爷爷也陆陆续续收了几个徒弟。爷爷带徒弟和他师傅不一样,爷爷不喜欢那么严格,对自己的徒弟都很是关爱,教学的时候就认认真真地教,在私底下也常和徒弟说笑。师成后徒弟们跟着爷爷一起干活,有了徒弟的帮衬,爷爷也稍微轻松了些许。每年年底,都有人拜访爷爷,都是赊欠工钱的那几户人家,说是今年的收成不好,爷爷和徒弟工钱怕是给不出了。可即使是这样,爷爷每年也都会用自己的积蓄补贴上去,把欠的工钱给自己的徒弟补上,从不赊赖一分钱。也因此爷爷和自己徒弟的关系一直非常好,没有过多大的矛盾,即使过了几十年了,也依然和他们有来往。

又过了几年,农村改革,原本国家不允许农民外出打工,那时也解除了禁令。那个小村庄开起了第一家工厂,许多人都放弃了原来的行当,改去工厂里面上班,就连爷爷的几个徒弟也都放弃了木匠这个行当,对此爷爷没有说什么。他自己默默找个一家承包单位,那里能找到的活多一点,收入也可以更加稳定,爷爷就这样在单位里继续做着木匠的工作。爷爷虽然平时不争不抢，但面对木匠这个职业时总是希望自己可以做得比别人好，从前跟着师傅是这样，自己出来单干时是这样，现在即使在单位里工作了也是这样。当然这或许是因为爷爷骨子里那股不服输的劲，他不希望别人看轻自己，更不希望别人看轻木匠。就凭着这种希望自己可以做到最好的心，爷爷在单位一直表现很好，面对任何活儿都尽力做到最好，老板也一直很看重爷爷，年底也时常给爷爷发点年终奖，在20世纪90年代时还被单位评为了“模范员工”，爷爷说那时公司组织他去西安旅游还发了600元奖金，600元在当时可是爷爷两个月的工资了。

约在十几年前，也就是爷爷退休的前几年，他离开了原来的单位，回到老街上修起了老房子。那时因为要配合陈云故居的修缮，位于故居旁的老街也要重新修缮一番。虽然过了几十年，但老街还是保留着原貌，窄窄的河面上跨着几座拱桥，几位妇女刚刚买好了菜，提着竹篮，聊着最近的家庭琐事，河边的老树也长成了参天的模样，两排青砖灰瓦的房屋沿着曲折的河流，弯向那边的村庄。爷爷就负责在这里修修老房子的窗户、门板。跟自己一起干活的也没有什么年轻人，都是一群老家伙了，聊上几句，有的或许还和自己在一家人家里干过活，他们就这么一点点地使这条沉睡已久的老街慢慢苏醒了过来。或许看着自己儿时的老街重新焕发出了生机，爷爷的内心也得到了些许的安慰。

老太太一共生了4个孩子，爷爷最大，一直照顾着弟弟妹妹，家里大大小小的事也都落在了爷爷的头上，后来分了家，爷爷把房子和老太太的房子建在一起，以便照顾老太太。爷爷长大后，也和生母有着联系，前几年爷爷的生母100岁大寿，我们全家都去祝贺。那天回来后和老太太聊天，老太太回忆，那时候她知道了这个孩子，想要领养他，但身边所有的人都劝她别去养，说这孩子到底不是亲生的，养大以后万一是个白眼狼，到时候一走了之都不给你养老送终，养他干嘛。可老太太不听劝，执意要把爷爷接过来。“现在挺好的，他对自己的两个妈都照顾得挺好。”老太太吃了口爷爷带回来的一小盒生日蛋糕，笑眯眯地对我说着。

现如今爷爷早已退休，但他从未放下过木匠这个身份。乡下的房子无论如何装修，总有一间房是属于他的“工作室”。工作室不大，一张刨床，一堆木料，还有成箱的工具占去了大半的地方。当然爷爷现在也不清闲，村子里这家人要做个八仙桌，那家人要修个窗户，人们总是最先想到爷爷，就连我们家所有各式各样的小木凳也都出自爷爷之手。其实爷爷也是乐在其中。前阵子乡下的房子装修，爷爷给楼梯装上了木扶手，新修建的房间里，窗户、门都是爷爷手工做的，爷爷说：“以前没空，现在退休了是该给家里做些东西了。”每次我们回乡下，车还没有停稳就听见屋子里传来刨木头的声音，推门进去空气中弥漫着木屑的味道，爷爷总带着个老花镜，拿着刨子站在自己的“工作室”内忙活着。看着一地的完成品，爷爷乐呵呵地跟我们说：“这是做给河对面的那个阿三的，前阵子他帮了我个忙，那个是做给我徒弟的，新年他们要过来聚一聚，已经好多年不见了……”爷爷指着桌上这个半成品说：“这个你去送给你那个要好的同学，这椅子市面上可买不到啊，不用一点胶水和钉子，都是榫卯结构的，你们这代人还不一定见过呢，你送过去，他们一定喜欢。”爷爷说这句话时眼中是藏不住的自豪与幸福。看到爷爷我的脑中总浮现出“匠人精神”这 4 个字，但我想爷爷从来没有把这个词放在自己身上过，或许他甚至没有想过自己和这个词之间的关系。当年爷爷做木匠是出于生计，而如今或许是热爱，又或许只是习惯了，但他却在默默无闻中承载了每一个人对于家的向往。或许许多的手艺人都和爷爷一样，他们没有光环，没有想到匠人精神和自己之间的关系，他们分散在中国一个个角落里，但是，他们身上却延续了数百年数千年的传统寄托，或许这些执着的人本身就是对匠人精神最好的诠释。正如纪录片《寻找手艺》中说的那样：“森林里的一棵树，不需要知道自己是一棵树，但是，如果没有他们，森林将不复存在。”

【教师点评】

文章我读了好几遍，“木缘”亦是“人缘”，爷爷的手艺，爷爷用手艺营造的口碑，恰好是这种一丝不苟的工匠精神和仁义礼智信的文化传承的结合。更欣喜的是，你可以缓缓地、慢条斯理地讲述这个故事，在讲述中，字里行间洋溢着自豪，这一点，实在难得。爷爷的手艺，爷爷的善良，都与“我”有关，“但他却在默默无闻中承载了每一个人对于家的向往”，你也在默默地记录中呈现了家的温度。（杜虹）

【一起思考】

我们常常担心那些五花八门的爱好耽误了孩子的学习，可是我们仔细想想，爱好，对任何一个人的成长都是多么重要啊？

十二　青石板路

钱宇晨

序

人不可能自己说服自己
所以只有我说服你
但你
却太像我自己

在
因为熟悉的
不是你也不是自己
是过去的四季

怀热血十八应兵征　不求名但因书尚浅

说起老张，村上、队上，几乎无人不知无人不晓，在乡里乡间还有点儿小名气。当年18岁的他响应政府政策去当了兵，一去就是不知几个年头。在部队，正值壮年满怀激情与热血的他，为人热情，积极上进，很快被介绍入了党。

在那个年代，肯干，愿意动手又动脑的他，不久受到了领导的赏识，并打算将他提为排长。但他有着他自己的想法，一个从小没有进过一天学堂，大字不认识几个的人，怎么领导别人，所以他最终婉言谢绝了。后来还是在领导和战友的支持下成了他们班的班长。每次队里开会，动不动要发言、记笔记，渐渐地他也能做得不错了。正因深知自己不足之处，他暗地里总拿着一本小字典学习，日子久了，字典也慢慢泛黄陈旧，班里相熟的比较有文化的战友，也总是会被他请教。

光阴转一晃已数年　归去来情系近远处

波光明灭，泡沫聚散，岁月是一去不返的逝川。

就这样军旅生涯很快结束了。慷慨激昂也好，意气风发也好，“一切的热血的过往到最后还是重不过最后的那一碗酒”。据他所说，当时是含泪离开的，此刻的悄悄，正是离别的笙箫，此刻的沉默，也正是未知的路与桥。非常舍不得身边的一切，仿佛离开了部队，虽说是回了家，但又何尝不是离开了家。心里，仿佛有着一分迷茫和彷徨。

想必那是一个秋天，那时的风不仅能刮得下树上快凋零的叶，也吹得进渐厚的衣袍，甚至刺得进灰暗的心，深秋的冷雨，有过之而无不及。反正，历时间世事变迁沧桑感慨，忆往昔离愁别绪耿耿于怀。

回到地方上，实在可以说是家徒四壁。转业回来，因为在军中表现良好，他得到机会被分配到一家乡镇企业（炼油厂）当车间主任。那个年代，也算是一个不小的官了，之后他依旧勤勤恳恳、兢兢业业，还是保有着一份冲劲，脏活累活都抢着干，没过几年又调去了福利厂做了副厂长，再后来就当了厂长。

那时给他相亲的媒人很多，一番周折后，有一个女生就和他情投意合，后来就结了婚，一起过日子，有了两个女儿。当时一个村上家里是双职工算是一件了不起的事，邻里邻居大部分都在家务农。后来家中情况渐渐改善了不少，至少温饱无忧。一年年，老张看着两个可爱的女儿渐渐成长，脸上常带着和蔼欣慰的微笑。有时候会翻翻自己的相册，当然，所谓的相册里，也就仅有屈指可数的照片，却承载着漫长充实的回忆，他，也曾向她们提起。

彼明珠盈盈在楼上　此千金皎皎居弄堂

老张的大女儿，生活上她从小懂事乖巧，父母都在上班时她负责照顾好妹妹，有什么好东西总是让着妹妹；学习上她认真负责，还经常被评为三好学生，就是老师们喜欢的那种肯学习能吃苦下功夫的好学生。

大冬天，外面天还很黑，她会自己一个人爬起来给一大家子烧早饭，弄好后会在家阳台上背诵课文。语文英语成绩非常优异，据说到目前为止，当时的班主任老师还记得她，很喜欢她，并曾把她作为榜样给一代代学生讲述。

说起小女儿么，就有点令人头疼了，她是这样一个大大咧咧甚至有点不修边幅的女孩，她喜欢军装、音乐、吹画、小人书……兴趣广泛，她从小剪着一头短发，总是一身休闲着装打扮。

小女儿小时候，不肯去上学，她有一段时间跟老爸住在上海市区，有点习惯了当时上海城里人的生活——干净、好玩，最主要有好吃的。

就这样原本 8 岁应该上学的，她 9 岁才勉强去读的书。刚开始还一直不肯去学校，在上海大都市待过一阵子，上海滩笙歌未散歌舞升平的好玩印象就一直留在少时的她记忆里挥散不去，只想着玩。那时据说老师就想出一个办法，让她当班长，或许是为了让她以监督别的小朋友的名义而不好意思逃课了，或许也因为她是大家的小姐姐吧。

到了差不多 10 岁左右，家乡的小孩都在学游泳，把一个脸盆或一块海绵绑在身上就可以通过浮力开始自由徜徉，一个个都玩得不亦乐乎。她呢，当时拽了一个救生圈——一个带着五颜六色的卡通图案的救生圈。那时她身后一直跟了一群小朋友，都想借一下她的救生圈，甚至当时的她也会觉得自己貌似有点招摇了。

当时的物价——一支棒冰 4 分钱，她一买就是 10 支啊，这可是别的小孩子只可远观的珍品，甚至整个年头也吃不上一根。油条也是，卖东西小贩路过她家，都以“小 K 小 K”的称呼叫她(类似公子的含义)。

她们家那台飞跃牌黑白电视机是村上唯一的一台“私有制”电视机，起先只有大队里有电视机，是公用的，几乎全村人都会一起挤过去看，用起来的时候人山人海，摩肩接踵，每次跟看电影似的，队伍庞大，来得稍微晚了一点就被挤到后头，根本看不到什么却也满是新鲜。她还清楚记得，那时流行在放《霍元甲》，村里邻里邻居好多人都拿着各自家的小板凳，长期放在她们家排队，老张在村里的名声和人缘，和着热闹的场景，相辅相成。那时几个晚上，家里都跟看春晚似的热闹非凡。

小女儿还特别喜欢和男孩子玩，男孩子也特别喜欢和她玩，而且能玩到一块儿。可能因为是家中老小都总是惯着点的缘故吧，她脾气有些许傲娇任性，但是心地善良，有着以天下为己任的雄心与豪情，被小伙伴称为“侠义之士”，——或许这就是所谓“安得广厦千万间，大庇天下寒士俱欢颜”。学习上，显然没有姐姐这么认真用心，精力和工夫很多都不在学习上，倒是成绩也不亚于姐姐，这也是姐姐很生气却不怎么明白的地方。后来小女儿也以不错的成绩考到了城里。

小女儿算是过了一个完整而欢愉的童年，但有一段时间因为家里的原因，借住在姑姑家里，当时姑姑家虽然在上海，但其实家境一般，甚至日子还比较拮据，这一借住当时也是一笔不小的开销，因为她的借住，姑姑家里难免会多几分争吵，但姑姑姑父对于她还是比较照顾和宠爱的，有好吃的好玩的，总也都少不了她。特别是她最爱吃的番茄炒蛋，一道普普通通的家常本帮菜，唤起的常常是一代人儿时的记忆、怀念与憧憬。正是这样一份乡音与乡情，牵系着一代又一代人的心。即使如今岁月已划过几十年，仍然穿插着这样一份记忆，怀着这样一份感恩的心。

潭水千尺不及送情　仞岳五千不比父爱

也正如之前所讲的，老张自从有了两个女儿后，对她们倍加宠爱，大女儿小女儿都很开心。当时的家乡，村里有一条河，河上没有桥，河南河北乡里乡亲来来往往，都是靠摆渡，特别是他们所居住的北岸，要去镇上的市场就必须过河才行。岸边有一棵梧桐，每当秋天，叶落金黄，夕阳下，余晖照水潋滟，流水映叶生辉。这里，反倒成了她们最常玩耍的地方。

老张平日里去到镇上，总会带些好东西给两个女儿，好吃的像简单的糖果各种各样，好玩的像拨浪鼓小木雕络绎不绝。有时还会特地往返一趟，只为买的小礼物能够讨得女儿们欢心，甚至，在女儿们极度无聊或者前来撒娇的时候，风雨无阻。虽然路途不近，也不怎么方便，来回一趟，要耽误不少时间，但老张总会忙里偷闲跑上这么一趟。每当他回来看到两个女儿在家门口等着爸爸回家的样子，心中油然而生的欣慰之情，溢于言表，仿佛这一趟的疲惫和辛劳也烟消云散，取而代之的是那份喜悦。

女儿们在家焦急得等待爸爸的回来，有时也会淘气地跑出家门去渡船口那棵梧桐树下接爸爸回家，其实就是等不及拿到自己的小礼物吧，当然这样擅自跑出家门的行为也遭到过几次批评，当然是来自被接到后又惊又喜的爸爸。在家乖乖等待的时候，会走到阳台上，望着夕阳刚好落下的方向，等着从“光芒四射”的余晖中走回家的爸爸。

他会和她们讲故事，但讲得不多，也不一定讲得下去，只因动情。她们还小，他会教她们认字，还是那一本收藏得好好的字典，后来她们渐渐长大，读了书，就是她们教他了。

“沉浸在芦苇跟风合奏，用美妙的歌声赞扬，世界因为你而露出阳光灿烂的形状，谢谢你不然纯真是什么我早已经遗忘。”

经家常村间述里短　历世事变迁具难陈

当时买什么东西都是要凭票据的，不是有现金就可以买得到，包括之前讲到的电视机也好，到日常的柴米油盐酱醋茶等，大部分也都是要票据的，更不用说当时的奢侈品——自行车了。当时老张为两个女儿置办了一辆，说是等到女儿出嫁的时候，作为嫁妆，可真要做嫁妆的话买一辆又不合适，一碗水要端得平，两个女儿都是掌上明珠，一个也受不得委屈呀，一向疼爱女儿的老张这样想到。可精打细算的张夫人不这么想，家里的确有些闲钱不假，但过日子就应该打算打算清楚，规划规划明白，一下子买两辆自行车看似着实没什么必要。过日子总会有些矛盾和分歧，俩夫妇都是直来直去的性格，也总会在这样的事情上吵两架，但彼此也都明白，不过或许这才是床头吵架床尾和的夫妻俩吧。

后来，老张还是买了两辆自行车，姐妹两个一人一辆，这个终究还是稀罕货，放在家里的阁楼上，用两块红布罩着，平时都舍不得骑，倒仿佛买了个装饰，不过看着一双女儿们开心激动的欢愉，老张也跟着激动，但一如既往的不喜形于色，只是从眼神中，散出那一份他心底的似水的温柔，对女儿满是宠溺又深沉如山的爱。

“我后来会在纯白的礼堂，牵好久的手交给另个他。眼泪一点一滴落下，感动也会跟着留下，远远看着你们幸福，像前世我们有过的模样。”

再后来到女儿真正出嫁的时候，变了的是，已经不再流行拿自行车当嫁妆了，它也没有那么珍贵了，但不变的，永远是老张那爱女儿的心和放不了手的真情。

就像当年村中宽阔的江面已经收缩成一条小河，来往的渡船也早已被青石板桥所取而代之，只是桥头梧桐，依然屹立。

“什么爱，不说，就已经存在；什么爱，望着，就全都明白。你笑一点一滴漾开，一字一句形容不来，是夜空下的银海。”

忆往昔峥嵘岁月稠　鬓微霜无妨少年狂

现在的老张，已经从那位意气风发满怀热血与激情的少年，变为了一个历经岁月沧桑时光痕迹的老人，额头上的皱纹，稀疏而盖不住的白发，是苍老，也是勋章。

想必他所回忆到的当年万里觅封侯之景，是肆意痛快的纵情，而如今也已成为棋盘上暗含杀机的炮五进七。在村上，他的棋技，还是首屈一指的。

当年一双掌上明珠的他，如今老有所依，被两个明珠捧于掌上——那两颗他难以放手，不曾放心的明珠，如今也有着自己的璀璨，至少在老张眼中，他的女儿，定是和他一般优秀而出类拔萃的。这也就是老张，独有的自信，或许也正来自当年的风发意气。

故乡里别情散不去　血肉里乡情是传递

老张，是我的爷爷。

小时候的我也曾生活在这里。再回故乡之际，曾有感而发：

故乡——巷里行间的青石板路和粉砖黛瓦，交杂错综而疏密有致的河网和老桥。

如今我重回故里，我已是多年未曾回到过这里，到过这儿时生长岁月、玩乐时光的这里——我的故乡。这里有老桥，有桥头的梧桐树，有村头巷口的乡里乡亲，有着这样一份满含真意的回忆与真情。

我走到村头，这里，是一家大型超市，人来人往，仿佛是村中最熙攘的地方——或许这里从前就是。还记得当年，这里是王叔的杂货店，我总拿着几角几块零花钱来买些零食玩具，边上李婶的豆腐店，也是奶奶常要光顾的地方。人们在这里聊着家长里短的闲话，庭前一块空地，总有孩子们在这里一起玩耍，跳房子打弹子，欢笑声不断，直到家中传来声声叫唤和浓浓饭香才意犹未尽地离开。这不同于记忆的故乡，当然是故乡，只是，它已经、正在改变。

走近，走进一条小巷，斜阳正好穿过巷间，我不知道这巷间的通往，即使这天空晴朗。脑海里浮现出一幅戴望舒《雨巷》的画面，不过此刻，没有雨，没有油纸伞，也没有丁香般颜色芬芳和太息般目光的姑娘，却有着这样一份冷漠凄清和惆怅。我迷失在巷间，正如儿时一样。当时我会哭泣，等大人来巷间找我，此刻的我因熟悉而陌生：这巷，仿佛没有过往那么宽，那么高，那么长。巷的大小没有变，原来，改变，不只是故乡。

走尽这小巷，是那座老桥，桥头梧桐依旧矗立在那里，而当年我告别故乡，也正是在这里。“梧桐叶上三更雨，叶叶声声是别离。”那时正值深秋，如同现在几分相像。满树梧叶使这风景烂漫。我站在桥上看风景，乡桥树水和你，便是风景的主体。我曾满怀留恋与不舍，在这里，拾起一片梧叶——纹理清晰脉络分明，落之于流水，随之东去。

如今我依旧站在桥上，看着梧桐陨落，送着河水东流。这桥还是当年的桥，只是比起当年多了些时光的痕迹，这梧桐也还是当年的梧桐，只是比起当年多了分时光的沧桑。

青石板桥，“度年如日”，而不显枯燥乏味，桥头梧桐，“度日如年”，却不显矫揉造作。我细数过往，唯有故乡中如此一寻，青巷中如此一蕴，石桥旁如此一立，梧桐下如此一忆，才深得思绪之绵长，情愫之回肠。一切景、人、情是无数憧憬与回忆凝聚而成的感动，亦因此，万分释然。

夕阳正好。悄悄，不再是离别的笙箫，而是远处古塔夕照，近处梧桐映水的一个人的石桥。

我懂得这份真意，这份对故乡的回忆、憧憬、感动与释然。或许正因如此，此刻的落霞与孤鹜，不及秋水与长天。

【教师点评】

“深知自己不足”，恰好是爷爷生命的底色，也是他成为值得你记住的缘由。在“老张”的故事告一段落后，你走了出来，还是那样的一个地方，在与故乡的对视中，你明白着，理解着，思索着老张善良的“源泉滚滚”，逐渐懂得了这份真情。你是老张的孙辈，自然也会承载“和他一般优秀而出类拔萃的”的重托。（杜虹）

【一起思考】

讲述历史，只是为了让他们明白我们当初多难吗？一定不是，那还可以为了什么？

十三　遥远的童年

林煜昊

年初一，回乡下。中午包馄饨，外公外婆做，我在边上给他们打打下手。

“煜昊啊，昨天晚上的年夜饭怎么样?”外公一边剁着肉糜，一边问我。

我回答说:“挺好的，挺好的。”

“挺好的怎么没看你昨天吃多少?”

“菜太多了，吃不掉。我昨天也吃得很撑很撑。”

“你们现在啊，”外公叹了一口气，“是有得吃不吃。不像我们那个时候，一年到头就盼着过年，能吃上一块肉。”

见我没有接话，外公又继续说:“我小时候，就盼过年。到过年，可以凭票买几条带鱼，或者三两条小黄鱼。鱼是年夜饭上一定要有的，‘年年有余’。但是那条鱼年三十晚上是不能动的，要留到第二天，寓意余粮余钱能留到来年。年夜饭上，还一定要有蛋饺，寓意着金元宝，希望第二年财水足。还有蹄子，笋干烧肉，这种菜到了过年小孩子也是不敢动的，这是亲戚来拜年的时候拿出来撑场面用的，是真的要吃上整整半个月的。一年到头啊，就这过年有这个机会吃上一个油泡。”

“是啊，”外婆也有话要说，“平时哪有机会吃得上肉，连菜也吃不到，能吃饭吃到饱已经很不错了。哪里敢有那么多要求，淘水饭扒拉两口就过去了。桌上就一个菜，想吃爹娘也不会给你吃，又不干活不出力，爹爹在外面卖力气干活，也不过吃这样，饭桌上瞪你一眼，你就连脖子都不敢伸一下。”

“年夜饭桌上还有一个黄芽菜炒肉丝，”外公又继续说，“不要讲肉丝了，平时见不到的，就连黄芽菜也很少见，吃不到的。”

“平时吃不饱饭，我们连糠塌饼也吃。”外婆又补充道。

“晓得什么是糠塌饼吗?”见我摇摇头，外公又说，“糠是饲料，给猪吃的。”

见我惊讶的神情，外公微微一笑，继续说:“那个时候真的苦啊，‘三年困难时期’，吃树皮的人是真的有的。那个时候过年是真的开心，吃得到菜，吃到一块肉不会给爹爹打，新年可以拿到一件新的包衫穿，不过只能过年穿，不能穿旧了，洗一洗第二年还能当新衣服用。吃完了年夜饭，就会有人放高升、鞭炮，无论哪家放，身后都会跟着一大群孩子。我们放不到炮仗，就在边上看着，看着放炮仗的人把引火线点着，然后看着高升‘砰’的一声炸到天上去，又在天上‘砰’的一声，然后掉下来。我们看着就很开心。掉下来的炮仗壳，总有孩子抢着去捡，有时候炮仗里面的火药没有烧干净，刮下来，多收集几个，拿纸一包自己又能放着玩。到了年初一，穿上新衣服，就上街玩。那个时候我还小，跟着几个大两三岁的小伙伴上街。兜里面都没有钱的，真的只是到街上去玩。不过有一次啊，有一个小伙伴，他爷爷给了他两毛钱，两毛钱很多很多了。当时我们家五个兄弟姐妹，就爹爹一个人干活，一个月工资才四十块多一点。他花了五毛钱买了一包三角包的带壳花生，挺大一包了，他分给了我七八节花生，我真的很感动很感动，我到现在还一直能想到这件事。真的是，哪里能想得到，现在平时随随便便就可以吃到肉，什么退休了还有工资拿，真的想都不敢想的事情。”

“所以啊，你们不要老是嫌我们烦，能多吃点就多吃点，我们那个时候是想吃也吃不到，所以现在一直叫你们多吃点多吃点。”外婆还不忘补上一句。

外公斩好了肉糜，外婆切好了荠菜。外公把肉糜和荠菜搅到一起拌馅，外婆把馄饨皮拿出来准备包馄饨。

我倒是来了兴致：“那你们小时候都玩些什么？”

“玩些什么？”外公的语气里透露出一种回忆。

“是啊，给我说说。”

“我们那时候啊，平时下了课，女孩子们跳皮筋，男孩子打弹珠。下课时间，时间还是不长，等到放了学，写完了作业，一大帮子学生就出来捉迷藏。那个时候不叫捉迷藏，叫‘官兵捉强盗’，总有那么十几个人，分成两边，一边藏，一边捉，再交换，看哪边捉得多。有一次啊，我扯开一垛柴草堆，把人塞在里面，两只手又各抓了一大把柴草，挡在胸前，这样从外面看上去还是一垛完整的柴草堆，外面找的人啊就是找不到。外面的人也喊啊：‘你在哪里？叫一声！’听到他们的声音就在边上，我肯定一点动静都不会有的；等到他们声音远了，我也就在那里喊：‘喂！喂！我在这里！’把他们引过来。他们过来了，看看这里，还是什么都没有。后来他们也不找了，就在外面喊啊：‘你出来吧，我们找不到你！’我就把身前的柴草拨开，想走出来，你猜怎么着？草堆外面就站了个人，他硬是没有发现我。”

外公讲这些的时候，那种眼神，那种表情，我平时很少见到。我想这时候他的脑中一定浮现着他刚才说的这个场景，我在他脸上看到了那种得意，我想和他当时是一样的，还有那种或许独属于孩子的无忧无虑，在刚才那一刻，我在他脸上也看到了。

“那个时候大队里会组织看电影，但是也是要买票的，每次有电影放的时候，我就总是说帮人家补屋顶，溜进去，攀在那个墙头上，就在那里看电影。其实西岑这里的电影算放得多的（我外公外婆都是青浦西片的西岑人）。当时那个放电影的，姓唐，是西岑人。他到青浦城区学了怎么放电影，就专门管西岑、莲盛、商榻这里的电影。因为他是西岑人嘛，每次有了什么新的电影，他总归先到西岑来放。其实也不仅仅是这个原因，像商榻这种地方，湖上浪大的时候，载放映机的船就过不去，过不去放映机就留在西岑，不放白不放。所以西岑的电影啊，算是放得多的。"

"那挺好的。"我答应了一句。

"我跟你讲，那个时候啊，"外公又讲起来，"黑板上还有那种大算盘，老师上课用的，一个个算珠中间的洞里呢是有毛的，这样把算珠推上去就不会滑下来。有一次啊，我们教室里的那个大算盘坏了，架子断了，不能用了，要换一个算盘。既然坏了不能用了，我就拆了四个算珠下来，想自己做一辆小车玩玩，正好做四个轮子。人家边上厂房边上有堆着的建筑废料，那里真的是什么东西都有哦！先寻着两根粗一点的铁丝，把算珠，也就是轮子串起来，轮子两头呢，拿差不多正好的螺丝帽卡牢，这样算珠就不会活络得滑退出来。再寻着一张铝箔，给它裁成方的，两头卷起来，这样两根车轮的轴就可以放进去，因为不是包紧的所以可以滚。这样算珠做了车轮，铁丝做了车轮的轴，铝箔做了车的底盘，这辆车算有点样子了。但是啊，接下来就碰到问题了，我想了三四天也没有想出来，拿什么做车头好。一辆车子没有车头可不行。巧也是真的巧，那个时候我们教室门的锁正好坏了，要换一把锁。当时老式的那种 480 锁啊，那个锁扣，就是那个固定在墙上，把锁舌扣住的东西，正好是梯形的，长得和车头有点像，宽度呢，又和之前做好的那么个铝箔底盘的宽度差不多少，我就又把这个锁扣安在那个底盘上。那个锁扣上有两个洞，本来是用来上螺丝钉在墙上的，我给它在两个洞当中扎了一股线，这样我就可以牵着那根线拉着它走了。"

我忍不住在心里感叹一下外公的心灵手巧。利用的都是废弃的材料了，动动手就给自己添了个玩具。

而外公还在继续说下去："我们那个时候，还'射箭'哩！"

"射箭？"我倒是吃了一惊，"怎么射？你们那个时候还有得玩'射箭'？"

"当然和现在的射箭不一样。"外公又笑了，"很简单的。就是拿张纸头。折起来，折得头尖一点、硬一点、重一点，像一只飞镖一样。"

外公刚好拌完了馅，找来一张纸，就折起来了。我看着他折完，却看到真的是如此简单的一件东西。"不就是像纸飞机嘛！就是比纸飞机多折两下。"

"差不多，但是折得要比纸飞机细。折好了，我们就把这支箭扔出去，看谁扔得远。"

"谁射得远谁就赢咯？"

"不仅仅是这样，扔得近当然不会赢，但是射得远也不过只是有赢的机会。扔得最远的人要走到自己的那支'箭'边上，然后站在那里，用自己的'箭'去扔第二远的那支'箭'，扔中了再站过去，扔第三远的那支'箭'。这样扔下去，要每一支都扔中才算赢。还有'滚铜板'也是一样的。找一块有点倾斜的石板，或者木板，那时候还有那方孔钱咧，那是真的铜板，把铜板从石板上滚下去，看谁滚得远，然后像'射箭'一样，一个一个扔。"

"所以不单单要看谁扔得远还要看谁扔得准。"我总结了一下。

外公又说："小时候还有玩的咧，跳房子、斗鸡、滚铁圈，这种都是你知道的。滚铁圈只要有个圈，随便找一根粗一点的钢丝，一头弯一下就做成了那根滚的棒子，就可以滚了。最早只有一个圈，后来在圈上套上一个个用细铁丝弯的小圈，这样滚起来'叮叮当当'很好听。"

他想了想，又补充道："还有摔纸卡，把纸折起来折成方的，玩的时候用自己的纸卡去扔别人的纸卡，谁把另外的人的纸卡摔得翻了个面，谁就赢了。还有'菱角'，不是我们吃的那个菱角，是木头做的，椭圆形状的，一头用铁皮包着，尖的。玩的时候用绳子缠起来，然后往地上一甩。"

"是不是像陀螺一样？"

"差不多。但是陀螺还要拿绳子抽，这个不抽的。我们还会这样玩：你把你的放在地上，我拿我的砸三下，然后我的放在地上，你用你的砸三下。就是比一比谁的'菱角'硬，铁皮的地方砸到木头上，肯定要碰出印子来的，砸得坑坑洼洼的，也就相当于坏了。"

"这样。"

"哦哦，对了，那个时候大队里宣传做'小民兵'，后来改叫什么'小卫兵''红卫兵'，每天晚上，到各家各户的灶头旁边，把灰弄干净，防止火灾；还往各家各户的水缸里倒漂白粉，消毒，防止血吸虫病。"

我点点头，转而看向一旁专心包馄饨的外婆："外婆，那你呢，小时候玩些什么？"

她抬起头看向我，然后又低下了头，继续包馄饨："我啊，不像你外公。你外公是镇上的，再怎么样也比我好一点。我小时候真的只有苦啊。我在乡下农村里，小时候上小学，我只读到两年级就不读了，家里穷啊，读不起书，哥哥已经跟着爹爹在外面挣生活了，娘呢在上海（市区）做嬷嬷（保姆），我是老二嘛，也是家里面最大的姐姐，就帮着我们的瞎眼娘娘一起带妹妹。要说小时候么，也没觉得些什么，看着帮妹妹换尿布也觉得很有劲。有一次，乘着瞎眼娘娘没有看着我们，我就去偷舀放在缸子里的酒酿喝，还带着妹妹一起喝，喝得有点醉醺醺的，后来被回来的阿爹发现了，就是一顿打啊。有时候也会带着妹妹坐到河滩边上，削水片（打水漂）玩。后来，还是因为穷，妹妹被送到了别人家养。我也大一点了，跟着一起挑担，干农活。那个时候不要说洗澡，洗脚都不是天天洗的，脚上的烂泥，等到干了拍掉就是了。那个时候真的还是盼过年啊，过年有一双新袜子穿就很开心很开心了。"

……

后来，那一天吃馄饨的时候，嘴里的滋味总是有点不一样的。馄饨里的荠菜和肉，或许是当年的外公外婆一年才有机会吃到一次的。但他们所说的，我大概也只能够点点头去联想。我真的能够明白他们过的是什么样的一种生活吗？恐怕不见得。那时候，他们的生活条件确实艰苦，但他们会自己给自己创造快乐的机会。同时，他们很容易满足。通过外公所说的过年的那一部分，可以想象得到他的生活也是苦的，但他在回答我小时候玩些什么的时候丝毫没有表现出来，或许是刻意的，或许那个时候他的脑中真的只有玩的快乐，我无从知晓。我到底也是想了解外公外婆小时候的乐趣，所以问的也是这些，既是感兴趣，同样也可能是不愿意勾起他们小时候那些困苦而同时并不包含着快乐的回忆吧。而外婆，只能说小时候的苦对她而言太深刻了。

于我，现在的条件已经比他们当时好了成百上千倍了，但往往从一开始就身处幸运之中的人并不会体会到，反而是像外公外婆这样的，都经历过了，才有真真切切的感受。但愿我与他们有了这样一次交谈过后，能够时时刻刻懂得珍惜吧。

【教师点评】

“那时候，他们的生活条件确实艰苦，但他们会自己给自己创造快乐的机会”，的确，在物资贫乏的时候，人对精神的需求似乎更强烈，其中原因值得深思。包馄饨时的这一段回忆在你看来可能触痛了他们的苦难，其实可以给晚辈讲述这些事，他们心中已经释然了。如你所言，什么都经历了，才会对生活有更深刻的感受。所以，在漫长的人生中，要允许自己慢慢成长。（杜虹）

【一起思考】

中国人，很难说出“我爱你”，但是我们心里有爱，有孝，有理解，基于此，我们是否应该适当地改变我们表达感情的方式呢？

十四 茶余饭后

赵陈仰以

我曾经很喜欢三毛，向往她不羁的灵魂。越长大，也越明白，我为何会惊叹于她的流浪，因为在我的内心深处，我永远做不到这样洒脱地抛下家庭，仗剑走天涯。就是自己内心本身对这种行为的不允许，才会觉得这般“荒谬”是美。起初，我总是厌烦这种家庭自带的压力和责任，渐渐才发觉，若不是深爱，便不会产生反感，自然也就不会让人难以割舍。

母亲一直跟我说：“有家人的地方便是家。”房子只是家的载体，房子可以改变，但血浓于水的感情和传承的责任，是不会随地点而改变的。家里的每一个人，为了这个我们所珍爱的地方，都有一段可能平凡、但一定不平淡的经历。

高祖母初为人妇的时候，正值抗日战争，当时家里有几间土草屋，用后来的话说，算是中农了。日军来了，只能逃亡，女人们剃光头发，身上抹满泥，背着包袱，带着儿女，全村人一起逃跑，这种逃难的悲凉之感根本难以想象。高祖母回到家时，已是中年，物毁、人非，一路多少艰辛，心中自是五味杂陈。

高祖母的父亲是嘉定外冈人。在那个年代，当地有一支游击队。组织者是富农子弟吕炳奎，卖了家产，组织抗日。高祖母也有些亲戚在他麾下。当时，村落聚集在河边，江南地区水路发达，我家过去后面有河和三亩竹林。一入深夜，就会听到落水声夹杂枪声，天亮时就会看见漂在水边的尸体。那段时间，高祖母一家也从不敢睡在屋里，都在猪圈里挤着，躲在草堆里，难以入眠。天亮还会有日本人来搜查。即便在战争过后的很久，高祖母仍是晚上睡不着觉，是劫后余生的后怕。

同样是一代人，皆受战争迫害，外高祖父一家，传说祖上曾有三代是私塾里的教书先生。到了高祖父一代，只剩兄弟三人。排行一的大哥被国民党抓壮丁抓走了，外高祖父一直坚信他哥哥跟着蒋介石去了台湾，想到《活着》里富贵的经历，才明白这是一种一厢情愿。排行二就是我外高祖父。排行三的弟弟是个傻子，有人说是被日本人吓傻的，也有人说是个书呆子，真实原因不得而知。总之，那时家中，便只能依靠我外高祖父。外高祖父无奈，放下身段，去当地望族的张家里做了长工。

这一代人，面对民族危难生死存亡，正是因为所谓的“上有老，下有小”，害怕也咬着牙前行，他们饱受战争之苦，颠沛流离，一生只求有个安稳的地方，能和家人睡在挡风挡雨的屋子里，一觉安心到天明。

外高祖父膝下有二子，大儿子慷慨从军，加入共产党，成为解放军的一员，后衣锦还乡，最终也断了联系。排行二的儿子，就是我外曾祖父。外高祖父也是想好的，一个儿子为国征战，一个儿子留在家里延续香火，于是，我外曾祖父留下，也做了张家长工。

若是说，外高祖父是个在幼年受过一点点文化教育的人，那么外曾祖父只有半点点了。但这半点点，也足以使得他在一群农民中鹤立鸡群。他和张家的大小姐相爱了。介于外曾祖父为人正直、做工踏实，张家老爷也没有气到哪去，最后也就顺着他们了。当时，张家老爷的长姐，嫁给了门当户对的赵家，可怜的是，这位长姐的丈夫带着他们唯一的儿子参军去了，上阵父子兵，却一个也没能回来。这般，赵家就绝后了，于是，张家老爷便把外曾祖父过继给自己长姐，外曾祖父从顾老二变成了赵春华。不久，娶张家大小姐张锦绣为妻。

在赵、张两家的支持下，很快盖了新屋，搬了新家，做了婚房。小小的屋子，仍是最好的家。即使一村都是曾经赵家的亲戚，即使被他们看不起，一旦有了彼此可以一同面对，甜蜜自是胜过冷眼。

好景不长，没等新婚的夫妇把儿女们养大，便赶上了“三年困难时期”，外曾祖母重病。那是“大跃进”的时代，粮食都是生产队里分配的，没有劳动力便没有粮食吃，外曾祖母卧病在床，不工作，生产大队的人就把外曾祖母的粮食份额减半又减半。外公兄弟几个还是孩子，正是长身体的时候，本就吃得多，于是口粮一日比一日紧。看病又花去了家中本就不多的积蓄，未几，外曾祖母在饥饿与疾病中撒手人寰。

我想，外曾祖父是真的很爱外曾祖母。自从壮年时妻子病故，自己拉扯着三个儿子长大成家，至死都未曾续弦。有多少男人可以做到呢？更让我动容的是，外曾祖父不仅要解决一家日益渐长的口粮问题，还要操心几个儿子所有成长的琐事。我没有办法想象外曾祖父是怎么独自熬过余生的。记忆中，只有那个满脸皱纹、驼背的老爷爷，身子仍很硬朗，极爱干净，独立寡言，会骑着三轮车带我出去兜风。一生没生过什么大病，在某个深夜，突然地独自离开，去见外曾祖母了。忽然想到苏轼的《江城子》：“纵使相逢应不识，尘满面，鬓如霜”，深觉悲凉。但也是幸福的，让他见到子孙满堂，没有太多痛苦折磨地离去，安然赴约，也是种福分，是上天酬其长厚。

纵其一生，我想外曾祖父最大的痛苦就是没有在天灾人祸中保下外曾祖母。那一代人，渴望着能够温饱，只求和家人一起，平平淡淡了结一生。

外祖父年幼丧母，一家就剩四个糙汉子一起过日子。在很小年纪就经历了很多同龄人没有体会的磨难。小小年纪就下田种地，除了完成生产队里规定的任务，还要种自己家的田。队里记录每人的工分，再发钱和票，一起使用才能买到东西。贫困，饥饿，他们便把田间、河里、天上所有能吃的都抓了吃了。可当他们提及这些，却不会去抱怨，总是念叨着在那段日子里一点一滴的小美好。可如今他们身上的种种病痛，都是源于那时留下的病根。

外曾祖母是昔日名门的幺女，外曾祖父家之前是望族，但在外曾祖父结婚生子之后不久，各兄弟就分家了，家中境遇便江河日下。外曾祖母是当时极为少见的独生女，出阁前可是掌上明珠，年长外曾祖父 6 岁，嫁来之后是不让她干重活的。村中都笑话外曾祖父很傻，不只是“宠妻”这一点，更是因为外曾祖父心地善良。他待人极好，无论对方身份地位、有没有能力报答都从不计较，在粮食紧缺的时候救济了很多人，替别人干过不少的活，还不要人家的工分，最后却苦了自己一家，无奈之下过继了自己的二女儿。更让人难以理解的是，他供养一儿一女读书至初中，当时连吃饭都难以解决，让儿子读书已经很不错了，就只有外曾祖父，硬是让外祖母也读书。最后直到外祖母哭着不肯去才罢休。外祖母不肯再去上学，不是因为一个班都是男孩子，而是因为深知家中支持不起，也要回家帮着干活。

现在看外曾祖父如此开明，多半是因为外曾祖父每天都会去镇上的茶馆喝茶聊天，听天下事，老人家自始至终都有着前卫且敏锐的思维。从那时开始，就充分意识到教育、知识的意义，但在当时的条件，还是很难做到拥有很高的学历来改变农民的命运。

后来，外曾祖母看中外祖父，把女儿嫁给他。外祖父年幼丧母，一向独立自主且能干，可谓少年老成。这般嫁给外祖父，颇有些下嫁的意味，虽说清贫，但至少给了外祖母安乐。生活条件上的些许富足仍比不上精神上的一点轻松。

结婚那天，外祖父骑着借来的自行车，把外祖母迎回了家。成婚不久，外祖父的三弟也要娶妻了，三兄弟便要分家。分家后，外祖父母兢兢业业，在母亲出生后不久，我们家就成了村中率先翻新了房子的人家。

翻新房子是件光宗耀祖的大事。这些钱，都是他们多年从血汗中赚出来、从嘴巴里省下来的。当时，外祖母在订书厂工作，为了加快工作效率，反倒不小心右手食指被机器截去了半截。顾不上疼痛，外祖母很快学会了用中指代替食指完成各类工作，渐渐熟练，甚至比那些五指健全的人手脚还要麻利干净。他们白日里工作，午后农作，晚上做农副产品，清晨再骑着自行车到五角场去卖。一路上还要担心被人发现，怕被说成是“资本主义的尾巴”。另外，还要完成生产队规定的种植与饲养任务。当时翻新房子的建材都是去嘉定黄渡买的，摇着船，从村前的河运进来。村中有个习惯，每当哪家人家有事，都会有村中的青壮年去帮忙。这些相帮的人是不收工钱的，但是要准备点心给人家吃。外祖母置办的是镇上卖的蜂蜜面包。在当时，物质极度匮乏，自己家吃点白馒头已经很满足了，但外祖父母给别人准备的，却是最令人馋涎的面包。他们都是极其傲骨的人，哪怕自己嘴里少吃点，也绝不会做人办事失了周到和体面。

新屋在建，也是受人羡慕排挤。这村上原本都是赵家以前或近或远的亲戚，向来不待见我们这又是过继又是贫穷的人家。加上，都说长嫂如母，可这先嫁过来的阿嫂，且不说家境微寒，身材又格外矮小，最主要的是做人还不乖巧，被人落下不少话柄。而且村中不少的农妇都喜欢仗势欺人，又有夫家娘家都在村中居住的，更是霸道蛮横，常常联合起来打压别人。

这一点，在新屋翻新时，彻底爆发开来。邻居挑事，说我们重建房子占了他们的地方。背后的原因其实是人家气不过我们是村中数一数二翻新房子的人家，尤其他们认为相邻人家的屋檐是不能比自己家的高的。他们怎么想心里都不爽，三番五次来找事情，最后硬是吵了起来。这时，村上那些好事者都来看热闹，那些人都是他们家的亲戚，七嘴八舌，都在帮着他们说话。

这种气是绝对忍不了。这回，便体现出我外祖母的硬气了。外祖母的父亲有兄弟三人，大哥有五个儿子，二哥有三个儿子，加上两个姐姐又有几个儿子，外祖母足足有十多个堂兄。之所以外祖母家以前声名在外，很大一部分原因就是家中男丁众多。另外，这些堂兄一个个都年轻力壮、血气方刚。隔天，外祖母的亲哥哥带着堂兄们浩浩荡荡一起来相帮、吃饭。邻居正是昨天得了意，一心想着今天让我们把刚建好的邻近他们家的棚给拆了，刚过来没嚷嚷两句，一群堂兄"啪"放下手中的碗筷，冲了出去。两句不和直接上手，一见上了手，那些凑热闹的七大姨八大姑全都散了，独剩邻居一家，更是不敢再多说什么。于是这件事情就这样摆平了。我母亲"史称""十舅舅风波"。

外祖父母这一代人，虽说粗俗了些，但内心坚韧而不屈，为了争一口气而拼搏，最大的愿望和荣耀就是翻新老宅。此后，家族的使命便交给下一代。

母亲小时候可是顽皮极了，但外曾祖父母还是格外地疼爱母亲。外曾祖父说过，我们这一家，就像一筐田螺，但中间只有一颗是实心有肉的，那一颗，就是我母亲。也就是在说，母亲是家族里唯一可以成器的孩子。母亲幸运又不幸地背负上这般的评价与期许，由此，才收敛了孩子的心性。在母亲稍有些懂事的时候，"书包翻身"这个念头在她脑海中挥之不去，从而为之不断奋斗。每个凌晨三四点，外祖母起身劳作，也都会应母亲的要求，四五点叫她起床读书。母亲坐在阁楼的地板上，喝不起咖啡，便靠着嗑瓜子保持清醒来背书。她也没有辜负外曾祖父，考取中专，转了城镇居民户口。那时，置办了酒席，家族欢庆。

后来，母亲实习时，遇到了我父亲。父母这辈人，都是那些通过学习掌握技术而谋生的人，都是"四个现代化思想"下"努力为祖国建设添砖加瓦"的一代人，势必都会成为社会的中流砥柱。

父母结婚前，母亲为了争气，硬是在城区买一套商品房，要和那些富过我们几代的人平起平坐，证明自己是可以通过读书改变所谓阶级的。于是，就买了小小的两室一厅的房子。为了买这套房子，贷款，欠债，如今想来，当时真的是可敬可畏。就是那年，乡下的房子拆迁，开始两头忙活。也是那一年，我出生了。好像所有要花钱花心思的事情全部挤在了一起。家里生活拮据，迫于生计，父亲不得不跳槽去浦东深造，母亲也跳槽，外祖父也换了工作，外祖母一边上着半日的班，一边带我。祖母生病，家中还有田，祖父一人挑起两人的活。在那时，受尽了买房拆迁的苦，如今，也是体会到了苦尽甘来的收获。

之后也渐渐好转了，父亲跳槽回到嘉定，未等喘息，祖父母也要拆迁了。随后不久，父亲终于有能力把那辆载着母亲恋爱、奔波的摩托车换成了一辆汽车，就这样，他们也把彼此出身的两个小镇，缩小成了一个家的距离。

白驹过隙，时光也煎熬。我要上学了，母亲知道教育的重要，绝不愿我在乡下读书，鉴于政策，很快又着手买房。更小的房子，一室一厅，只是为了户口，一份相对优质的教学资源。我，这个小小的户主，开始了长达9年横跨半个嘉定上下学的学习生涯。

我也明白，轴心从此向我靠近。

我们一家，总是在奋斗和拼搏中柳暗花明。我们家都是泥腿子出身，可以说是社会的底层，是最最普通的人家。也正是因为如此，才会看到在社会浪潮下的我们家，如何随着祖国的发展，逐渐富足。从开始，生命都没有保护，到后来，食物没有保障，再到后来，物质的匮乏，直到现在，最接近民族复兴的时代，从期待和平到温饱到小康到富足，家中的一代代人，见证了祖国从站起来、富起来到强起来的历史变迁。不论什么时候，永远怀着希望，解决克服当下的种种。一代代，永远都想成为自己深爱的人的骄傲，都想给自己深爱的人更好的待遇，不断的努力中，传承的是爱与拼搏的不屈精神。

每一代人都续写了属于自己给予家庭和社会的一个高潮，我可以感受到，那些隐藏在离析的命运和生活中，确实存在着的、来自他们的、微弱却绵延的力量。无数次令我动容，让我为之震撼鼓舞。在记录他们的辛酸奋斗历程、他们的所作所为之后，再比较，每一代人与我现在正在经历的不同，问自己，还有什么是我不能忍受的，还有什么又是我不能克服的？比起他们之前所经历的，我的步履轻松，只不过是因为之前有他们的负重前行。此时我又有什么资格去骄傲，享受的同时更应该为过去的他们和未来的我们再多去创造一些。这也让我思考，我能为这些人、这些故事续上怎样的将来。我只是突然有一种渴望，想成为这些我所爱的人，最大的骄傲，不枉他们之前的篇章。即使他们都不曾开口要求，但我骨子里的血液，总是冥冥中要求着我。我似乎总能看见他们在历史的长河中对我微笑，轻轻地对我说，孩子，你慢慢来。自是有了这样一群我所深爱的人，有了这些只足我自己赏玩探寻的故事，我愿意把他们放在肩上，放在心里，付诸于行动。这才深深地从内心由衷地领悟何为中国梦、我的梦。

【教师点评】

无论是曾经的大家闺秀，还是极其普通的他们，都逃不出历史。有时候，个人，在历史的洪流中显得很弱小，你家的长辈们，就是这样用他们的“坚韧而不屈”，翻修着他们的住房，翻修着他们的生活，这，一点都不卑微。“书包翻身”我第一次听到，却恰好证明了“家”

的力量。“我可以感受到，那些隐藏在离析的命运和生活中，确实存在着的、来自他们的、微弱却绵延的力量。”（杜虹）

【一起思考】

特色作文的主题是《听妈妈讲那过去的故事》，但是有很多学生都是在记述他们的爷爷奶奶、外公外婆。如何开发隔代长辈在家庭教育中的作用，是一个可以深思的课题。

十五　点滴偶然

周董元

在我正式开始讲述我们家的故事之前，我需要先做个铺垫。请允许我先聊聊我家几位老人分别是什么出身以及他们现在的身份吧（由于隐私问题，本文中的人名，我都会用我对他/她的称谓来替代真名，如对阅读造成影响，请谅解）。

外公是我的祖父辈当中最年长的一位，他的出身，他从未和我谈起过，或许是因为他已经不愿再提吧。由于他已于 2010 年 6 月患癌症去世，他的这段故事无法亲口讲述给我听，实在可惜。

四位老人中，第二年长的是奶奶，她出生在一个军人家庭，她的父亲是黄埔军校毕业的，母亲则是一位普通老百姓。

接下来是爷爷，他是生活在大山里的孩子。他说过，当时他上学每天都要走十几里的山路，说起来他老人家至今身体很好。至于他的父母则都只是普通的农民。

祖辈当中最年轻的一位是外婆，她的父亲是个老师，曾在青浦高级中学教书。

值得一提的是，其实四位老人都是出生在大家庭里的，在一间屋子里起码得挤着七八个人一起生活。

另外，说来也巧，爷爷奶奶都是老师，外公外婆的职业也一样，是工人出身。

不过我要事先说明一下，由于我小时候就特别喜欢听故事，尤其喜欢听各位老人和父母讲过去的事情，奶奶之前还写了一本书记录她所经历的这些事，所以这些“口述历史”全在我的脑海中。因此我没有多想就直接写了，毕竟实在没有必要再去多问了。

让我们先把时针拨回到抗日战争时期，由于当时已是战争的末期，美国已经参战，情况早已有了些许好转。外公的家庭十分幸运地在战争当中保全了下来，爷爷由于生活在大山里，也都逃过了这一场战争。外婆当时还尚未出生，不过后来也是全家存活了下来。不过，奶奶就没有这么幸运了。她的父亲，之前提到过，是从黄埔军校走出来的军官，因为参战，与她们母女三人失散了。奶奶说，当时她的父母结婚前算八字时，算命先生就说过，两人的八字不合，如果在一起则必定会有别离。奶奶的父亲当时就发誓，绝对不会离开奶奶的母亲一步。然而在奶奶两姐妹还小时，因为战争，一家人就被迫被拆散了，再聚时已不知过了多少年，奶奶的父亲当时甚至都已再娶。那时候，男人依旧占据着家里顶梁柱的位置，毫无疑问，一家剩下的三张嘴巴，怎么吃饱都已成了问题。迫于生计，奶奶的母亲决定到一些有钱人家里面去做保洁女工。而奶奶与她的妹妹则被寄养在了她们的大姨家。大姨家家境还是较好的，其实可以养活这两个孩子。然而，没有想到的是，更坏的事却还等在后头，这个大姨显然没有我们现在的长辈那么宠亲戚家的孩子，对于自己家的亲人，她可以说是个贤妻良母，然而，奶奶显然不属于这个范畴。有几次奶奶甚至不得不去偷吃来填饱肚子。就在这种吃不饱穿不暖的日子里，奶奶的妹妹在3岁的年纪就夭折了。据奶奶回忆，当时在处理她妹妹的尸体时，大姨家的人在她妹妹的尸体上划了一个标记，说是担心妹妹的冤魂找过来报仇。实在无法忍受这种情况的奶奶决定去找母亲求助。当她来到母亲工作的地方时，用奶奶的原话说便是“从未见过这么憔悴的母亲”，当她的母亲知道小女儿已经死了以后，她的内心十分的复杂。当时大姨家给她写的信中，还写到了妹妹长得白白胖胖的，不料今日竟会如此。

这件事以后，奶奶的母亲决定亲自抚养奶奶。奶奶的故事便先告一段落。

关于抗日战争，我再简单讲一点，虽然每一个家庭(一家三口)都在这次战争中存活了下来，不过爷爷曾经和我说过，他从未见过他的祖辈，或许就是这场战争所导致的吧。

后来，众所周知，中华人民共和国成立了。

在此之后，情况有了短暂的好转。四位老人都开始了他们的学业，奶奶在老家安稳地上了初中。爷爷依然在山里上学，外公外婆也有开始了学习。但是另一场风暴即将来袭，在此之前我先要更详细地介绍一下我的外公。

先说说那些喜爱诗歌或对青浦当地文化名人有着一定了解的人可能会感兴趣的，向上追溯，外公的祖谱上可以找到在青浦这块小有名气的文人沈瘦东。在青浦著名的曲水园中，曾还有一个地方叫沈瘦东书房，不过前几年被拆除了。外公的过去一会儿会谈到，现在，我们先聊聊他退休以后做了什么。小时候，我便可以在他的房间里看到各种各样关于计算机的书。是的，外公在50多岁时自修了计算机。对于当时的中国来说，计算机科技还不成熟，但是外公活到老学到老，在得病之前，他还在购买各种各样的部件来组装自己的计算机。我还小的时候，外公和我出去散步，那次他告诉我，计算机是通过程序语言运行的，好像还提到了C语言。在他这个年龄，比现在的我更加了解这种新科技。还记得他躺在病房里，一直向我们说想要一台平板电脑来研究。

回到故事中，想必大家都知道我所说的另一场风暴是什么了。“文化大革命”可以说是对四位老人的家庭创伤最大的，然而爷爷又是个幸运儿，由于他是农民出身，在“文化大革命”中没受到什么大的伤害。不过另外三位老人就没那么幸运了。先讲奶奶，她们家因一些缘故，一旦在“文化大革命”中被抓住，必定是灭顶之灾。然而奶奶遇到了一生的恩人，是一位青浦中学的老教师。他替奶奶一家瞒住了身份，并把奶奶转到了青浦中学读书。就这样，奶奶举家搬到了青浦开始了新的生活。而在“文化大革命”中最倒霉的是外公外婆。外婆一家在“文化大革命”中被打成了“黑五类”，没收了本来的房子。那栋房子现在在青浦仍然有迹可循，它被改造成了一家饭馆叫高老庄，我妈经常开玩笑，说外婆在高老庄的床上睡过觉。这是后话。前阵子在看电影《芙蓉镇》时，在影片开头有一个场景：村书记在给那些需要接受批斗的人点名时，有一个小孩因他爷爷生病了，因此替他爷爷出来接受教育。外婆也曾说过，他们兄弟姐妹6人，尝尝轮流过去替他们的父母接受教育。不过虽然在“文化大革命”中吃了不少苦，但是外婆一家八口人至少全都保全了下来。然而，外公的家庭就不是那么的幸运了。

外公的父母是基督徒，记得每次去给他们扫墓的时候，我们都是要放着基督教歌曲的。科幻小说《三体》的开头中有这样的一段：当时就是像宇宙大爆炸，相对论这些来自外国的理论，一旦支持，就直接被批斗致死。要知道，在“文化大革命”当中，就是什么外国的知识概念、科学发现都是被严厉抵制的，何况是来自西方的宗教，外公的父母一下子直接被打成了“反革命”。而且，外公他们那的官员似乎不是那么的仁慈，他们夫妻被批斗得喘不过气来，外公的父亲接受不了这种折磨，决定结束自己的生命。而外公的母亲决定忍辱负重地活下去，把外公养大。至于她最终是什么结局，随着外公去世，也不得而知了。

然而“文化大革命”对那一代人最大的伤害除了亲人的离去，还有对他们的未来影响更加深远的一件事——被禁止上大学。为什么那位老师是奶奶的恩人，因为身份的隐瞒，奶奶成功上了大学。而我之前说过，我外公是个完美的学习者，他十分聪明，而且坚定且勤奋。而因为这件事而上不了大学，真是令人唏嘘。

不过换一句话说，如果外公上了大学，也许就不会有现在的我了。

历史难道不就是由无数个偶然而产生的一个必然么？

后来，国内涌起了知青狂潮，数以万计的知识青年被派到边疆，外公外婆共同乘上了那趟前往新疆阿克苏的车。外婆曾告诉我，当时他们车开了几天几夜，一路上也没有什么事干，就是唱歌。

顺带提一句，我喜欢音乐也是家族基因的原因。外公喜欢邓丽君、梅艳芳。外婆喜欢的歌手我叫不出名字，反正她自己也是个不错的歌手。父亲也很喜欢听老歌，尤其喜欢崔健、郑钧、汪峰这帮人。对于我来说，喜欢欧美音乐更多是受母亲的形象。在我还是一个三四岁的小孩子时，母亲还是一个在网上小有名气的音乐博主，是她带着我听欧美音乐的。

回到正题，正是这个时候外公遇到了外婆。后来两人结婚，并在阿克苏生下了母亲。

让我们跳转到连续躲过了两场灾难的爷爷。之前就说过爷爷是大山里的孩子，我曾去过他长大的地方，那地方，就算开车到当地的县城，也要超过半个小时。何况爷爷小时候的那种交通状况，难怪爷爷都七十多岁了还依旧拥有着生病从来不必去医院的资本。或许是“穷人的孩子早当家”的缘故，用我们现在的话说，虽然我们的语文老师对于这个词有些鄙夷，但是除了学霸也找不到什么更加合适的词来形容爷爷了。在当时山区落后的情况下，竟考进了南京大学，当时的南京大学在全国的水平，不输如今的清华、北大。后来爷爷从学校毕业后，选择回到了家乡，成为一名化学老师，再后来做到了一所当地中学的校长。

奶奶从青浦中学毕业以后就读于上海师范大学，毕业后先是在上海教书。后来，她遇到了爷爷，与爷爷喜结连理后，随着爷爷回到了他的家乡，与爷爷在同一所学校教书。再后来，我爸爸出生了，又过了几年，我爸爸的弟弟，我的小叔，出生了。

1977 年高考改革，毫无疑问，外公外婆本来是有机会回去上大学的，但由于我母亲当时已经两岁了，出于孩子的原因，外公外婆只能就此作罢，可惜了外公外婆的能力。不过依然是这样，如果外公去了大学，我可能便不复存在。

1978 年改革开放，上海成了发展的排头兵。过了几年，爷爷奶奶看到了更多的机会，便放弃了稳定的工作，带着刚在老家初中毕业的父亲和还在读初中的小叔来到了青浦，奶奶改到青浦中学教语文，爷爷则去了二中教书，父亲到了青浦中学读书。

也是这个时期，外公外婆得到了回到青浦的机会，为了让母亲得到更加好的教育，他们一家三口离开了已经生活了许久的新疆，回到了青浦。老两口分别接替了各自父母的工作，到厂里做工人。

可以说没有改革开放，我的两边祖辈就不会聚首青浦，我便不复存在。

改革开放还有一个巨大的影响，随着中国经济的发展，各种外企纷纷涌入中国。母亲大学毕业后，先是在一家国企里工作，后来转到一家外企工作。在那家外企里面，她认识了父亲。

父亲原本在另一家公司工作，后来奶奶看他生活条件艰苦，连员工宿舍都不成样子，奶奶便到处托关系把父亲转进了那家外企里。

说真的或许就是因为童年吃过太多苦，奶奶便处处不想让儿女吃苦，不管是对父亲、小叔、我抑或是我堂妹，她都不愿让我们吃苦。

回到正题，父母两人便是在那个时候相识的，如果没有外企的涌入，或许两人会就此错过。

注意我用了“错过”。

他俩之间还有一个小故事，祖辈都有一个我始终无法理解的习惯：催婚和安排相亲。本来有亲戚给母亲安排了一场相亲，就是与我父亲。然而，当时外婆因为我爸的身高（说来很羞耻）而拒绝了。没想到两人多年后竟在一家公司里做了同事，并相爱，结了婚。

这件事就连我父母、外婆他们都是后知后觉。两人结婚多年以后才发现了这件事，只能说缘分真是妙不可言。

后来剧情大家应该都可以猜到了吧，我的父母生下了我，我在 21 世纪的阳光中茁壮成长。

在知道这些故事以后，我发现了一个奇怪的规律，就是一切组成我的因素，似乎都诞生于偶然，可以说我是无数个历史事件拼出来的一个偶然产物。也许如果当时奶奶的父亲没有去上黄埔军校就不会有我；如果外婆和外公一个去了阿克苏，一个去了内蒙古的话就不会有我；如果改革开放没有把上海列入重点发展区域就不会有我；如果当时那家外企没有选择入驻中国抑或者选择在中国另一个地方开设工厂就不会有我。天时地利人和必须俱全，我才可以诞生。

我仔细地想了想，为什么我们要有口述历史。第一，当然，从当事人的眼光去看这些历史事件，相比于直接从历史书上找，也许会更加真实。其次，口述历史可以让自己了解到自己家族的故事，从而找到自己家人各种性格、行为产生的原因。对自己的家人有着更多深刻的了解。但在我看来最为重要的是去了解自己，去找到历史与自己的联系，对这个世界有更深的感悟，或许这才是口述历史最重要的意义吧。

【教师点评】

这个喜欢嘻哈音乐的男孩，并不是一个所谓“安分守己”的好学生，但是，在收上来的将近30万字的“口述历史”中，他的双线推进的叙述是最清晰的，不得不说，这篇，让我看了几遍，舍不得放下，让我忍不住和备课组老师分享。

“在知道这些故事以后，我发现了一个奇怪的规律，就是一切组成我的因素，似乎都诞生于偶然，可以说我是无数个历史事件拼出来的一个偶然产物。”哪一个生命不是这样呢？我要用他自己的话来教育他：你可是天时地利人和的产物，任重而道远。（杜虹）

【一起思考】

我们要和作者的外公看齐，活到老学到老，年龄真的可以阻碍我们与时俱进吗？

十六　在北方的寒夜里四季如春

秦　川

一

那遥远的过去，尚且能够回忆的故事，便先从我姥爷讲起。

姥爷是山东人，20 世纪 60 年代初，他离开老家，来到大兴安岭工作。我姥姥和大舅留在山东，姥爷是只身来到异乡的。工作内容是修路——路连通了外界，便于将大兴安岭丰富的木材运往其他地方。姥爷的单位在中国的北疆，一年中有一半时间都吹着凛冽的风，冬天的雪厚得像是要将整座山掩埋。那里除了山便是空荡荡的，四下里竟见不着一座像样的村庄。

姥爷一开始工作的时候，没有什么工具，工人们就扛着大筐挑土修路，一切全靠体力。四年后，厂里有了橡胶轮子的独轮车；两年后，又添了两辆解放牌汽车，三辆斯大林一百号推土机。到了 70 年代，厂里已经有十二台推土机和好几辆汽车了。那时工人们工资普遍 43.9 元，工作从早上五点到晚上七八点，比太阳站岗的时间久，却毫无怨言。因为领导工资也是 43.9 元，与工人们吃一个食堂，住一样的宿舍。路正一点点向外界延伸，像缓缓前行的河流最终要汇入大海一样。在荒凉与现代之间搭起一座桥梁，便是由我姥爷这样千千万万的修路工人完成的。

他回想起这些往事，也总是兴致勃勃的，大有讲个三天三夜的势头。

1972 年，姥爷回山东把妻子和儿子接了过来。

那时候大兴安岭旁是一片荒地，没有房屋没有村落。入夜了，浩荡天地间便只有搭的几座帐篷里透着光，姥爷一家和其他几户人家就住在里面。到了北方的冬天，气温降到零下三四十度，寒风吹帐篷的声响在大地上格外清晰地回荡。太冷了，冬天是苦难，不是雪花飞舞的晶莹世界。但帐篷里仍旧透着光，火在火炉中烧得明亮，明亮地映出几户人家相互帮扶的身影。谁家缺粮食了，谁家的娃病了，大家都会帮衬着，同住一个屋檐下，这已成了一种温暖的习惯。

过了些日子，我大姨、二姨、三姨陆续出生了。在附近开荒种地的同时，姥爷也会去打猎、捕鱼，姥姥就在家看田、带孩子。“那时的鱼可厚了！”这是姥爷的原话，“一条就要有五六斤。”

1976年，姥爷涨了7.1元工资，老幺——也就是我妈在那一年出生了。帐篷再也容不下调皮捣蛋的孩子们，姥爷他们一干人就用现有的木材修上了一座座房子。这就是边陲小镇最初的模样，他们便是那里的建造者。

我妈在大兴安岭边长大，她的童年与大山形影不离。山野的馈赠是慷慨的，春天上山采野菜，夏天采蘑菇与蓝莓，秋天采松子，冬天上山砍树拉柈子。

让她难以忘怀的还有各种的野味。带着一杆枪、一条忠诚的黑狗，姥爷常常上山打猎，他告诉过我他的经验之谈：瞄准理论上应该三点一线，可开枪时人手总会抖动，所以不瞄得那样准，会有更好的效果。姥爷打到过不少猎物，獐子、狍子、大鹿、飞龙、野鸡……各式各样的野味，加上外婆的烹饪，总能让家里人一饱口福。后来狩猎与枪械方面的法律普及后，姥爷的猎枪被镇里没收了，也再没有上山打过猎。

过去的年味儿也是浓的。隆冬里新年随着漫天飞雪降临。大年三十孩子们总要好好地洗个澡，穿上姥姥做的新衣服蹦跶来蹦跶去，或是玩雪，或是放爆竹，嬉笑声连成一片。家家户户都提笔写对联，再用米糊粘在柴扉上，远近皆是红彤彤的，热闹极了。大年初一谁也不许睡懒觉，一大早姥姥姥爷就领着自家的五个孩子去拜年了。“大爷大娘，新年快乐！”看着几个穿着新衣裳、脸蛋红扑扑的小人儿，邻里的长辈无不笑逐颜开的，拿起桌上一大把糖便塞进孩子们冻得够呛的小手里。那时候的糖掺着各种廉价色素，五彩斑斓，味道甜到发齁。但在我妈的记忆里，它们是雪地里一颗一颗的小珍珠，宝藏一般闪闪发光。

已经过去四十年了，过年的方式兴许变了，但我相信，流淌在一代又一代人骨血里的东西不会变，如今我们围坐一起欢声笑语，饭菜的袅袅雾气缓缓升腾，温情仍在这个家里延续、传递着。

那时候的年总是要下几场特别特别特别大的雪。有一次早上起来，雪已经深过窗沿了，我舅舅跳出窗，把门外的雪扫了，大家才出得了屋子。那里的雪片很大，真的像鹅毛，直直地下坠。妈妈说，她那时候呆看着雪花下落，会觉得是自己在上升。

80年代，便是我妈这一代人的故事。妈妈的小学和初中都是在小镇里上的。她是班长兼学习委员，学习成绩好，还有点乡野间孩子特有的顽皮。一年秋天，班上换了一个数学老师。新来的老师是个县城里来的“小白脸”，妈妈并不怎么喜欢他。有一天，“小白脸”老师有点儿事要出去，便叫我妈管着班级上自习课。

“嗯嗯嗯！”答应得倒挺好。

“小白脸”老师前脚刚走，我妈便一把推开教室门，插着腰喊道：“走啊，踢球去！”

于是，一波男生跟着一个小姑娘班长浩浩荡荡来到了操场上。今天穿红衣服的人多。“红衣服的一队，剩下的另一队！”这个小姑娘喊着，有条不紊地分配。直到那一节课下课，班级里的人才汗津津地回到教室里。

“小白脸”老师回来后：“嗯，不错，挺乖的。”但他没发现，大家都憋着笑呢。

妈妈的几个哥哥姐姐，都没有上大学，大舅去了职业院校，大姨、二姨上过初中便直接工作了，三姨考了中专师范，她是镇里唯一考上的。

本来，我妈妈在姥姥姥爷的安排下，也是要上中专的。眼看未来要永远地框死在这个边陲小镇上，有一个人改变了她的人生轨迹。

不知妈妈是在书桌前坐着看书，还是在院落里嬉笑玩耍时，吱嘎吱嘎的自行车声由远及近地传进家来。推开门，王老师正从车座上跨下来，一路赶来使他出了点汗，他抹了抹脸上的汗，嘴角腼腆地上扬，带动了眉眼弯弯，对着给他开门的小姑娘，温和地笑了笑。王老师是来劝家长的。他懂才，又惜才，知道我妈妈是个聪明的孩子，不上高中实在太可惜。他摆出讲道理的姿态，握着姥姥姥爷的手，句句恳切。姥姥姥爷也并非不辨是非的人，他们最终被说动了，于是乎，我妈妈得以继续学习，得以来到上海，这样才有后面的故事。

命运总是那样神奇，它明明差一点就走向另一条截然不同的分支了。这么多年来，王老师已然离开人世，但妈妈一直很感激他，她记得王老师曾送给她笔记本、铅笔，还有一个城里买来的玻璃相框。

转眼，妈妈要离开小镇到县城里上高中了，这是她第一次离开家独自外出这么久。那时大家都穷，她和她的好朋友小韩同学吃饭时往往两个人打一份白菜，一人一个馒头就着吃。那位小韩同学很喜欢画画，她后来也真的走了艺术这条路，现在是一名服装设计师，和我妈仍是好朋友。

我找到了一张妈妈高中时期参加运动会长跑的照片，她假小子一样剪了个短发，穿着宽大的红白颜色运动衫，人瘦瘦小小的仍未长开，汗津的脸上却全是向前冲的劲儿。

高中里，妈妈依旧很全能，高考前还存着一股骄傲自满的飘劲儿，凭着这股劲儿，自然很难考好了。她只考上了大专，长春建筑高等专科学校。

这所专科学校，可谓是严苛又无聊，在那里，每个学生都是要穿校服，做早操，上早自习、晚自习。闭塞的校园里，那个年轻的姑娘却已经觑到了一点外面世界广袤的样子。那个时候天很蓝，路很长，未来有无数种模样。年轻的心律动着憧憬、激动、紧张与迷茫，它们都真真切切地流露着，在黑夜五彩斑斓的梦里，在略显稚嫩的一张脸上。

一天，已经是几年后的一天，上海二十冶金公司的人来学校里挑选毕业生。妈妈的班上有十个名额，那个人挑了九个男生，正当他想决定最后选哪个男生时，班主任说，班上的女生也很优秀。班里就五个女孩子，我妈正是最优秀的那个，理所当然，她被选上了。

这时候的未来充满不可预测的挑战，崭新的航程从此刻开启，梦得以进一步展开。

对于妈妈来说，上海是一座只在报纸上见过的都市，它是一个虚晃的印象，热闹与荒凉、梦想与绝望都悉数融进城市不可触摸的光影之中，模糊开来看不真切。

当她真正踏上那片土地，亲眼所见那团光影，才感受到了一些复杂的情绪。

她来到上海浦东后，在工地上做文职工作，没什么技术含量，也没太多上升空间，却也能混口饭吃。但日渐繁华的上海仿佛鼓动着年轻人的心，她望着城市的光影，痴痴地向往，又有些迷茫。她跃跃欲试，想成为优秀的人，想活得更光彩，而不是在施工单位里默默无闻。但放弃了这份还算安稳的工作，前路又会怎么样？

终于她想好了，她想做真正的技术活。她辞掉了工作，把简历投向了设计院。起初获得的只是一个小小职位，却是她想要的。因为学历不高，她总是一边工作一边读书，提高自己后，又再去寻找更合适的公司。过去的岁月里，她同上海一起成长。如今回顾，来路艰辛又漫长，妈妈从助理工程师一路评到最难考的高级工程师，而浦东从一片荒地变为高楼林立的大都市。终有一天，她也在这城市发着光，在新春时节的家里，笑谈过往。

妈妈还说，她最开始的梦想其实是当故乡小镇的镇长，这个梦想后来在世俗与庸碌中被掩埋了，如今的日子安稳，年少的梦又浮现，也许看上去已经无力实现。但二十年前一无所有的时候也敢去追逐光，只要是很想很想去做的事，又哪有什么无力呢？“你可千万别让人生留下遗憾啊。”我对妈妈说，鼓励着，像小时候她鼓励我一样。

这便是妈妈与妈妈的长辈们过去的故事。从北方到南方，从边陲小镇到大都市，故事随时间、空间变幻着。

我听他们讲，那些从未见过的光景，每个人都有童年，每个人都有过青春年少，而那讲述的过程也是一种对过去的缅怀。虽然人们总是带着不同的故事，走向一样的结局，但那些或好或坏的遥远经历，皆是人生的轨迹、活过的证明，它让我们变得独特而立体起来。卡夫卡说过：“生命之所以有意义是因为它会停止。”而生命的意义一定蕴藏在这一个个独一无二的故事中。

【教师点评】

你母亲的童年生活，我只是在碧野的《天山景物记》读到过。

“太冷了，冬天是苦难，不是雪花飞舞的晶莹世界。但帐篷里仍旧透着光，火在火炉中烧得明亮，明亮地映出几户人家相互帮扶的身影。谁家缺粮食了，谁家的娃病了，大家都会帮衬着，同住一个屋檐下，这已成了一种温暖的习惯。”山野的馈赠是无限的，人与人之间和谐相处的力量也是无限的。

“流淌在一代又一代人骨血里的东西不会变”，这就是我让他们完成这份作业的原因之一。（杜虹）

【一起思考】

1. 时代在变，我们的过年方式，甚至我们的生活方式，是否也可以在变化中有不变吗？

2. 为什么很多孩子觉得我们的过年方式该有变化了呢？

十七　话

游斯琪

母亲刷着手机。

她的一根食指在屏幕上小心地划着。

叮咚。

“如何让孩子意识到寒假的重要性……”

出现在我手机显示屏上。

“看什么看，快做作业了。”

“明天我还得上班，下午得去买菜呢，你吃什么啊?”

“别熬太晚，明天和我一起起来。”

“去。还看呢。时间不要了?”

母亲朝我皱了皱眉，随即蜷下身子，把大半个脑袋都包进被子里，侧身睡下了。

我好笑地看了她一会儿，她又和平时一样了，絮絮叨叨，要求颇严，整个语气都窜着火药味儿。脸上总是带着不多的表情，皱起眉来威严十足，整个人散发着世俗的气味，疲惫无奈。和一个多小时前的她完全不同。

一个小时前，她还在和我谈论她的童年，她的青春，她的人生历程。从面带倦意到两眼有神，从微笑连连到鼻尖泛红，她似乎在短短的一小时里诉说尽了自己的一生，从欢快到大喜大落，我的母亲第一次正视着我，说出了如此之多未曾开口而出的话。

我不知道，里面藏着多少她可能一辈子都不会吐露于人的话，可能不说就再也不会开口的话。

一

“妈，农村是怎么样的?”

“还能怎么样？和现在没什么区别，田还是那些田，房子还是那些房子。”

“而且，我们村的人永远是最热情的。”她挑了挑眉头。

“我觉得会很开心。”

“那是当然。虽然说农村活儿多。喂羊喂猪的，既要割草，还要捡砖头补东西，到了时节还得帮衬家里收庄稼和打鱼。但是我小时候啊，做事可利索了，你姥姥让我去割牛草，我都抄沟里那条小路走，伴上我几个好朋友，一箩筐的牛草很快就干完了。每次我回去你姥姥都会诧异我怎么像飞了一样这么快。那时候我就可开心了。还有夏天去沟里洗澡游泳，那水清的见底，养的鱼都能直接看见，一抓一个准。大冬天的时候，沟里的水结冰够厚之后，我们还在上面滑冰呢。唉，那种快乐，你肯定没经历过。”

她眼里出现了少见的促狭如狐的眼光。

我扁了扁嘴。

“那上学呢？”

“啊，我记得每天都要起很早，天还没有亮的时候，就有人打西面过来喊一嗓子了。我小学和初中都是走路上学的。那时候房子还没有那么多，有时候一路都是大片空田被罩在薄雾下，可吓人了。我和同学好友只能边走路边唱歌，吼得很响。得让所有人都听见彼此，否则谁都害怕。路上走路还不能慢，有时候得跑，否则误了时间被校长抓包都有可能。”

“那时候，小学教的课程只有两个，语文和数学。都是一个老师教。硬件也不好，你知道桌子吗？就是两边一个泥石墩子，中间放一块木板。椅子还是自带，长长短短都有。有时候，一个板凳能挤上三四个小孩儿。至于书本，都是几年攒下来循环利用的了。条件不好啊。”

“下课也没有什么好玩的，除了跳皮绳就是捉迷藏。连课外书都没有。每天除了学习，脑子里大部分都是玩儿了。”

“你几个姐妹有没有上学？”

“……我也不是很清楚，但是我上学时，就我一个在读书了。”

“唉，你好幸运啊。”

“我也这么觉得。那个时候，女孩子最多读完小学就毕业了，下地干活了。自打我上了初中，早起上学路上碰到的都是成群结队下地干活的女孩儿。初中里女生就比男生少了三分之一啦。”

“有些人到现在还怨自己父母当时的决定呢，他们现在除了干体力活，基本没什么活好干了。也有人嫉妒我，但那都是很久之后的事了。”

她又兀自加了一句。

“所以你要好好读书。我不希望你以后后悔啊。”

我点了点头。

“所以，其实你现在回想，那个年代对女孩子真的不好吧？”

“农村是这样的。这也没办法。很多那个年代的家庭都觉得女孩子读书没有用，不如在家干活奶孩子。你姥姥却是个独树一帜的，硬把我送到中专才罢手。我现在想想还挺感激的。”

二

“三个姐妹里，你最喜欢哪一个？”

她揉了揉手，把手放进了被窝，嘴角上下抖动了一下。

“二姐吧，她什么事都宠我，虽然脑子太精明了。”

“那大姨妈呢？”

“很小的时候就出嫁啦。所以小时候基本没什么交往。”

我正了正身子。“那，你还记得你三姐吗？”

我的心狂跳了一下。这是我很多年都想知道答案的问题。我记忆中我的母亲在家排行老三，她村里人却总叫她“四儿”。

我不知道她会不会回答。这个问题摆了很多年都没有正式跟我透露过。

“……我当然记得。她做事可磨叽了。我小时候总是和她怄气。她一条绒线裤一打就能打两年呢。”她顿了顿，听我问了她三姐的情况。“她长得呀，不是很好看，头发是齐刘海，”拿手比画一下后又思考了一会说，“眼睛也不大，但是脾气很倔，在我们家，她可是那种说什么必须做到的人，我小时候可讨厌她了，做事又慢又不出活，还喜欢强行要求别人。晚上睡觉我都不和她面对面睡的。”

“她总是一个人在那里。我一直猜不透她的心思。到她喝药那天都没搞懂。……那天还是我第一个发现她的。那是吃饭的点，我们吃晚饭了她还没出现，在那之前我看到她似乎在灶屋里待了很久，那时候我就感觉不对劲了。可是我没有早说，吃了晚饭我回屋子里间发现她在床上很不舒服，才吓得告诉父母。已经晚了。”她侧了侧头。

“打完毛绒裤的那天晚上就走了。她为了你姥姥打了整整两年。”

没有意料之中的悲伤，母亲只是平静地诉说了我从不知晓的事实。除了湿润眼眶再无其他。

“那你想她吗？”

“想。可是没有用了，所以少想好一点。我们农村里办了丧也就都放下了，没有人会问为什么这么干，那是她自己的选择，谁也没权利说。”

感性的母亲似乎在这一刻变得坚毅起来，她盯着我，再没有话了。

三

“上初中中专的时候，有没有人谈恋爱啊？”

我凑近了一些。

“你妈上学的时候可笨啦，没想这些。但是班里多多少少还是有的，还有追老师的呢！”

我和她同步了一个惊讶的表情。

“谈着谈着，但是最后都没有走到一起。”

“你真的从来没有想过吗？比如暗恋什么的？”

母亲暗暗瞪了我一眼，小小地鄙视了我的八卦。

“真的没有。你妈小时候脑子里就只有学习。现在想想倒是一股傻劲了。就连别人暗恋我都察觉不出来。”她嘴角含着含蓄的笑，停了停。“那个人现在长得可肥了，上次在村口的桥那边好像就坐着他，你记得吗？”

“记性真不好。算了算了。他那会长得还算憨厚，除了头胖点。我上了中专那会儿啊，他已经不上学了。我那时候觉得自己长得不好看，脾气又急，哪想过这些。而且你妈心智‘晚熟’，一直懵懵懂懂的。所以直到我初中毕业还不知道他暗恋我这件事呢。”

两个人同时沉默了一会。我在等她诉说，她看着我欲说未说。我看到她的眼睛里冒出了小闪光，整个人都鲜活了些。

“……他这个人还挺执着的。那天，我在县城的学校上学。他骑了一个破自行车从庄里骑到我的学校。可不容易了呢，我估摸着他得吭哧吭哧骑了两个多小时。那时候刚好赶着晚修，我坐在教室里，就听见门外有人喊我说：‘有男生找你呢！快去——’我记得我还害怕了一阵，因为一般有事都是我的姐姐来学校找我。我对这个‘男生’毫无概念。出去了以后，就看见他杵在门口，穿着蓝褂子和黑色裤子。我已经忘了他跟我说了些什么了，该是无关紧要的小借口。之后借着空当我和他就到学校外的零食街遛弯了。他一路就请我吃了不少东西。逛了一会我发觉晚修要来不及了，想要走。他就把自行车一放，拉着我到人稍微少一点的地方说了一些话。……反正就是想追我和我谈朋友什么的。我脑子都乱成一锅粥了。只有一句话戳出脑子：‘这不可能的事。’急急忙忙也就逃走了。不知道他之后干了什么事了。”

“啊……就这样啊？”我的语气充满了失望。毕竟母亲那一辈人的恋情在我看来总是有着不一般的神圣光辉。何况是母亲的第一次“开窍”呢！谁曾想这事从母亲嘴里吐露出来充满了青涩和尴尬。

母亲半笑不笑地看着我，嘴角已经忍不住一直上扬了。整张脸比之前似乎更加红润与氤氲。我不敢确定这是什么状态，这种神情对于我太过陌生了，是一种不曾出现在母亲对子女的表情，也不是夫妻之间如胶似漆的神态。那是一小片被揭开的、下面半掩着少女娇俏躲避的神情。我有一瞬间的错觉，半躺在我面前的人其实并不是一个有着十多岁孩子的母亲，可以说，她是一个与我同龄的少女，怀揣着不一样多彩绚丽的梦。我怔了怔，盯着她出了神，因为太美丽了。

“没有然后了吗?”

“有。”

“我那星期上完课回去之后,完全把这事抛在脑后了,没有跟父母说,没想到他又来找我了。我在里屋睡着了,你姥姥在外面一个炕上坐在那里读圣经。他来也不说找我,一声挺响地说了‘我妈要我来找人代祷!’那一嗓子基本把我从睡梦里拖出来了。你知道的,祷告要闭着眼睛,他就趁着我妈闭眼睛的这个空当,窜进来,把一封信塞在我的枕头底下。”说到此处,母亲抬手看了看手机,没几秒又缓过神来继续说:“那封信你也别好奇具体写了什么了,就是些情情爱爱的话,他作为语文课代表,写得文笔真得美,可惜我忘完了。那之后,我父母也知道这件事了,没什么大的态度,我还记得你姥姥把信拿过去看的时候,脸上几乎没有什么表情,最后也就不了了之了。我当时对那封信的态度也就停留在文笔上了。再之后,他也没来过我家了,我和他的联系也就慢慢淡了。到现在也就是见面打声招呼的交情。”

“哇,他好会啊。妈为什么当时不答应他?”

母亲作势想起来敲我额头。

“小女孩子想什么呢。那样还有你吗?”我被呛了一口,不说话了,随即转话头。

“那封信写得好不好?”

“好啊,我说过很多遍了,到现在想想,还是很好。”

母亲撩了一缕落下的碎发箍到耳后,对我浅笑了一下。

四

“你为什么读书读到中专就不读了呢? 学习不好吗?”

母亲瞪了我一眼。

“是因为你姥姥没钱继续供我读书了。我当时在中专可是尖子生呢,语、数、英、技术都基本是顶尖的,可是这也没办法,我最后只能辍学去当学徒工了。”

“我打的第一份工是针灸推拿那一类的。一开始学得还不错,结果没到两个月就退了,因为针灸要先在自己身上扎针。我小时候打针可是要四五个人按着才行,长大了还是有这个毛病,就准备找下一份工作了。不过那份学工让我挣到了第一份工资,我还记得我用它买了最新款的裙子,结果没过三天就放在角落积灰了。”

“第二份工作啊,是去超市一样的地方当营业员,说是营业员,也就是站在柜台里回答一些顾客的问题,不花大力气也能挣得不少。后来我觉得这样下去持久不了,就又开始寻新的工作了。那时就想着能学一门实实在在的手艺一直养活自己,所以我去了理发行,每天早起收拾店铺,白天学手艺,看别人来剪头发,学别人如何剪头发,学了大概有几个月的样子吧。后来突然有姑娘叫上我一起开店卖衣服,我禁不住劝说,再次改了行。”

“我和她那时候可没有租一整个门面，只能租了一面墙当店铺。左半边墙是一个小姑娘卖发饰、首饰，右边是个老太婆卖玩具，而我们在里面那堵墙上钉了几根杆子就开始批发卖衣服了。生意很好，但没承想对方偷偷把赚来的辛苦钱藏了不少，我发现后也不想与她多理论，不欢而散了。”

我听了这段坎坷的“旅途”不禁有些意外和疑问。

“你为什么没有选择在家种地呢？那样更加稳定不是吗？”

“我想从农村挣脱出来，为自己的未来，为了你，我愿意冒险去做。”

母亲的神情变得少有的认真起来。

“种地就是一辈子种地了，我不想那样过，所以我才会想着去大城市，后来就遇到了你爸爸。”

我竖起了耳朵。

“我们第一次见面实属偶然。我们两个人的朋友分别认识，没事就聚到一起吃饭。当时看他呀，瘦得要命，脸上都没几块肉，第一眼就想着，这男的，没劲，谁会要啊。后来在饭桌上有人有意无意提起他没结婚，家在上海。那位朋友还不时瞟我两眼，我一开始没有理他们，接着你爸过了没一会儿，说他的化妆品柜台还缺一个营业员。我不知道他当时是怎么想的，稀里糊涂我也就成了他的营业员。他当时借住在他的朋友家，后来就和我住在一起了，慢慢就有了感情了。”

“没有一些甜蜜的事吗？”

“没有，既没有约会也没有求婚，更别说婚礼了。其实我对这个也没什么很深的追求，过日子嘛，实在最重要。我只需要有个人能陪我，在适当的时候疼我就行了。你爸刚刚好讨巧，买菜干活烧饭，都是他包罗了，他从没有说过一句情话，但我能感受到。”

“而且我从没有后悔。”

五

我依旧处于聆听状态。

“谁能想到会意外来了个你呢。我跟你爸说的时候，他还在上海。打着电话，我都能听出他声音的颤抖。到后来，他来火车站接我的时候，你爸的兴奋劲儿就别提了。那时候我就想，真好啊，我当了母亲了。怀孕确实是一件挺好的事，我在当年没有什么乱七八糟的反应，该吃吃该喝喝，你一直在我肚子里安安静静的。腰围当时也不大，和其他孕妇比小了一圈，所以对于分娩这事也不是很担心。我这话现在听起来好像不太对，但我当时就是这么想的。”

“到生你那天，已经是半夜了，我突然就开始上很多次厕所，还有了一点点坠痛。隔壁住着的公公婆婆还在睡梦中，我啊，在厕所都吓蒙了。好半天才想起来打电话通知你爸。

最后是坐着出租车去的医院。”

母亲似乎想起什么好玩的事，忍不住笑了几声。

“我以前还骗你什么，你爸那时候不在，都是唬人的，他跟着我的床比谁都紧。那时候，他急我不急，现在想想怪好笑的。到了几乎清晨的时候，那一阵阵痛袭过来，我实在受不了了，一咬牙就认定剖腹产。听你大姑妈说，你爸那时候手都哆嗦得签不了字了。我再醒过来就是几个小时后了，我睁开眼第一眼就看见你爸抱着你站在我的床头。”

“这一切都很奇妙。我想你现在可能想象不到。那种油然而生发自内心的责任感。在生完你之后，我就突然觉得，我长大了，不再是姑娘小女孩了，我是一个母亲了。我可以养活一个孩子了。”

母亲对于怀孕的事开口甚少，她只是盯着我，表情混杂着，有一搭没一搭地回答着我零零散散的问题。

似乎是累了，她已经完全没了兴致。

“反正，什么都不容易。我希望你知道这一点。”

随即转了身子钻了钻被窝。

我坐在另一边床头，看着她。

母亲不多时就睡着了。随着起伏的被褥，我似乎感觉到刚刚与平时不同的她正一步步缩回她所在的躯壳里，再次缚上重重的盔甲。

她的每一句话都印在我的脑中。她的一生，看似语气平淡，其实里面藏着的波涛骇浪无人可知。但她开口了，她将自己的过往再次铺陈开来，无论好坏，她与我分享，避讳若无。我相信这不仅仅是因为我是她的女儿，无论是谁，她都有可能打开心扉，畅谈一番。因为其实每个人骨子里还是有着倾诉的欲望的，无论过往如何，总想着与人分享。我想这不仅仅是对别人的回应，更是对自己生命的再次审视。

大话我也无法谈及多少，寥寥罢笔处，我想再次从我心底感谢我的母亲。她的诉说，她的坦承，不仅仅是完成了所谓之任务，更是让我更加了解到她。也许她在这芸芸众生里，完全无关紧要。但是小我铸就大我，我相信她能代表一个时代的回音，一个时代的缩影，一个时代的见证者。

山泉中流转着，偶尔一些涌入人间的梦境。

【教师点评】

“母亲半笑不笑地看着我，嘴角已经忍不住一直上扬了。整张脸比之前似乎更加红润与氤氲。我不敢确定这是什么状态，这种神情对于我太过陌生了，是一种不曾出现在母亲对子女的表情，也不是夫妻之间如胶似漆的神态。那是一小片被揭开的、下面半掩着少女娇俏躲避的神情。我有一瞬间的错觉，半躺在我面前的人其实并不是一个有着十多岁孩子的母亲，可以说，她是一个与我同龄的少女，怀揣着不一样多彩绚丽的梦。我怔了怔，盯着她出了神，因为太美丽了。”读到这里，我恍惚间觉得，她的笔写的是我，她的观察太“刁钻”了，一下子捕捉到了这个母亲异于世俗状态下的神韵，哎，每一个人，何尝不是多面的，有人愿意“看”，愿意记录，多好啊。（杜虹）

【一起思考】

独生子女，是一个时代的特殊产物，我们必须去思考，他们最需要什么？

十八　生长翼

苏冰莉

Chapter 0　起飞了

山里的清晨总是雾蒙蒙的，小姑娘轻手轻脚迈出门的时候想。

她熟练地从木房子的角落里刨出几根苞谷，嘴里哼着上周去镇上赶场的时候听到的歌，柴火噼里啪啦的声音隐隐盖过了歌声。小姑娘断续哼着，不一会儿调就歪到十万八千里外了，她转身小心地扒了一把木炭，继续哼着孙悟空都追不上的调子。

天渐渐开始亮了。

小姑娘从白烟弥漫的房间探出一个脑袋，她们家的宝贝鸡开始扑棱翅膀了。一阵碗筷的叮咚声，小姑娘背着灰扑扑的布包飞似的逃出了家门。

希望今天不要有这么多活干啊。小姑娘心里想着，嘴上又开始哼起了歌。朝着大雾里越走越快，渐渐消失了踪影。

雾的那一端是什么呢。

Chapter 1　起初

我母亲是一个很神秘的女人。

她身上套着一层又一层东西，特缥缈，有种你全力去抓却抓不住的感觉。我对那很着迷，但又说不上来是什么。

我父亲说，第一次看见我的母亲的时候，那个女人好像天上的星星一样，笑了笑，继续说，他看到她，就好像不是一个世界的人一样，那种虚无缥缈的东西一下子把他迷住了，好像是人类千百年来都存在的好奇心和对于美的追求，他当场就下定决心，一定要追我母亲。

大人们哄笑开来，但是没有一个人去反驳我的父亲——他们当年都是见过我母亲的，我当时就在想，那种缥缈无常的东西得多惊艳，才让这些人记这么多年。我转头看向我的母亲，她笑着看着我的父亲，举杯静静地喝了一口酒，什么话也没说，就好像说的不是她一样。然后我明白了那种令我爸魂牵梦绕的东西，是一个人太过独特的魅力。

我尚且稚嫩单薄的文字形容不出来那种感觉，只是觉得，她脖颈弯出的弧度是那么光彩迷人，她的微笑是那么让人沁人心脾，她的眼神是那么让人过目不忘。

我从那一刻起，就发了疯地想要了解我母亲的过去。

可是我万万没想到的是，故事的最开头，竟然是一个落后山村的家族。

小姑娘天生白净，漂漂亮亮，是村里面无数小姑娘羡慕的样子。但是，其实小姑娘心里对这些一点也不在乎，她想出去，她想学习，可是日复一日的农活总是干不完，一个十几岁的小姑娘，天天背着两三百斤重的东西，所以每次回到家里的时候，她都太累太累了。

如果今天写作业写得太晚的话，明天早上就起不来干活做饭了，小姑娘想。

她只能看着木头桌面上黄不拉几的空白纸张，心里叹了一口气。没等她想太多，就已经睡着了，每天都是这样。

每天每天。

但是她从来没有跟幺爹和幺幺说过。

她觉得她已经太幸运了，每天都有饭吃，而且还可以伴着咸菜，虽然说这样很单调，但是她已经太满足了，偶尔还能吃到鸡蛋。比起她的兄弟姐妹，她好像过的是神仙般的日子。而且她还有一个高中生的养哥哥，她一直觉得哥哥能在县城上高中实在厉害，她也要出去读书。这一家干农活的重担落在了她的肩上，虽然说不喜欢，但是习惯之后，她发现，这样的生活也挺好的，不是吗？

嗯。

她在心里重重肯定。

嗯。

Chapter 2　万物生长

五点钟的山野还黑着，小姑娘脚步越来越快，她看见不远处一片土包，青绿色起起伏伏，在雾蒙蒙的环境中显得格外诡秘。小姑娘笑起来，她记得很久以前，第一次走过这个地方的时候，大人告诉她，这里是乱葬岗，老会有奇怪的声音从这里传出来，有些人还看到过幽灵，但是小姑娘好像从来就没怕过。她在心里问自己，不是只有对不起自己良心的人才会怕看到坟墓吗？可是我没有啊，我才不怕。

她大声唱着歌，晃晃悠悠跳出了这片地方，没有回头。

越接近学校的地方，她的同学一个个出现在越来越平整的路上，她看了一会前面一个小妹妹摇摇晃晃的小辫子，突然想起来她三哥说周末带她去县城看一看邓丽君的唱片。

她脸上飞起一片红霞，习惯性地摸了摸一头短发，她突然神经质地冷静了下来。她看向通往县城的唯一一条路。

天好似涂浅色颜料一般慢慢转白了，她站在学校门口，摆出她见过海报里最帅的姿势，又习惯性地摸了摸短发，沉默，好像在酝酿什么。

不知道站了多久，久到她自己腿都发软，校门口进进出出的人盯得她无所适从的时候，小姑娘皱皱眉，惹得本来校门口隐隐开始热闹的气氛又压抑起来，其他女孩子又开始对她指指点点的时候——

一声甜甜的"我来了"打破了这个僵局，一个比她还矮半个头的女孩子挽住她。小姑娘回挽，对校门口上下扫视她们的几个男生粗声恶气地说："滚。"然后拉着女孩就走，余光中，她瞥了一眼女孩儿的长发。

跟在女孩子后面的哥哥立马明白发生了什么，对他们挥了挥拳头，落下一句，"中午见"，就大摇大摆走进校门，一伙的几个姐妹面面相觑，跟着进去了。

门口是这个闭塞山村唯一去县城的路。

Chapter 3　沉默的山村

我外婆生了九个孩子，这是在几个大队都赫赫有名的事情。

我外公是典型的政治型聪明人，当年为了响应毛主席的号召，我的外婆生了九个孩子，听他们讲，差点都要去见毛主席了。

所以，我外婆的大半辈子都耗在了生孩子上。

外婆和外公是一对貌合神离的夫妻，外公嫌外婆是个泼妇，带不出门。在一年又一年的谩骂下，外公的官职越升越高，外婆也越来越疯癫，年轻时再浓情似蜜的感情，也慢慢被消耗干净了。

外公终于撑不住了，他有了情妇。直到今天，大人们每每谈起这件事情的时候，都是一脸不好说的表情。这是我外公智慧的一辈子，唯一的污渍。

可是，这其中包含着像我这样的外人才看得出来的必然性。

我母亲——作为这个大家族中一个排名很后的小姑娘，很小就被送给了我的幺爷爷和幺婆婆。

我母亲上学的时候暗恋过她的英语老师，那是个除了白净外没有什么优点的老师。但是当时在那种农村，会说英语本身就是一个很令人憧憬的事情。我母亲虽然天天像个假小子一样打架，但是毕竟是小姑娘，还是有颗懵懂青涩的心。更何况，她身边还有我三咪（我对我三姨的昵称）这样一位悄悄写言情小说并向杂志社投稿的人。

人年少的时候都有一个梦吧，这个英语老师，是我母亲插上翅膀飞离这里的动机之一。英语像是一个门闸，一下打开了这些少女正在被山村同化的心。母亲越来越盼望一个月一次的赶集活动。

可是，山村再一次成为这一切的阻力。

小姑娘喜欢山村，这是她的家。她喜欢他们家水牛，喜欢田里的粮食，喜欢每次放牛路上不知名的小花。

她爱她的养父母，小姑娘到今天也一直觉得他们是那个年代最开放的农民。

但是，山村里的人有个很大的毛病，也是他们最爱干的事情，就是拼面子。不光是拼田地，有些男人会私底下拼谁最风流；妇人会拼，哪家的老公更有出息。甚至，男人间连家暴都能成为一种谈资，谁也没觉得谁不对，有时孩子也能成为一种笑料和谈资，人们乐此不疲。

小姑娘是村里面孩子中最大的“谈资”。

有天，不知道谁家孩子回来，跟自己的家人随口谈起，看到小姑娘和村上一个干部家的男孩子在一起赶集。结果这件事在妇人间、男人间、孩子间笑着，论着，慢慢变成小姑娘和那个男孩子到镇上看了场电影，这事传到了养父母的耳朵里，而后又变得更加不堪，更加夸张。许许多多的村民都来小姑娘家告状似地大声谈着，三人成虎，越多人说，就好像是真的发生了一样。好面子的养父母拉不下脸，越听越气愤，但是第一反应并不是和村里人理论，而是怒气冲冲地决定要将小姑娘打一顿，让她好好反省。

而这所有的流言，小姑娘都不知道。

小姑娘只知道，一个平常的傍晚放了学，回到家准备干活，她的养父母突然拿出火钳开始重重地打她，她不明白为什么，越反抗打得越狠，小姑娘的哭声响了整整一个晚上，火钳打得身上满是鲜血，她还要早起做早饭，去干活，不然她又会被打一顿。

可这鲜血淋漓的真正起因却是，小姑娘在赶集的路上和男孩对视了一眼。

小姑娘忍着疼做早餐的时候心里在想：我以后会像我的养父母那样吗？

小姑娘很恐惧她会变得跟村里的大人们一样，喜欢打人，好像孩子和女人是他们的所有物一样。小姑娘害怕得发抖，又想到平时村里人互帮互助的和谐场景，谁家东西丢了，全村一起找的团结场景，小姑娘想哭，她感觉面颊湿湿的，用青青紫紫的手背去擦，皱了一下眉，发觉是做饭的蒸气。

一切都化在沉默的山村中。

Chapter 4　彷徨

小姑娘的大姐前些日子来过了，小姑娘一直都很喜欢她的大姐。都说“长兄如父，长姐如母”，母亲平时不带他们，就是大姐带他们，弟弟妹妹们提出的所有要求大姐都能尽量满足，大姐就像是他们的一切供应点，有时大姐吃不消，但是她十分乐意。小姑娘从来没有榜样，所以她就向大姐学。

大姐也不是没有找过她，想将她带到县城里去，可小姑娘默默拒绝了。

小姑娘是想出去的，她不愿意一辈子在村里，可她就是没有勇气。

出去的人，山村里的人就把他们当外人来看了。小姑娘受到亲生父母的影响，最怕自己没有“家”，城里对她来说是外地，她不想这里也变成陌生的地方。

真天真啊。

村里人自上次大姐来以来，就络绎不绝地跑到小姑娘家问小姑娘到底走不走，不走就给小姑娘定亲了。他们还语重心长地跟小姑娘的养父母灌输出去的人都是白眼狼之类的说法。小姑娘坐在旁边沉默着，看着养父母满面笑容地跟村上的女人说话，心想：他们就不来问问我怎么想的吗?

又是一个平凡的早晨。

放牛，做饭，做完饭上学，把昨天代笔的作业给人家，中午铁饭盒里白饭咸菜，傍晚放学，回家干农活。

小姑娘有点不对味儿。

她明知道这种感觉不对，却任由它插上翅膀飞翔，好像这种烦闷就能代替她去看她从未有过的景色。小姑娘咂了咂嘴，倒在床上第一次没有立即睡着。

就这样了好几年。

干活的事情随着年龄增长越来越多，越来越重，加上高年级课程越来越需要学习时间的投入，加上村里人的紧紧相逼，小姑娘感觉自己已经快被压垮了。

她整夜整夜的失眠，不知道该如何面对自己的未来。

她的家，她的追求，她的生活。想着想着，好像永无止境。

其实她心里早有答案。

她一遍遍地想着养父母，想着她的姐妹，这个山村。那时候的她还不懂得什么叫自由，可一个人渴望自由飞翔的愿望是可怕的。在又一次不堪重负的农活之后，她释然了。

一个长着稚嫩翅膀的女孩突然明白了，这个地方是困不住她的。

小姑娘在一个夜晚勇敢地飞了出去。

也许一时冲动，又或是策划已久，但这已经不重要了，因为这次飞翔，小姑娘的人生开始真正焕发光芒了。

飞吧飞吧。

Chapter 5　起飞了

一只雏鸟飞了，那一刻是它人生中最美的瞬间之一。

雏鸟曾经也依赖过族群，但殊不知，族群也是妨碍她的枷锁。

独自飞翔的时候，再苦再累，都会有种快乐的感觉，年轻的女孩是这么想的。

小姑娘还是到城中去了。

可大姐家里人太多了，且兄弟姐妹间也处处挤兑。于是小姑娘十几岁就给别人当过保姆，卖过菜，总是吃不饱穿不暖，可是小姑娘快乐。她能为了在当地最豪华的会所当服务员，练习托了一整年的盘子；能为了给兄弟姐妹帮助，一天到晚拼命打工，虽然到最后，高中都没能毕业。

刚开始到海南几个月里太穷，就在树上睡，她拼命工作，不吃不喝，那个年代的万元大户，小姑娘就是其中一个。二十多岁的时候，为了学习，毅然放下薪水很高的工作，转而攻读从来都没接触过的会计专业。

说转行就转行，说辞职就辞职。

一个女人，比男人还果敢，比男人还有魄力。即使她现在留着长发，却比当年那个羡慕长头发的假小子还要帅气。

我母亲似乎可以代表一种人，那个年代从大山中走出来的女人，他们有着你想象不到的魅力，比千篇一律在城中乖顺长大的我们更有经历的味道。

这只是太小太小一部分了，但是想我表达的却不只这么多。

大人们在聊的时候，我慢慢挪到窗台边，酒精的味道刺激着我打开窗。

我感觉好像有羽毛从我的鼻尖划过。

起风了。

后　　记

很难说我到底是想讲述一个什么样的故事。

我是一个很典型的城市里的孩子，我很难想象我妈妈的几个兄弟姐妹是怎么从那样的环境里走出来的，这个故事如果细细地写，可能上百万字都写不完。

我的母亲生长在中国西南典型的小山村里。我的外婆生了九个孩子，外公是村里的干部，他们的婚姻名存实亡。我母亲是被送给我外公的姐姐那一家的——我的幺婆婆和幺爷爷这两个整个山村最好的老人家。

山村是一个多么闭塞愚昧的环境啊。我的母亲年轻的时候，和村里一个男孩子就说了一句话，被嫉妒我母亲的人造谣成我母亲和那个男孩子到镇上看了电影。我母亲被山村的人嘲笑、编排，我幺爷爷是个面子很强的人，本来他觉得没什么，到后面事情被传得面目全非的时候，他终于忍不住了。但是他并没有去指责村里那些长舌妇，那些心怀鬼胎的人，而是狠狠地打了我母亲一顿。

但是我也无法去指责那些人，因为他们都是可怜人，是山村里最最朴实的人。

我三姨，我叫她三咪，小时候是个又瘦又黑的小家伙，因为留在外公家的兄弟姐妹太多了，三咪年纪小，抢不过自己的几个兄弟，所以天天挨饿，一直看起来就比同龄人小。三咪从小就很羡慕我母亲有吃的，还有新衣服穿，这种心态一度发展成为妒忌。但是我母亲对兄弟姐妹太好了，以至于三咪不好意思，后来随着年岁增长，这种心态变成了互相帮助守护。

他们都是被社会环境影响、被山村禁闭的无知的人，到今天也是老样子，人都有少年的时候，在这种环境下，也会被潜移默化。于是，我的母亲、我的三姨、我的大姨、我的小姨、我的三舅，他们代表着许许多多想从山村出来的人，他们不管现在在城里混得是好是坏，他们都成功了，他们的子子辈辈再也不用在山村里待着了。

世上本没有路，走多了就变成了路。

于是，一群少年开始飞翔了。

【教师点评】

是散文，是小说？是真实的，还是虚构的？这是我第一次阅读的感受。

再读一遍，又想，得有多么爱自己的母亲，多么用心，才能写出这样的文字。

再读一遍，明白了，母亲，这个倔强、不同于传统意义的女性，在走出乡村的同时，也走出了自己。（杜虹）

【一起思考】

尝试着问问孩子，你想知道我的过去吗？尝试着问问妈妈，您想知道我的未来吗？

十九　江　畔

张思齐

写在前面：

如果有人问我虬江究竟在哪里，我不知道。在江南，所有蜿蜒曲折的河浜都有可能被叫作“虬江”，也许你面前的那条就是。要是问我这什么时候的故事，我也不太清楚，大概就是那个抬头就是无尽田地，田垄间穿行着无数弯弯曲曲的河浜的时候。至于“我”是谁？如果你在其中看到了自己的影子，不妨认为这就是自己的故事。

水。

“江”字有三点水，江是水。

家在江畔，离江不过十几尺。若说到家里的地址，大人总会说：“伲住在河浜边上厢。”

家门口这江叫虬江。

说起江，稍近点有上海黄浦江，远一些在崇明那边能看到长江。小晨光去上海，在十六铺那边看到过黄浦江。轮船停在十六铺，一船船装着货，我在船边，看起来似乎很小。往江面上看，一眼能看到的船数都数不过来，轮船一艘艘的，跟江面比起来，也似乎很小。

但虬江不是这样的江，它是一条普通的河浜，从江畔到江心也不过十几尺，只有偶尔来往的大人们拿竹篙撑着的水泥船，还有那么几只不大的水鸟。只是虬江作为河浜似乎很长，它的上游是一条浦，下游也是一条浦。它联系着这两条浦的水，把我们的乡串联起来，西北角一直流向东北角。

在这个乡里，河浜很多，像是小孩子拿着芦苇秆吹向白纸上的蓝墨水留下的痕迹，又像是树上的叶子上不断延伸的错杂的叶脉，它们就是以这样子穿行于田垄之间的。

在我们这个地处江南的乡里，这些河浜有着各自不同的名字，这条叫“浜”，那条叫“泾”，远点的那条叫“河”，它们命名没有太多的理由，一直以来都是如此。对我而言，我认识它们的时候它们就叫这个名字，似乎永远都不会改变。

我们乡在地图上位于上海市行政版图的西部，但乡里出生的人从没有自诩为“上海人”，每一次到市中心去，都会高兴地炫耀自己去了“上海”。对于乡里的孩子，“上海”的一事一物都是极为新奇有趣的，都是很长一段时间值得炫耀的资本。

虬江穿过我们的乡，我们家就在乡的中心偏东南部，属于一个叫“西北蔡”的村子，村里姓张的居多，姓蔡的是一个都没有，就连对面的“东蔡”村，也没有姓蔡的人家，唯独有一个姓蔡的人，还是从外村嫁进来的。

我们这个村属于“五一大队”，秉持着劳动最光荣的原则，家里四周的田地里种满了蔬菜，都是本地特产，大人们说的时候都会在蔬菜的名字前加上“本地”两个字，例如：本地落苏、本地番茄、本地卷心菜等。我们乡属于政府划分的蔬菜区，乡里产的蔬菜是整个乡的自豪，毕竟我们乡可是“蔬菜之乡”。大人们常说，我们乡里的蔬菜很多是要出口卖给外国人的。我不懂什么叫出口，但听到卖给外国人就觉得很厉害，心中产生了一种无比的自豪感。

家里四个人，爸爸妈妈白天下地种菜，妈妈还在大队里申请了一个养猪的工作，他们每天为了多得几个工分，早出晚归，留下我和弟弟待在家里。我们屋子边有一块自留地，每天爸爸妈妈做完大队的工作回家，总是先在自家地里忙活，该收的蔬菜一颗颗摘下来，挑挑拣拣，留下些自己吃的，剩下的理理干净，揩掉一些大块的泥土，择掉一些难看的叶子，直到看上去卖相不错，就装上黄鱼车，待到哪天休息，骑着去上海市区卖掉。自留地里除了种蔬菜，妈妈还在边上养了一只猪、两只鸡。鸡是特地为我们养的，等鸡下了蛋，自然是进了我和弟弟的肚子里。

我是在虬江边长大的，和所有江南的孩子一样，河浜是再也熟悉不过、寻常不过的事物。小晨光，大人们很早就要去地里干活，就把我一个人扔在家里，中午回来吃个饭，又匆匆下地。于是，我和同我年龄相仿的小伙伴们就在田间地头或是江畔玩着我们的游戏，大人们看到了也只是笑笑，似乎从来没有考虑过那么小的孩子在江畔玩是不是有些危险。

虽然虬江近在眼前，但我第一次下江已经是五六岁时候的事了。那是一个夏天，天很热，我平日里不太喜欢动，但毕竟是小孩子，看到熟悉的小伙伴们都相约下水“汏冷水浴”，玩耍的欢笑与凉爽的江水吸引着我，让我蠢蠢欲动想下水试试。我本不会游泳，可是那时我忘了，况且下水玩玩在我们乡就是叫“汏冷水浴”，“汏浴”（洗澡）这个事情谁不会啊？我从岸边往江心走，水漫上我的脚背，凉凉的，比空气中溢出的炎热要舒服很多。我不由自主地向前走着，感受着水慢慢向上，从小腿浸到大腿，再到肚子，这清凉的感觉我无比喜欢。突然，我没站稳，身子一斜，便呛了一口水，喉咙口有些说不清楚的难受，心里隐隐地害怕起来，急忙向岸上扑腾。当我安安稳稳坐到岸上时，才松了一口气。那天除此之外没什么特别，只是妈妈听说我去“汏冷水浴”，就叫爸爸烧了一碗姜汤给我喝，这姜也是家里种的。姜汤喝起来舌头上辣辣的，随之而来的是温暖。姜汤里还有红糖，甜丝丝的感觉让我瞬间就喜欢上了它，毕竟甜的东西可不是天天能喫(吃)到的。当然，大夏天一口气喫完一大碗微微烫口的姜汤，结果自然是出了很多汗，虽然感觉更热了，但也很清爽，用大人的话说就是“把寒气逼出来了”。

那次“汏冷水浴”之后的好几天，我在江畔玩的时候都下意识地离虬江远一些。直到后来，我看到小伙伴们有的拿着家里的面盆在水里扑腾着，我想下水的情绪又被调动了起来，这回我聪明了一些，从家里拿出了一只木提桶，抱着就下水了。日头很大，照得虬江上波光粼粼。我胆子大了些就敢和小伙伴们打水仗，水泼向空中的瞬间是白色的，太阳下一晒就变成了金色。金灿灿的水花落下，撒在了每一个小伙伴的身上，一切就都成了金色，连同整条金光闪闪的虬江。

关于夏天与水的故事，除了那个金色的虬江，还有一口井与西瓜的美好搭配。

我们住在江边，奇怪的是就算是江边的人家每户也都有一口井。在还没有通自来水的时候，从井里打一桶水上来，烧一烧就可以喝了。更妙的是，井里的水总是冬暖夏凉，家里人一年四季都是用井水刷牙洗脸，冬天都不用烧水，打出来的便是温的。

西瓜是少有的家里不怎么种但还会特地买来喫的蔬果之一。很小的时候的夏天傍晚，有时会举家到镇上去堂喫西瓜。堂喫西瓜的店门口放着几个长凳，凳子边放着几个盆，吐子用的。那样喫的西瓜好大一个，一刀下去能听到慢慢崩开的声音，卖瓜的会把瓜切成大片。这瓜是论片卖的。捧起一片瓜，都是沙瓤的，在最中心那块没子的地方咬上一口，大概就是那时最甜的味道。有时候，长凳上会坐满了喫西瓜的人，晚风徐徐吹过，带走了白天的暑气，坐在长凳上的人们乘风凉、嘎山胡(聊天)。大人们在那边谈论着各自的生活，我就一心一意地喫着甜甜的西瓜，喫到整个脸都埋进了西瓜里，喫到西瓜皮上的红色都消失殆尽，把淡绿色的西瓜皮还要再啃薄一点，喫到整个脸上都满是西瓜的汁水，伸出舌头舔一舔，还是甜的呢！这堂喫西瓜有一个规矩，西瓜随便吃，但子一定要留下来。堂喫西瓜的子很大，和过年时偶尔喫到的炒西瓜子不相上下，据说是卖西瓜的人要留下好种，明年再种的。喫完堂喫西瓜，瓜皮一扔，高高兴兴地跳下凳子，拍拍屁股走人，空着手来的，空着手回去，不要太开心哦。

但似乎大人们更喜欢的西瓜不是堂喫西瓜，而是等到天很热了以后的某一天，马路上卖的西瓜。这西瓜一买就是一麻袋，有十几个，一家人就开开心心地把一麻袋西瓜想办法扛回去，大概一起扛西瓜的感觉就是幸福吧。西瓜在家里放好，喫的时候就拿出一个来，小朋友们怕热，西瓜自然也喜欢喫冰的。家里有时讲究一点，把西瓜放在水桶里摇到井水里，吃的时候再把桶摇上来。不过更多的时候是把西瓜直接扔到井里，我担心过西瓜直接扔到井里会不会碎掉，那会多浪费啊。后来证明这是杞人忧天，井水虽然不深，但足以浮起一只西瓜。要吃的时候，总会有几个艺高胆大的人脱掉鞋子，撑着井壁向下，用脚勾住那个圆圆的西瓜再撑上来，每次这样捞西瓜总会引起一堆孩子的围观，像是在看杂技表演。井水镇过的西瓜凉丝丝的，切开来后拿在手里总是会先捏一会儿，让手指先感受一下凉爽。那时的我已经长大了一点，没事喜欢抱着一本闲书乘风凉，光线很暗，但是书里的故事特别好玩，手里的西瓜也特别得甜。堂喫西瓜的时候妈妈教我把西瓜红色的瓤喫完，下面淡绿色的皮也能喫，是"阴"的，能防生痱子。那西瓜皮喫上去脆脆的，虽然不甜，但是十分清爽，我总会喫得很干净。可后来自己家里买西瓜时，有时我喫得那么干净会被妈妈制止，我便放下了西瓜皮，再拿起另外一块西瓜喫起来。妈妈总会收集起喫完的西瓜皮，切掉表层绿色的硬皮，再把带一些红色的瓤和大家牙印的地方刮掉一层，然后切成小块，用盐腌一下，当作小菜。如果是最近要吃，那就只要再切细一点，早上喫饭的时候拿葱炒一下，配粥喫。当然更多的西瓜皮会放在竹扁担里在夏天的大太阳下暴晒，晒得差不多了，就撒一遍盐，让水再出来一点，再晒一遍。之后塞在瓶子里，撒上糖，倒满酱油，拧紧瓶盖，等到秋天了，就可以喫了，当然还是配粥喫，甜丝丝的，又有一些咸，嚼起来很韧，一条西瓜皮够我喫一碗粥呢。

在我的记忆里，爸爸妈妈除了忙着地里的活、自留地里的活，还忙着造房子。一块砖、一块瓦都精打细算地准备着。在我读小学的时候，我拥有了一个属于自己的房间，是一个带着窗的小阁楼。我喜欢看书，放学回家把书包一扔，作业大多时候已经做好了，就拿出一本闲书读起来。天气正好，阳光从窗口洒进来，正照在书上，光线不怎么刺眼，反而是柔柔的、暖暖的，让手上的书变得更加可爱起来。看累了，就向窗外望去，虬江静静地流着，清澈的江倒映着天上的云卷云舒。我有时就喜欢望向窗外，什么也不干，就是发个呆，天气正好。

后来家里有了电视，有些时候我边看电视边做作业，电视里的故事很吸引人，但是很多时候比不上我最爱的书。

那时候我到哪儿都带着书，似乎有光的地方我就会看书。冬天的时候，我们一家回到大队养猪的地方。猪圈的灯是温暖的橙色，一家人就围坐在"猪猡灯"旁，感受着发着"滋滋"声的灯带来的暖意。书在橘色的灯下有着漂亮的黄色，书的边缘是金色的。长大了以后搬进了公房，在浴室的顶上看见了久违的橘黄色的灯，装修的人告诉我这个灯叫浴霸，我还是喜欢一遍遍地叫它"猪猡灯"，这个名字才是记忆中冬天的温暖与快乐。

家里自留地里蔬菜可以喫的时候，总会好好地选出要卖的菜，然后会把菜放在黄鱼车上，堆得整整齐齐的。一块被妈妈放上黄鱼车的还有两个小板凳，和带着一本书的我。黄鱼车从田垄上骑过，我偶尔会低下头看两页书，但是田垄上的路不平，字总会在眼前跳跃。于是我放下书望向田野之中，看着满地的蔬菜和水稻，以及穿行在稻田中的一条条弯弯曲曲的河浜。冬天的时候，如果下了雪，雪又化了，田垄上的泥有些结了起来，有些化了，泥泞不堪，骑着车容易从窄窄的田垄上摔下去，于是我们就一个拉着车，一个推着车向前走去。黄鱼车骑过田垄，骑上了公路，公路很多都是水门汀（水泥）的，少有的是柏油的。就沿着公路一直向上海市区骑。路上会经过六号桥、七号桥等用数字命名的桥梁。车骑到桥前总会停下，下车，一起把黄鱼车向上推。一路上，最怕的就是上桥，要是没推好，菜掉地上就坏了。落在地上的菜卖不出好价钱,何况捡回车里也要费好大的工夫。站在这些用数字命名的桥上向下看,桥下没有河浜,河浜没了变成了路。骑到上海市区,车弯进几条弯弯曲曲的马路,终于到了卖菜的老地方,车停在路灯下,我搬着小板凳就坐在路灯下看书,妈妈在旁边卖菜。天慢慢黑了,菜越来越少,卖得也越来越便宜。终于卖光了菜,我收起了书,搬起了小板凳,回到了黄鱼车上,我们又沿着弯弯曲曲的路往家骑。我开始想,为什么上海的路是这样的,忽又觉得这些路名有些熟悉,带着"渡""浦""江"等字眼,它们都带着三点水,"河浜"也是。

这些地方本是没有路的,河浜填了,便有了路。

后来是什么,我的印象有些模糊了。我去城里上了高中,爸爸妈妈又开始盖房子,房间多了,就借出去。越来越多的外地人涌到我们这个小小的乡里,造好的房子也能带给家里一些收益。每周回家的时候,总觉得很多都变了,但虬江还是在家门口慢慢地、静静地流着。

但世界总是在变化的,外地来的人和我们乡里的本地人总有那么些不同,他们不在河浜里"汏冷水浴",没喫过堂喫的西瓜,没有在树下乘过风凉,没有看过河浜自由自在地穿行在这个"蔬菜之乡"的田野之间。我们住在江畔,住在河浜边,对于河浜,爱是自然的,但他们没有。一周周,田间的小河浜慢慢地变黑了,变臭了,最后连水也没了。后来就被填了,和上海的那些路一样,成了一条弯弯曲曲的小路,只有路牌上的名字似曾相识,还带着那个三点水。

虬江也慢慢地变黑了,变臭了。好在虬江是一条大一点的河浜,它还长一些,河里的水自然还是有的。

再后来,江畔的房子拆迁了,我们住到了江对面离江稍微远一点的公房。那时我也大了,离江又远上了一点,对它的关心也少了。

最近散步走到那儿,走到了儿时的那个江畔,岸堤高了,淤泥也疏通过了,不再是记忆中那个可以随意下水玩耍的地方了。但水变清了,水里也种了绿色的植物,偶尔有人撑一只水泥船经过,拿着网兜把水里的落叶捞走,眼前的画面就与当年那个江畔慢慢重合。

"江"字有三点水,江是水。

有水,是为水乡。

江还在,水乡大概也还在吧。

【教师点评】

"我"是谁?可能是思齐的祖母、母亲,也可能是她,也可能是每一个人,一个与江水难解难分的人。"那时候我到哪儿都带着书,似乎有光的地方我就会看书",就仅仅这一点,

“我”一定是一个有故事、有梦想、有点与波光粼粼不同的人。

如此的玄想，带着我又读了一遍。（杜虹）

【一起思考】

大家是否想过，最好的教育是春风化雨，教育的真正目的，是发现自己。怎样在家庭教育中做到“春风化雨”呢？

二十　一个普通人的一生

经写意

"我一生的经历啊，可以写一本书。"奶奶说。

我说："好啊，那就写吧。先写一点。"

"我最早的记忆，"奶奶说，"我最早的记忆是很小的时候，我们家对面很近的地方就有一所很好的幼儿园。

"但那时幼儿园是要考的，考不上就不能进，我没考上，我没上过幼儿园。"

奶奶对童年时期的记忆大多与她的母亲有关。她的母亲有一副好嗓子，很会唱歌，是工厂里文艺团的。有一次文艺团在工人文化宫演出沪剧《党的女儿》，奶奶去演一个共产党员的女儿，剧情大约是她看着母亲被反动派抓走，就放声哇哇大哭。"我那时候哭得真伤心啊，妈妈被抓走了，我就爬着过去哭……"

她的母亲是党支部的委员，很正直，有骨气。奶奶小时候家庭条件比较好，父亲是车间的八级技工，每个月能领到120元的薪水，母亲每月也有80元，全家每月一共200元的收入，在当时是极高的。由于他们做事认真、负责，上级还想要给他们增加工资，却被母亲拒绝了。

"妈妈说：'我们每个月有200元，已经够用了！这世上还有很多穷人、可怜人，多余的钱，就加给他们吧。'于是我们家一直没加钱，一直是每月200元。

"那时候的人啊，都是这样的。说正直就一定会做正直的事，是党员就一定为老百姓着想。当时做官的啊也没有贪污什么的，他们不会做对不起良心的事情。不像现在，我觉得有些贪官真是很腐败啊……"

奶奶的父亲六岁就开始在乡下放牛了，十岁开始当学徒。"他很好学，是很厉害的，在日本人管教的地方也做过，别人都很看重他。"奶奶强调着说。

她父亲早先在重庆的兵工厂里做工，因干活卖力赚了很多钱。他本打算带钱顺流来上海做生意，就把皮箱放在竹排上，河里的水很急，一下子打翻了竹排，人虽然活了下来，皮箱却冲走了，一分也没剩下。好在实打实的技术是滔滔江水冲不走的，他进了上海有名的华生风扇厂，孤身一人在上海白手起家。

奶奶家有六个兄弟姐妹，三个男孩，三个女孩。奶奶出生时是1949年5月，当时上海还没完全解放，外面炮声震天，奶奶的爸爸就以“雷”字给她起了名字，之后的孩子，也大多都以“雷”为名字的第二字。

奶奶是她的外婆带大的，奶奶的母亲当时在照料第二个出生的儿子。一天晚上，母亲一不注意将被子盖过了男孩的头顶，早上起来，孩子已经闷死了。这个早逝的孩子叫“胡雷鸣”，为了纪念他，后来出生的三个儿子中的老大叫了这个名字。

第三个小孩生出来时她的母亲身体很不好，大出血，就把小孩托付给“过房娘”，给别人家带了。所以她的名字和其他兄弟姐妹也是不同的，名字当中不带“雷”，而是个“雪”字。

奶奶是最大的一个，第二大的女儿比她小三岁。因此，在小学前她便承担起了家务活儿，洗碗、叠被子都是她一个人做的。当时每年过年都要大扫除，要掸尘。大家都睡了后，奶奶就扫地、拖地。“每年过年我都是最后一个睡的。”

奶奶对小学的记忆大多比较模糊了，但仍有几件事对她来说十分清晰：

那天她的母亲回来，奶奶在楼下洗碗。母亲回来后上楼了，过了一小会儿，她又下来了，一把拖起奶奶就走。“我洗碗的手都还是湿的。”奶奶说。她拖着奶奶朝工厂的方向一路奔过去。工厂离家不远，奔到一半的路，她就从口袋里拿出一个两头尖的游标卡尺，这是父亲车床上的测量仪器，对奶奶说：“你爸要把我杀了。”奶奶吓得要命——那时候，她还只有五年级。之后，她又拉着奶奶一路奔向工厂。到了工厂，奶奶对母亲的同事说，父亲要害死母亲。厂里的人听了，就认为母亲是脑子有毛病了。

这是奶奶母亲精神病的初次发作。

这是在奶奶家最小的妹妹五个月的时候。

母亲生病以后，奶奶就要担负更多家务，本来母亲下班回来后做的家务都要奶奶去做了。

母亲发病去医院时一直唱歌，一路都在唱。那时还没有小轿车，只能坐公共汽车。她从上公共汽车开始就一路唱着，一直唱到医院。唱的都是“我把党来比母亲”之类的歌曲。

“她和这个党啊，总是离不开的。”

六年级时，奶奶觉得肺部一直很痛，便告诉父亲。碰巧最小的妹妹也生了病，她父亲便带两个孩子一起去看病。那天放学后，奶奶和朋友正在学校旁边玩跳皮筋，父亲便把她接走了。到了医院量体温，高热42度，拍了片子，发现是肺部积水。于是奶奶就和妹妹一起住进了医院，治疗时，用很大的针筒从肺部将积水抽出。当时，奶奶、妹妹与她们的母亲三人都在住院，父亲还要上班工作，来不及每天都去看他们。奶奶与妹妹住在一个医院，于是治疗间隙，奶奶还要去照看陪伴妹妹。

奶奶的学习成绩只在中游水准，再加上生了这么一场大病，在家中休息了半个多月没去上学，后来只考上了一所不怎么好的南静中学，坐落在江宁路一号。她是那个中学的第一届学生。

江宁路一号紧挨着南京路。学校边上是溜冰场、游泳池，对面是知名的美琪大戏院。奶奶很喜欢体育，和伙伴们一同去溜冰，摔着摔着便学会了。奶奶最喜欢的是体操，经常像个男孩子似的，在双杠、单杠上爬上爬下。

奶奶读书时最喜欢物理，因为喜欢这门课，她物理成绩就特别好。她还做了一个新年礼物给物理老师，是一张立体的贺卡，封面上有一个洞，可以看见里面的图案。物理老师也特别喜欢她，老师要人帮忙做些什么事，总是叫奶奶去做。也因为喜欢物理，奶奶在毕业考试的时候志愿填了仪表工厂。"我觉得物理很好玩。"奶奶说。奶奶不擅长背书，化学、数学也要背公式，奶奶怎么都背不出，"只有物理，不知怎么搞的，公式一背就背出来了。"

奶奶是在初中时认识爷爷的。

刚刚入校时分为五个班，奶奶在二班，爷爷在一班。初一第二学期时并成了四个班，奶奶恰巧去了一班。放学后，奶奶经常留下来和几个关系比较好、成绩也比较好的同学一起做作业。爷爷几何很好，经常在黑板上画画写写，"他看书很多，和他讲话很有趣，现在他给我发微信，我也觉得他讲话很有意思"。

爷爷长得很高，有一米八几，但很调皮，因此坐在前面，也曾坐在奶奶旁边。奶奶初中的时候没有发觉喜欢他，也没有谈恋爱的想法——"大家坐下来，也没觉得是好朋友，就是觉得大家都有点特长，一起学习一下。"奶奶说。

有一次奶奶和爷爷路过益民四厂（又名"沙利文面包厂"），爷爷说："我分到这个厂倒蛮好的，老香的。"弄得奶奶和朋友一直笑。毕业后爷爷真的分进了这个厂，奶奶则如愿进了林鹤仪表厂（沪光仪器厂），在巨鹿路。当时有一百多个学徒，同时班里也有好几个是一起考上的。当时仪表是国家发展对象，也做军工产品，算是重工业里的轻工业，是很有名气的厂。"我考进这个厂也是很好的，对我来说，但是我考不进高中。"

奶奶初中毕业时与爷爷没再联系。那时正是"文化大革命"，她正好是65届，避开了上山下乡的风头。但奶奶的二妹是67届，便被分配去了黑龙江。黑龙江是一个很苦的地方，冬天又冷，环境也差。奶奶家里人将家里的大米、饼干、毛巾、被褥、钱财……所有好的、能吃的、能用的都装在一个很大的麻袋里，装得很沉很沉，让她二妹带去。

"当时印象最深的就是，整个火车站的人都在哭。火车要开的时候，一片哭声，很多人追着车在跑。舍不得，舍不得呀。"

提到"文化大革命"时的经历，与书中经常所写的极度痛苦的经历不同，奶奶对"文化大革命"时期的回忆多是幸福快乐的。奶奶家里成分很好，是工人阶级出身，"文化大革命"时也当了红卫兵。她不是被迫害的"反动知识分子"，而是被保护起来的"造反派"。当时，厂里不做工，学校不学习。奶奶待在工厂里也没有工作可做，只是与同事打牌、聊天、看看书、喝喝茶。虽然不做工但也有工资可拿，每天都在玩乐中度过。

“文化大革命”时期有一项活动叫“串联”，对于奶奶来说相当于是在市内游玩。全程都是走着去的，一天要走十几公里路，虽然脚有些酸疼，但她回忆起在“串连”时的场景是一脸单纯的快乐。奶奶记得有同事脚磨出了泡，就到随行的医务人员那里去，用一根很粗很长的针把泡挑破，把里面的血水放出来，第二天又可以正常行走了。

爷爷厂里组织的活动是去外省市的拉练，因为是面包厂，在拉练时还会发免费的面包、饼干。“他们去的地方要好玩多了呢。”奶奶向我讲述这段往事时无不羡慕地说了一句。

“文化大革命”时期，还要一项活动叫“返校”，具体是去做什么，奶奶回忆不太清楚，只说因为政治正确，去教育学校里的孩子。但在那里，她和爷爷重逢了，之后便没再断过联系，也与爷爷谈起了恋爱。似乎这段恋爱是自然而然成就的，没有现在那么繁琐的暗恋、告白等事情。奶奶想来想去，也说不清是谁先喜欢上了谁。

“大概是我吧，”她说，“我觉得他很好看，白白净净的，蛮高的，我差了他一个头。”

返校之后，以前玩的很好的朋友又聚在了一起，大家都住得很近，奶奶爷爷的朋友“老方”住在爷爷家对面，“长脚”住在爷爷家斜对面。起初大家六七个聚在一起出去玩，后来奶奶和爷爷谈朋友了，奶奶就经常一个人去爷爷家里玩。

不过他们的姻缘并非一帆风顺，也吵过几次架。奶奶年纪很小，正读小学低年级时，隔壁人家有一个年纪比她大很多的男人，平时不住在那儿，但放暑假时总会回来。奶奶那时还不懂事，衣服穿得不太注意便去找他玩，午觉一起睡在地板上。另外，奶奶工厂里另有一个男人与奶奶关系不错，经常帮助奶奶，这件事爷爷之前也都知道。但奶奶把小时候的事告诉爷爷，爷爷便责怪她，甚至说她“外面有人”。奶奶听了非常委屈，就不想与爷爷好了。

那段吵架的时间，爷爷在家里一直愣愣的，在晒台上发呆，也不肯吃饭。他母亲知道奶奶与爷爷恋爱的事，就把奶奶叫去家里与爷爷聊，聊着聊着事情便明朗了，爷爷也就不再发呆了。

“你说我们这算是谁追谁呢?”奶奶说话的语气好像是骄傲又留恋。

奶奶那时要工作到中午。爷爷来接她下班时，会带上他母亲烧的绿豆汤。奶奶家住在巷子深处，巷子很窄，太阳照不进来，昏昏暗暗的，有点吓人。爷爷就一直送奶奶走到家里楼下灶间，等她吃完绿豆汤，又把碗带回去。爷爷睡眠质量不好，走在路上摇摇晃晃的。有一次，送来的绿豆汤里汤没剩了，只有绿豆，原来爷爷走在路上摇啊摇啊把汤全洒光了。

后来奶奶做晚班，爷爷也来送她。奶奶到家了，爷爷就在她家楼下的 19 路电车站等车。“我就这么站在阳台上，看他坐上 19 路回去。”

当时还有一对在谈恋爱的朋友，是奶奶的好朋友“老方”和“老于”。老方初中是班干部，老于则是班级中女孩子里最优秀的一个，放在今天来说他们是个郎才女貌金童玉女的美好故事。但老于是老红军出身，父母都是党员；老方是资本家出身，这门姻缘在当时自然不可能得到双方父母的认可，便这么无疾而终。

奶奶爷爷谈了八年恋爱才结婚，决定结婚也像谈恋爱时一样，是自然的发展。当年“文化大革命”还未结束，爷爷家是地主阶级出身，奶奶则是工人阶级，奶奶的母亲便去爷爷父亲的单位调查他的家庭，调查后发现爷爷的父亲虽是地主出身，但也是党员，还去了支援内地。于是奶奶的母亲也再没什么可以反对的了，这门亲事就顺顺利利地成了。

刚刚工作时，奶奶每月拿四十几块工钱，爷爷拿三十九块，他们两人的钱合在一起，每月拿出十三块零用，其余的都攒起来。就这样，他们筹够了结婚的钱——结婚的几乎所有钱都是他们自己出的，除了仍未退休的爷爷父亲从江西汇来了五百元，给爷爷奶奶买手表。当时，五百元够买两块很好的进口手表了。

奶奶和爷爷是1974年的大年初二结的婚。结婚时，奶奶家在北京路，夜里把被子反叠好，没有叫轿车，便步行送到了新家。被子是爷爷的妹妹在绍兴插队落户时做的四床棉花胎，奶奶自己做的被面。被子正叠还不行，要被人敲铜鼓讲话，“嫁妆啊什么的都不让送的，‘文化大革命’，不能做这种事情的！”。

结婚前还要买衣服，当时的新娘都要买一件鲜红的大衣，一条蓝的裤子。奶奶看见别人结婚时穿蓝色裤子不好看，很乡气，就想买一条黑的裤子。爷爷马上就去买了，买了一条直贡呢裤子——一条直贡呢的裤子就要三十几块。这条裤子很厚，冬天穿了也不会冷，很称奶奶的心。还请了个老裁缝，天天到爷爷家里来做工，做了一个礼拜，把大衣、裤子、棉袄、爷爷的中山装都做好了。爷爷的中山装作料也很好，内里是皮毛的，这皮毛是爷爷的父母留下来给他的。爷爷奶奶那时没拍结婚照，到了五十多岁才去补拍。

结婚办酒席时，奶奶爷爷的朋友“长脚”请了一个凯司令的大厨来做饭，另一个朋友“大哥”早上来帮他们烧炉了。奶奶把家里的盘子统统带去爷爷家烧菜吃。在亭子间和奶奶爷爷的房间里摆了两桌，是奶奶的亲戚朋友坐的酒席。在爷爷的父亲和爷爷的弟弟家里也摆了两席，是爷爷的亲戚朋友坐的酒席。这样的酒席，“一共只要三十几块”，但三十几块已是那时爷爷一个月的工资了。

我的爷爷和我的父亲都是领养的孩子。当时，爷爷被检查出无法生育，生怕奶奶家里想要自己的孩子，便对奶奶说：“我现在没有办法生小孩，我们两人就好聚好散吧。”但奶奶觉得爷爷和他没有矛盾，一切生活正常，领养小孩也没什么关系，就没有同他离婚。

爷爷欢喜女孩子，想领养个女孩，奶奶则觉得男孩子更爽气，但也愿意顺从爷爷的想法。不过，若是爷爷的父母想要男孩子，就只能依顺老人家的。还没决定时，有一个新疆来的女人在上海生下私生女，爷爷奶奶本想领养她，但当时他们还没有做好领小孩的准备，再加上爷爷的父亲想要领养一个孙子，最终就没有领下。

而爷爷的哥哥当时也正生第二个孩子。他们家先前已有了一个儿子，他们家商量，若第二个孩子还是男孩，就要把他送人。后来果然生了个男孩，不久，他们生活的盐城发生了地震，就把他送回上海，让这孩子的爷爷奶奶也就是我爷爷奶奶的父母照看。可没多久，爷爷的父亲生了胃病，爷爷的妈妈无暇他顾，只能把孩子送到了我的奶奶家。晚上，那孩子就跟着爷爷奶奶睡。过了不到一个月，爷爷的父亲病好了，就把孩子送了回去。孩子回去后天天在家中哭闹，不得已又把孩子送回爷爷奶奶家。孩子回来后，又变回不哭不闹的乖巧模样，每天都哈哈地笑。这时，爷爷奶奶觉得这小孩和他们很有缘分，就萌生了领养这个孩子的念头。

问过孩子亲生父母的意见，他们也愿意，爷爷奶奶给了他们三百元做报答。就这样，爸爸成了爷爷奶奶的孩子。

后来。爷爷遭遇了下岗浪潮，再加上之前的生活压力和家庭精神病史，他患上了抑郁症，几十年了也没好，甚至有一次对奶奶大打出手。他从一个勤奋认真，做饭被我奶奶和亲朋好友赞不绝口的人变成一个整天躺在床上的人。因为长期不运动，他走起路来脚也是弯的，走路拖拖沓沓，从精瘦精瘦的高个子变成缀满肥肉的胖子……

再后来，我出生了。

在所有的家人中，我和奶奶是最亲的。奶奶是我见过最和善亲切的人，她从没有骂过我，但也没有溺爱我。她总是用古老的、通俗的但极有道理的话教育我。她常说的一句是："你去做一件事情，要么不做，要么做好。"小时候的我听过且过，做事大大咧咧、马马虎虎，如今我也开始深思这句话的深刻含义，并将其奉行为做人做事的准则。生活也是如此——"要么不活，要么活好。"

奶奶一生没受过什么教育，没有什么文化。她不是读书的料子，也就并不扭曲自己的天性偏争强着要做什么伟人。但奶奶恪守自己的道德底线，很坚强地活着，沉默朴实地肩负着所有应尽的责任，没有抱怨，没有逃避。奶奶没有"为天地立心，为生民立命；为往圣继绝学，为万世开太平"的气魄和抱负，没有得到过什么惊人的成就，没有叱咤风云的伟岸身形，她只是被时代的浪潮卷着走。但我觉得，像奶奶这样的人物，是真正民族的脊梁。

奶奶丝毫没有虚荣，她的骄傲、荣耀完完全全来源于踏实的劳动。

奶奶算是苦难的女儿吗？她没有受到"文化大革命"的压迫，她出身的家庭富裕，她的人生没有走上险绝的冒险道路，她的子女孝顺父母慈爱。可奶奶算是幸运的孩子吗？她的母亲、丈夫都身患精神疾病，她做了一辈子苦活累活，她的老实总为别人欺负。奶奶是聪明的人吗？她看到字母数字就犯晕，她没有所谓的艺术品位和科学精神，她总是把微信公众号上莫须有的养生文章转给亲朋好友。可奶奶是愚昧的人吗？她总感念身边人的帮助，有恩必报，一直惦记着对她好的人，她把事情做到她能做到的最好，她手下的东西总是很精致，她会花样繁多的毛线织法，她真心付出不求回报，用赤子之心爱着家人、朋友……

我去想这些时，常常觉得受到了一种人生的感动。从她的身上我感受到了这句话——"生活就是一种永恒的沉重的努力"。

奶奶觉得自己渺小不值一提，总想着为别人做些什么，在我"采访"她把她的故事整理成文的时候，也很不好意思地问着"真的要写下来啊？"可我很想告诉她——"您的人格是我所有见过的人里，最伟大的一个。”

去年一月，爷爷确诊胰腺肿瘤，六月开刀。夏天，因为不配合术后恢复治疗，最终在医院里仙逝。奶奶在爷爷生前似乎是有些怨他的，但在爷爷离去后却是最伤心的一个，又好像得到了解脱：“我服侍了他二十年啊，整整二十年。”更留恋着不愿爷爷离去：“以后就要再也见不到你了……”

爷爷去世前，我和奶奶分住在相隔一站公交的两所公寓中，爷爷去世后，奶奶便搬来与父母和我同住。

我短短十几年人生中所做的最让我骄傲的事之一便是成功鼓励奶奶在晚年开始读书。奶奶读书速度很慢，一天只能读个一两页，有时读着读着便睡着了。她特别喜欢读我童年时代酷爱的书，那些书往往写的是善良的故事。她读到兴奋时，会用快乐的语气与我分享她的喜悦。

爷爷走了这么久之后，有一天奶奶对我说，她觉得现在她很安详、幸福。日子一天天过去，她所要操劳的事不像以前那么多了，只坐在电视机前织织毛线、看看片子，有些无聊，但每天都有盼头：盼着晚上儿媳儿子回家，盼着周末我从学校回家，她觉得很知足。

走过了长长的遥远的路，她终于能享受这份平静。

祝我的奶奶身体健康、安度晚年。

【教师点评】

终于明白你语文好的原因了，为奶奶写了一本书。

“您的人格是我所有见过的人里，最伟大的一个”读到这里，有些哽咽，我也曾经这样看待我的外公、外婆，我也要拿起笔来，写一写他们的故事，否则，除此之外，我们该如何回报那些三春晖啊？

转告外婆，她有资格享受这份平静。（杜虹）

【一起思考】

言传身教，是最直接，也是最平常的教育，而最平常的，可能才是最持久的，难道家庭中的一切不是最好的教材吗？

二十一　为何读书

詹昊翔

外婆的故事

从我的外婆的经历来看，她真的是非常幸运，应该是我爷爷辈的长辈中受教育最多的女性了。

她家里本来一共有三个孩子：她哥哥，她妹妹和她。但在那个贫困的时代，孩子本来就难养，毕竟每个家庭都是一穷二白，养女孩子就更是奢侈了，毕竟早晚要嫁出去。本来她的母亲想要丢掉她，但她毕竟是家里的第二个孩子，还下不去手，咬咬牙还是养下来了；但她妹妹出生时，她妈实在承受不起这种负担，就将我外婆的妹妹浸在水缸里淹死了。

外婆时至今日还记得那个景象："我妹妹那时还很壮的，求生欲很强，就在水缸里挥着小手拼命扑腾，还很有活力的，然后渐渐地就不动了……"（不像我们的父母，由于计划生育的缘故，生男生女都只能生一个，都当宝贝来养）。

小时候的外婆生活也是非常艰苦；一言以概之，就是从没有像我一样好好地念过书。

我的家乡闽清[①]有一种特产，叫线面，是一种非常非常细的面条，细到什么程度呢？你给线面师傅一个面团，他能给你拉出一根像小桥一样长的面条来，直径差不多三根头发丝那么粗。但它的制作工序也十分复杂，包括要每天日出前把面条扛到山顶上去暴晒。外婆从小学二三年级开始，就要每天大清早帮着她爸一起把面条扛到山上去，然后赶在上课之前到达学校。

外婆除此以外还干过很多其他的活，大多数都是在下午放学之后，比如去山上"采土"（我听了半天也不知道这土是用来干什么的，应该是红砖土）然后卖给"厂里"（应该是闽清红砖厂），每一次要挖一大堆，背在身上非常的重。还有时候学校组织学生一起来帮忙做黑板擦，弄得尘土飞扬，每次都会把身上弄得脏脏的（这一段我光顾着听了，总之跟我们学校里那个最好用的硬硬的黑板擦的做法差不多）。

---

① 闽清，即闽清县，是福州市周围的一个小县城，隶属于福州市。

虽然被嫌弃，但外婆的爸爸很开明，所以她还是顺利地念到了高一，成了一个知识青年。然后呢，“文化大革命”来了，她也当上了红卫兵，要搞“大串联”，去北京见毛主席。

那时，毛主席作为全人民心中的偶像，肯定是谁都想见上一面的，这趟出行又是组织上安排的，她和很多同学就高兴地踏上了前往北京的旅途。

那时乘的还是那种绿皮火车，而我老家福州距离北京又是那么的遥远，所以这注定是一场艰难的旅程，更何况我外婆当时还要背一大袋比她还高两个头的铺盖卷。“那时的火车很挤，上火车都是要爬窗户进去的，从门挤根本上不去。”她如此回忆道。

此外，火车每到一站，老师清点人数时，总会发现比上一站少了那么几个。他们都去哪了？没有人知道。但我外婆能够紧跟着队伍安全地到北京又回来，是相当了不起的（我外婆做事的谨慎程度可见一斑）。

她们先到的上海，然后还要转一班火车，这中间又有难度。由上海去往北京的火车，那与从福州到上海的火车的拥挤程度自然不是一个量级的，就算是从窗户挤进去都是非常困难，若是带着那一大个铺盖卷就更是不可能了。眼看火车就要开了，外婆急中生智，想到向火车站的警察求助，让他在自己爬进车厢时在下面看管着她那一大卷东西，等自己爬进去了再将东西递上来给她，总之最后是成功地连人带行李一起上了车。

距离外婆他们离开福州三周，一行人总算是到了北京。虽说路程遥远，但是一路上包吃包住，几乎没有花钱，在那个年代绝对是一场很舒服的旅行了。在北京休息了一晚，第二天一早他们就举着横幅来到了天安门广场。大家那个兴奋啊，传奇人物中的传奇人物，今儿个早上就能见到了！外婆也是心情激动，一直在广场上昂首看着天安门，虽然想上厕所但还是一直憋着，想着主席马上就出来了，再忍一会。后来实在憋不住了，就去了趟厕所，主席刚好出来，等她上完厕所回来的时候，主席已经讲完话进去了。那怎么办，你又不可能让主席再出来一次，她只好随大部队一起踏上了返程的旅途。

虽说没有见到毛主席的真容，但是在青年时期能够去北京和上海这几个大城市走一圈，已经是非常幸运了。

（这段是我妈讲的）再后来，外婆与外公结了婚，有了三个孩子，两男一女。我外公是厦门大学中文系毕业的，毕业后回到了闽清的高中教书，教育孩子自有一套；外婆也是读过书的，也知道教育的重要性。由于计划生育的缘故，当时生了三个孩子属于超生，外婆家拿不到粮票，必须要买高价粮，故生活一直拮据，常常揭不开锅。当没钱的时候，外公外婆就会自己打一些竹制家具，去镇上换一点钱。为了省钱，外婆还利用自己在造纸厂食堂工作的便利，把食堂烧剩的煤渣带回家，混一点煤粉自己做煤球来用。但结果是好的，凭着他们两个的不断努力，最终把三个孩子全部培养成了大学生，从山里走了出来。

得感谢外婆和外公的高瞻远瞩，现在的闽清城，说实话，里面的年轻人已经很难再走出来了。如果我妈没有考出来，那也就没有现在的我了。上海的高楼每年都会多出来几个，但我每年回老家，闽清都是那样，路都没多一条。

听完这个故事，我才意识到，我能走到今天这一步，在这所学校里读书，靠的是至少三代人的努力。如果没有外婆外公的教育理念，没有我妈的用功读书，我就会出生在那个小县城，而不是大上海。所以我不仅要对自己的人生负责，更要为她们的努力负责，就仿佛是接过了家族的火炬，不管我的未来如何，我都不应让它在我手上灭掉。

这就是中国式的家族重担吧，背过就知道了，它很重的。

奶奶的故事

和外婆相比起来，奶奶就没有读那么多书了，倒不如说她根本没有读过书。

除了我的外曾祖父重男轻女的观念影响，还有一个重要原因是奶奶不是他亲生的，而是她的妈妈改嫁时带过来的。

本来就身份低微，又不是自己孩子，奶奶在她爸眼中就没有什么读书的用处了，于是她早早地就辍学来帮家里干活。我奶奶干过很多的活，相比之下外婆干过的活基本可以忽略了。像劈柴什么的基础的活是肯定要干的，此外她还干过很多其他的累活，比如去茶田里采茶，采个一天，然后把采到的茶拿到茶田主人那里卖掉（卖的钱是按斤来算的），晚上还要在那里炒茶。炒茶用的是炒板栗的滚筒样的机器，把茶倒进去，底下升上火，然后转那个大滚筒，等把茶炒好了之后再反方向转滚筒就可以把茶弄出来。除此之外还有用那种炒食堂菜的大锅来炒茶的，把茶倒进去之后炒。奶奶还有的时候会去河里捞虾，就是身前放一个小篮子，用网兜在河里找来找去，找到虾了就“咻”地一网子下去，虾就到网里来了。那河里的虾溜得贼快，非常难抓，用一下午都装不满一篮子。除此以外还有很多，但归根结底就是要帮家里赚钱。

再到后来，奶奶长大了之后，她就去了糕饼厂工作，慢慢地在糕饼厂当上了仓库保管员，又后来当上了出纳。到了二十三岁左右去当了一名打字员，用攒下来的钱自己开了一家钢筋店。后来就嫁了我爷爷。

后来奶奶和爷爷有了两个孩子——我爸和我姑姑。我爸是个学霸，后来考到上海来了；姑姑后来也去了福州工作。

孩子都长大了，本来故事应该到这里就结束了。但后来我爸因工作繁忙，我妈又怀上了我，就叫奶奶去上海帮他们做做家务什么的。当我出生后，奶奶回到闽清，却有坊间传闻说爷爷背着她在外面有了另一个女人。

她开始时不信，爷爷不是那样的人，却不料爷爷主动向她坦白。

（奶奶说到这里时情绪激动）爷爷还跟她说那个女人很可怜，叫奶奶和她做姐妹。奶奶又怎么忍得了这口气？再怎么说，她可是他老婆啊！自己忍了大半辈子的所有苦涩和委屈，在此刻全部爆发。

就这样，爷爷和奶奶离婚了。

奶奶后来去了上海，和我爸爸妈妈住在一块，自然就承担起了照看我的工作，因此我是被奶奶带大的。

可就是来了上海，奶奶心中对爷爷的怨念仍然无法消散。我们邻居是信基督教的，他知道了奶奶的经历后，就对她说："你来我们教会听布道吧，听一听能够让你心里好受一点。"

就这样，在她最难过的时候，是基督教给了她安慰。之后她就信了主，每周都要去教会。后来她被我姑姑接回福州，在当地的教会中活动了数年后，才将自己当初的那点私心抛却。

现在她已经原谅了爷爷，和我姑姑在福州生活得很开心。

反倒是爷爷无法原谅自己，一个人住在闽清的那套房子里。爸爸和姑姑每年都会回去看他，但是奶奶在前几个月回去看他时被轰了出来。

从爷爷的房子里，我没有找到那个女人留下的任何东西，或许爷爷后来也没有跟她在一起吧，还是保持了对奶奶的忠诚，只是不敢道歉，但这后续的剧情就不得而知了。

希望他们有一天能重归于好。

妈 妈 的 故 事

由于我外公外婆出色的教育，我妈从小学起就是一个典型的乖乖女形象，每天就会读书，读书，以及读书。有外公外婆消火了外界的一切诱惑，我妈在应试教育中发挥得十分出色。她唯一的爱好是交朋友，从小学到高中交了不少朋友（不像我，从小学到高中就是一个彻头彻尾的闷葫芦）。

我的外公外婆消灭外界对我妈的诱惑的方式简单而又粗暴，就是严格的家教。比如不能去陌生的地方，不玩别的小朋友玩的那些游戏，还有，晚上十点前必须睡觉，等等。毕竟，如果一个人一辈子都待在牢笼之中，她就会认为这个世界只有这么大，从而心安理得地在笼子中待完一辈子而不会有一点点不适。而我的大舅舅和二舅舅就不一样了，他们找到了那个"天窗"——外公的书，他们从小就读《资治通鉴》《古文观止》和各种古诗文鉴赏书籍，这才成就了他们那比我妈高了不少的学历。

我妈就这样一直做着他们的乖女儿，直到高考填报志愿的那一天。

填啥呢？应该要填"自己喜欢的专业"吧，但她发现自己没有。

于是就只好填那些当时赚钱多的专业了。什么金融系、计算机……总之能赚钱的全被我妈填上了。

（"那妈妈你一定很清楚只要让我向你当初这样死读书，再给我买一堆古文书籍，我就可以考更好的学校了吧？"

"那你就会像我当年一样没有自己的兴趣啊，然后像我现在这样做着一份自己不喜欢的工作，也没有什么好处，还不如让你在年轻时多接触一点，找到自己喜欢做什么呢。”）

然后高考考中了上海东华大学，就来了上海。

来到上海后，展现在她面前的是一个截然不同的世界。从那时起，她就得学着一切靠自己来解决了。

大学的住宿环境十分艰苦，宿舍中没有空调，所以夏天的时候十分燥热，根本睡不着，学生们只好到操场上睡觉，那里好歹还有一点风；到了冬天又冷得要命，晚上在被窝里直打哆嗦。

澡堂是限时开放的，从下午一点半开到五点半，所以非常挤，一般都要好几个人合用一个水龙头，你洗完了头发再让给她洗身子。到了冬天，因为怕冷，澡堂的窗户还会全部关上，满屋子的水蒸气，让人根本透不过气来。我妈还在里面晕倒过一次，被同学裹了点衣服送去了医务室。

每一个月，我妈都能得到外公寄过来的生活费，二百五十元，虽然少得可怜，但这已经是我外公将近一半的收入了。所以就只好抠着花，啥东西都舍不得买。当时物价又贵，我妈在冬天时冻得不行了，去买一件棉袄，花了一百多块钱。每年过节回家时，去火车站，不论那有多挤，只敢做公交，只因为坐不起出租车。也许就是以前穷怕了，现在才会疯狂地在促销时买买买吧。

我妈刚到上海时还没有电话，所以与家里联络全靠写信，我妈每周五都会往家里写一封信，讲讲一周里发生的事。后来有了电话，就变成了妈妈每周五都会跑一趟电话厅。那个电话厅里有几部座机和几个柜台，想要打电话要先去柜台预交费，然后工作人员告诉你用哪一部座机，最后根据你的通话时长收取剩余费用，过程很烦琐，而且费用很高，所以我外婆每一次都不敢和我妈聊太长时间。

大学毕业后，妈妈出来找工作了，本来是想着福州工作机会也不少，但碰巧打听到我大舅舅的同学在上海开了一家金融公司，就去那里当了业务员，于是有了上海户口。再后来和我爸结了婚，通过各种渠道借钱在上海买了一套当时十七万的房子。后来房价涨了，上海户口也难弄了，所以我妈是非常幸运地来到了上海并落稳了脚跟。

后　　记

虽然，我所采集到的这些经历听起来就像小说一般精彩而巧妙，但是它们肯定都是真实的，是属于那个久远（对我来说）年代的宝贵记忆。

我们永远无法完全了解某一个人，或许正是因为这些人生经历的存在。

在写这篇文章之前，我不可能理解为什么我的奶奶会如此忠诚地信仰基督教，为什么我的妈妈会如此操心我的专业选择，为什么我外婆会因为微信电话可以无限时长免费使用而非常高兴。这些甚至还只是他们回忆中的冰山一角，若不是我抓住时机把话题收住，她们或许还能讲得更多。

也许是我的这个问题把她们带回了年轻的时候，才会使她们如此兴奋吧？在人生中能有一个愿意倾听你故事的人，也是一种幸运了。

【教师点评】

看到文中的故事，有时候我们会感慨，或许读书不是万能的，但如果拥有了高于身边人的知识技能、文化素养，人生注定不一样，也让我们真切感受到好的家庭教育与环境对孩子成才的重要性。

看到学生所记录家族的点点滴滴，也让我由衷地感到做这件事的意义，如今在这快节奏的生活里，能慢下来寻根，并把它写出来，反思、勉励自己，实为难得。

不是所有人的人生都是轰轰烈烈，更不是只有轰轰烈烈的人生才被记住，你所谓的平凡，在别人眼里也许就是惊涛骇浪。人啊，不管何时何地，不能忘本，就像《寻梦环游记》里说的："人最怕的不是孤独，而是被遗忘。"向作者学习，做身边人的倾听者，并把它记录下来，让更多的人关注到，像他一样行动起来吧。（彭艳萍）

【一起思考】

现代社会，家族的概念淡了，但是，我们是否应该让孩子知道，我们的来龙去脉，让孩子知道自己从哪里来的？

二十二　父母的童年追忆

金兆辉

序

有一句不知是真理还是歪理的话:“一个人开始回想往事的时候,不是他年纪大了,就是他要写作文了。”在任何官方渠道都无法搜出这句话的来历,因为这是我自己胡诌出来的。“少年不识愁滋味”,在我这无忧无虑的花样年华,自然不大可能因过往之事而长吁短叹。即便真是如此,大多也是为博人眼球而故作深沉的矫情。未深沉而故作深沉,算是幼稚的可笑。或者,并不为取宠,而是为应付各类眼花缭乱的作文题目而出卖了记忆,这篇作文大约便是这无奈的背景下诞生的产物。

回想最近几次应试作文,写的均是幼年时陈芝麻烂谷子的事,倒是应了我的那句话,为了应试,我几乎搜肠刮肚地翻出了我记忆中所有幼时的印象,算是为了分数出卖了美好的回忆。总觉得,美好的回忆,可以细品,可以记在日记里留念,但写出来给别人看,不免有点哗众取宠之嫌。

就在我几乎要发誓再也不“作践”我的回忆时,语文寒假作业下发了,一看题目《听妈妈讲故事》……不禁无语。这题目,明摆着是要我写写那些比我的年龄还要久远几倍的往事嘛。看来,不在作文中写往事这件事暂时是不可能了,只是这次承载往事的记忆不属于我,而是属于我的妈妈。记忆中,妈妈几乎没有特意与我提起她的过往,总是在饭桌上或者亲戚间聊天时我在一旁顺带听到几句,零零碎碎的,成不了大段,又不想特意向妈妈询问,只得将其中掺杂自己的想象,其中或有不符事实之事件,只得请求妈妈和各位亲戚的原谅了。

引　语

我妈与千万个妈妈们一样,大多数时候在她儿子的眼里都显得十分唠叨,因为一床没有叠好的被子,她能朝我大声数落个没完,由于一双乱扔的袜子,她能唠叨到我耳朵起茧,要是一次考试偶有差池,那就更别说了,她会在我看电视时,看“闲书”时,要打篮球时,不失时机的要求我去学习，每次都正好拂了我玩耍的兴致。

但偶尔，在她打开话匣子的时候，我非但不会厌烦，而是听得津津有味，那便是她讲述往事的时候。妈妈的叙述朴实而无华丽的辞藻，平淡而无曲折的情节，但是却如一双魔力之手牢牢地摄住我的心，现在我将这些文字稍加润色，整理出来。

我虽身在上海，但祖籍却并不在上海，爸妈都是外地人，我爸爸是浙江人，而我妈妈则是辽宁人。浙江位于长江三角区，而辽宁则属于东北三省，这两地相隔千里，正常情况下，我爸妈相识的概率可以说是微乎其微，但这万分之一概率的极罕见事件，却就这样神奇地发生了，其中自然有巧合。

多年前我听妈妈提起过，我爸和我妈的童年都是在各自的老家度过，后来，妈妈独自来到了上海，在我伯伯开的店里打工，我爸也四处漂泊，最终来到上海，也到了我伯伯的店里，两人的相遇颇有些浪漫主义的戏剧性。我第一次听到这个故事的时候，还是懵懂无知之年纪，并无多大感触，到现在，借由这篇作文忆起，心中荡漾，不禁感叹命运的神奇。

想起了黄老师的讲座，谈及他的感情经历时，他说，一切事情都是命运的安排，我们只需要做好自己应做的，剩下的就交给天意。命运，真的是十分神奇的东西，人们一方面因它的扑朔迷离而畏惧，一方面又因它能带来出乎意料的惊喜而期盼。父母的相识和我的诞生，都是那命运之神仁慈的恩泽。虽说"存在即必然"，但心中还是禁不住生出惶恐和感激。

爸爸和妈妈结婚后，便来到了青浦，在南门租了一个小小的店铺，像大伯一样，他们做的是灯具生意。来青浦不久，在十六年前寒冷的十二月，我来到了这个世界上，这个日子平淡无奇，也并不为我的诞生而单独存在，与我相识的许多朋友都出生在十二月，也有与我同日出生的。轮回的脚步永不休止，这一天，无数生命逝去，又有无数生命诞生，而我只是这众多之中不起眼的一个，但是对于我的父母来说，我之于他们就相当于整个世界。人类渺小，亲情却让每个人都体会到自己的不凡。

在妈妈的叙述中，那时，我们家还没有现在的宽裕，没钱租房子，睡在店铺的二楼阁楼上，冬天没有空调，以电热毯度日，夏天，因天气的炎热，幼小的我满身起满了痱子，难受的大声哭喊……

现在，父母早就购置了房子，收入也完全能满足日常开销与享乐，但我相信，过去的那段日子在父母心中始终是一副沉甸甸的担子。"不当家不知柴米油盐贵"，每次我向父母提出各种奢侈的要求时，他们都尽力满足我，但他们自己的生活还是维持着节俭，未雨绸缪，是他们这样的一代人永恒的信念。

爸爸的故事

小时候顽皮或许是所有男生的天性，我自然不例外。记得我上幼儿园之间的那段日子里，没有学业的束缚，而当时家的旁边还是一片不算太大也不算太小的农田，于是，孩童爱玩的天性得到了充分的释放。一吃过饭，我便和一个长我几岁的哥哥去农田疯玩，玩的身上满是泥点和破损，一件衣服常常穿不过一个月。

每每这时，妈妈总会皱着眉，训斥道："你怎么和你爸小时候一样皮啊！"妈妈的批评总是轻描淡写的，我并不太在意，但是，从妈妈的话中听来，爸爸小时候估计也是个调皮大王，心中的好奇油然而生，缠着妈妈给我讲讲爸爸小时候顽皮的故事。

爸爸小时候的家，也就是老家，我只有每年过年时才会回去住几天，老家的房子是一栋四层的民房，房前一条小河流经，这条早已被沿岸居民排放的废水糟蹋的污浊不堪的小河，据爸爸说，这条小河是山上泉水汇聚而成，曾经无比清澈。河水的那一边，是茂密的农田。这派散发纯朴气息的乡村风貌，是爸爸幼年的乐园。

妈妈见我对此这般好奇，脸上绽起一丝微笑，娓娓道来。她说，爸爸小时候，他同村的大人都对他忌惮的很，因为他总是三天两头地找他们的麻烦，不是今天把这家的果子偷吃了，就是明天把那家的鸡蛋糟蹋了。关于偷吃鸡蛋，爸爸有一段极有意思的叙述：他偷鸡蛋，那时鸡蛋才刚从鸡屁股落下来，还留有余温，他便找到一根吸管，从鸡蛋的一头猛地一扎，直接将温热的蛋液吸入口中。不一会儿，一个鸡蛋便被爸爸像吸果冻一样吸了个干净。

不禁想到，空的鸡蛋壳爸爸会怎么处理呢？估计是直接扔掉了吧。汪曾祺在他的散文《端午的鸭蛋》里提到他小时候吃咸鸭蛋，敲破空头挖着吃，吃完后整个鸡蛋壳还基本保持完好，他便和小伙伴捉了萤火虫放在鸡蛋壳里，用纸糊住破头，晚上便可用来照明，极富情趣。不知爸爸是否会和汪老先生一样想到如此玩法。不过鸡蛋透光性并不如鸭蛋，估计这么做，效果会大打折扣。

不仅村里的大人讨厌我爸爸，村里的孩子们看见了爸爸，更是像看见了恶霸一般唯恐避之不及。我爸爸小时候，真可谓是村里名副其实的孩子王。每次爸爸出去玩，身边总如众星捧月一般跟着许多孩子，有相当一部分是怕爸爸找他们的麻烦才当了他身边的"喽啰"，不知有多少孩子被我爸爸欺负，哭着跑回家，向他们的父母告状。

总之，我爸爸小时候可谓"无恶不作"，告爸爸状的人都快踏平了爸爸家的台阶，可想爷爷奶奶当时的烦恼，只不过，打骂训斥过后，一切照旧。

像爸爸小时候这样的男生，无疑是大人们眼中不折不扣的"坏孩子"，但是，在听爸爸小时候的故事的时候，我的心中却生出了兴奋和向往。城市里的孩子，大多乖乖地待在家里，像我这样在田边长大的已算少数，而像爸爸一样的童年，调皮却又无伤大雅，该是多么自由，多么快乐啊。我总是认为，一个男孩小时候不干出些略微出格的事情，几乎不能算是个健康成长的男孩。

每每回想起爸爸的种种趣事，暗自好笑的同时，心里不由生出幻想：要是有什么魔法或者科技，能允许人类进行时空旅行，那么，我的首要目标，不会是观看摇滚天王巨星迈克尔·杰克逊的演唱会盛况，也不会是见证篮球巨星张伯伦单场砍下100分的神迹，更不会是去改变某次失败考试的结果这种幼稚的事，我会回到爸爸小时候的村子，我看到一个面庞身材均与我相仿的男孩子，他可不像我因为长时间使用电子产品而早早地戴上眼镜，一双眼睛炯炯有神，透出那常年被山水洗涤的清亮目光，鼻梁的弧线，下巴的棱角，均与我如出一辙，突然他嘴角一上扬，眼中透出些狡黠，右手一挥，一颗石子向我飞来，我慌忙躲闪，再看过去，他早已跑得无影无踪。

后来，爸爸成了大人，自然不会像小时候那样顽皮，但他却保持了强硬的作风，不笑时，便像板着脸一般，不怒自威，与人起冲突时，始终坚持立场，态度强硬却又不失体面，总是能将对方说服。

想起了爸爸给我讲的一个故事：爸爸有一次乘公交车，车上很拥挤，爸爸默默地立着，这时，他看见有个人神情可疑，似乎在暗暗窥视着他的挎包，他便注视着这个人，大约是图谋不轨而被发现的惊恐，他便慌忙向爸爸解释道："我可不是要偷你东西啊。"这件事情，爸爸每每向我提起，脸上总带着些许得意的神情，仿佛他将一名罪犯擒拿归案了一般。听到这里，我总会有些许无奈，不过，对于这个故事的真实性，我觉得还是比较可靠。

相较而言，作为他儿子的我没有遗传到这样的基因，或许是比爸爸多读了几本书的缘故，我做事前总是一番犹豫顾忌，遇到了不讲理的行为也只是默默忍受，敢怒不敢言，与爸爸的性格截然不同。虽然俗话说"忍一时风平浪静"，但是在面对他人蛮不讲理的对待时，我还是希望拥有像爸爸一样强硬而周全的处世风格。

妈妈的故事

上了学后，每每看到我松懈的学习态度和不尽如人意的成绩，妈妈总是对我数落道："我们以前，哪有你这么好的学习环境？你这样还不好好学习你想干什么？"老生常谈，几乎每位这个时代的学子都遭到过父母类似的质问，仿佛学习成果与环境是成正比的。这句话我自然不爱听，每每妈妈说起这句话，我总免不了顶撞一番。但是，我却极爱听妈妈讲述她小时候的故事。

妈妈小时候上的小学在一座山的山顶，每天早晨天还是蒙蒙亮的时候，妈妈便起床自己准备早餐，吃完早饭，妈妈便踏上去上学的路。这条路并不是一条十分好走的路，由于小学地理位置的缘故，一路上免不了翻山越岭，一路磕绊。一路自然是艰辛，但是想必一路上的风景也是极美的。一条泥泞的、完全由人的鞋底开辟出来的小道，两旁的山石上满披着湿漉漉的青翠绿苔，周遭茂密的大树几乎要将这一块小小的空地与外界隔绝开来，若是遇到下雨天，纵使泥地的湿滑令在这条路上走的每一步都困难了许多，但是那被清纯的雨水洗涤过的芳草的鲜亮和空气中弥漫的沁人心脾的土腥味，无不是对一路上艰辛的最好补偿。"野芳发而幽香，佳木秀而繁阴"，那几乎千古未变的原始山水，不知那时的妈妈是否有欣赏的情趣。

学习的生活无须多提，无非是琅琅书声与唰唰写字声。不过，妈妈给我讲过一个“奇葩”老师的趣事。妈妈的小学里有一个老师，据妈妈说，那位老师似乎颇有些不务正业之嫌，白天带着同学们玩耍，到了傍晚才开始教学任务，常常是深夜才下课。妈妈的小学建在一片坟场边，放学的路上需要穿过一片坟堆，有些胆小的女孩子就被吓哭了。后来，经过了家长的反映，那位老师才改变了这种错误的教学方式。

除却学习，妈妈小时候的课外生活，一点也不逊色于生活在科技时代的我们。妈妈和她的同学们在课余时间，一起结伴到山里，四处采摘鲜嫩的蘑菇，草地上、石缝间、腐烂的木桩上，到处生满了硕大饱满的蘑菇，菌盖圆润，菌杆粗壮，只要避开长有白色斑点的有毒蘑菇，将剩下的连根掐下，放入臂弯间兜着的竹篮里，送回学校，经老师的一番烹调，便是一锅带着菌类特有鲜美滋味的蘑菇汤，以付出劳动的方式得到的一口鲜香，一定是人间至味。

一面沉浸于故事的天然美好，一面又对母亲曾经也有过如此活泼烂漫的青春岁月感到惊奇，自我记事以来母亲就已经成了一个标准的母亲的形象，任劳任怨，精细而稳重，仿佛从未年少过一般。岁月的塑形能力是如此的强大，一个个鲜活的棱角，总是不经意间就被磨得平整而光滑。幸好还留下了故事，让我知道，母亲曾有过一段那么值得回味的经历。

结　语

我记忆中的故事，到这也就差不多了。这些故事，如我在前文所说，没有华丽的辞藻，没有跌宕的情节，加上我拙劣的笔法，读到这篇故事的人，大约心中并无感受，但是，在写作过程中，我有时欣慰，有时微笑，仿佛这些故事，就发生在我的眼前一般。

记忆真是一个很奇怪的东西，你不去整理，只是模模糊糊地回忆的时候，你以为自己拥有纪传体一般完整而丰满的大篇回忆，但当你屏息凝神，一遍又一遍仔细地搜刮你大脑的每一个角落时，却发现，回忆的冲蚀之力太强大了，强大到在你脑海中只留下那本真之中微乎其微的一部分，而仅仅只是调动微乎其微的一点也花费了大脑长久的时间和精力。

这篇作文，当我还未动笔的时候，正如我在序中讲的，我以为是对回忆的亵渎，是对作业的妥协，但是，在我写完了这篇作文后，我才发现，那些五彩斑斓的、真实的在世界上发生过的事情，已经流失了如此之多，要不是这篇作文如平地惊雷一般惊醒了我，我只怕这种情况还会持续下去。

正如作业要求上写的，这篇作文是一种文化抢救行动，我想我已经体会到了它真正的含义。今后的生活里，我将增加与父母以及其他老一辈人的交流，将听来的故事用文字的形式记录下来，不让这些鲜活的故事消逝在漫漫历史长河中。这样，既无愧于心，也算是对父母的一种孝敬吧?

【教师点评】

犹记得第一次读这篇文章的情景,一个人坐在公交上有些无聊,课代表正好发来了这份晚交的作业,为打发时间,便顺手打开看了起来,当读到这句"一个人开始回想往事的时候,不是他年纪大了,就是他要写作文了。"不知咋的,竟忍不住大笑起来,突然前面两位乘客转过头将目光扫向我时,这才意识到自己是在公交上。

或许是隐约感觉到学生写这份作业的无奈,最初对这篇文章并未抱什么期待,然而在继续往下读的时候,慢慢地我被文章细腻的笔触吸引住了,没有跌宕起伏的情节,没有慷慨激昂的陈词,没有华丽的辞藻,一切都是那么自然,娓娓道来。尤其是对父母儿时美好的描述,也禁不住勾起了自己对童年的回忆,读罢仍有一种意犹未尽之感。(彭艳萍)

【一起思考】

不要总是对孩子说:你们身在福中不知福,当孩子说,我好向往农村的童年,向往你们没有那么多补课的日子,您会怎么回答呢?

二十三　上海的一个夏天

陈奕欣

几个月前的夏天，我最好的闺蜜和她的男朋友终究还是因为没有考上同一所高中而选择了分手。我站在阳台上，迎面的是燥热的风，就着蝉鸣，望着远处万家灯火，叮咚叮咚的手机提示音和闪烁的手机屏幕，她一条又一条的微信信息触动着我的心，看着她密密麻麻的文字，我轻轻闭上眼，我们，似乎仍是从前那个稚嫩的我们，那么天真，又是那么的笨拙……可当我睁开眼，再次看向远处时，一切照旧，不禁叹了口气。“想什么呢?”一个熟悉的声音传进耳朵，我转过身去，接过他递出的冰激凌，装作若无其事地说：“也没什么……就是……”父亲见我欲言又止的样子，轻轻一笑，不急不慢地拆开包装纸，啃了一口冰激凌说道：“我给你讲个故事吧……”

“五十年前晚春的上海，一条平凡的巷子里，传来了阵阵啼哭声，一个男孩呱呱坠地。男孩在石库门里渐渐长大，和其他男孩子一起追逐嬉笑，调皮捣蛋，有了自己的兄弟，也有了自己的想法。”父亲站在我身旁，咬了口冰激凌，继续说道：“过了没多久，同一条巷子里的另一户人家的孩子也降临了，是个女孩。由于两家关系亲近，两家的孩子也总是经常待在一起，每次见面，那个男孩总会拉拉女孩的手，陪女孩玩自己并不感兴趣的过家家的游戏；女孩呢，也总是幸福地冲男孩一笑，甜甜地叫着‘哥哥，哥哥’。”说罢，父亲微微低了低头，又扬了扬嘴角。就这样，这两个孩子间的平行线在不经意间发生了偏转……

短暂的停顿后，父亲拖了张椅子坐下，又咬了一口手中的冰激凌，接着说道：“两年后，男孩七岁了，是时候步入小学了。开学那天，男孩牵着女孩的手一路向学校走去，嘴里哼着不知名的小调。男孩在校门前蹲下身子，摸摸女孩的头，笑着和女孩说再见。女孩的眼中满是不舍，却不得不放开男孩的手，她哭丧着脸，抽抽噎噎地和男孩说她要快快长大，这样就能和男孩在一个学校念书了……”

“几年间，每一个上学的早晨，女孩总会牵着男孩的手一起上学，又在校门口微笑告别；每一个放学的午后，女孩也总会早早地在巷子口东张西望地等待着男孩的归来……”父亲说着，又拍拍身边的另一张椅子，示意我坐下。

我半咬着冰激凌，顺从地来到父亲身边坐下，期待着接下去的故事。“几年间，男孩因考试成绩而心情低落时，总有女孩陪伴在他身边安慰她；男孩因和朋友发生了口角而闷闷不乐时，女孩总是说着笑话逗他开心，引他发笑；男孩抱怨作业又多又难时，女孩就会端来水果，甜甜地说：‘吃口水果休息休息吧。’说着便把水果塞进男孩嘴里……会因为看见对方而快乐的他们就这样，渐渐地，习惯了彼此的存在，两人共度的时光也都成为了彼此生命中不可或缺的一部分。”我看向父亲，因炎热而泛红的脸上流露出的，是幸福的神情。

父亲好似并没有意识到我的注视，眨了眨眼睛，继续说道：“就这样过了一年又一年，女孩终于到了该上小学的年纪了，而男孩，却即将离开熟悉的小学，步入初中。开学的前几天，女孩哭着说：‘哥哥你怎么这样，不是说好要读一个学校的吗，为什么要骗我？’男孩抱了抱女孩，拍拍她的后背，哄她说：‘哥哥没有骗你，哥哥先学还不是为了可以教你嘛，不哭不哭哦。’女孩渐渐停止了哭泣，朝着男孩点了点头，用手背抹了抹脸颊上的泪痕，笑了。”我半闭着眼，想象着故事中的场景，嘴角不由得向上扬起。

父亲将最后一口冰激凌塞进嘴里，放下不知何时翘起的二郎腿，轻轻地叹了口气，又用右手撑着椅子的扶手慢慢地站起来，向前走了几步，将手中的冰激凌包装纸轻轻向前一掷，纸张飘飘然落入垃圾桶中。伴随着踢踢踏踏的拖鞋触地的声音，父亲又悠然地在我身旁坐下，整了整因久坐而压出褶子的T恤，清清嗓子，继续说道：“日子一天天地过去，男孩和女孩总是在街道苏醒的时分，在巷子口相视一笑，大手牵着小手，向学校的方向走去，又在十字路口的梧桐树下，挥手告别……”我若有所思地看着手中半化的冰激凌，呆呆地听着。忽然忆起小学的操场边上种满了梧桐树，盛夏时节，华盖荫荫，满枝翡翠，我们围坐在一起，唱着歌，说着笑话，放肆地笑。

“后来呢？”我见父亲迟迟不再开口，拍拍父亲的腿，问道。

“呵，”父亲哼了一声，“后来，就没有后来了。就像电视剧里演的那样，忽然周一的一天女孩不再在巷子口等男孩了，男孩便跑到她家去找，才发现只是经过短短的一个周末，她便消失地无影无踪，连一声再见都不曾说过。”听到这里，我不由自主地发出小小的惊呼声，父亲转过头看了我一眼，又说道：“刚开始的时候，男孩还是习惯性地在巷子口等待女孩甜甜地叫他一声哥哥然后一起上学，还是习惯性地把自家的好吃的第一时间送给她尝尝……日子浑浑噩噩地过着，他始终忘不了那个女孩，她的一声普通的问候，一个灿烂的笑容，一个调皮的鬼脸，始终萦绕在脑海，浮现在眼前。”我不禁在心中默默地赞叹着男孩的痴情，同时也羡慕着那个对此事一无所知的女孩。

“或许是上天听见了男孩内心的想念，几年后，一次偶然的聚会，在朋友的介绍下，男孩再次遇见了女孩。脱去了稚气和懵懂，多了一份成熟和优雅的她，身着米白色连衣裙，出现在他的面前时，他心动了。在朋友们的起哄下，时隔多年未见的他们相邻而坐，偶尔的对视后是略显尴尬的神情和紧张的眼神。男孩不时地搓搓无处安放的手，而女孩则不时扯扯蕾丝裙摆，他们都在等待着对方的开口，却终于沉默。”父亲站起身来，活动着久坐后疲惫的筋骨，他望向远方。我也跟着站了起来，依在阳台的扶手上，眼前是漆黑的夜空和灯红酒绿的街道。

“后来，聚会结束后，站在饭店门口准备告别时，还是男孩先开了口。男孩挠着头，轻声地说：‘你过得好么？’女孩低下了头，片刻的宁静后，女孩半笑着回答说：‘就这样，还行吧。’便匆匆结束话题，道别离开了。”父亲从口袋中掏出一包烟，熟练地抖出一根来，又在阳台的扶手上敲了敲，才叼入嘴中，点上火，深吸一口。白色的烟圈从口中吐出，烟在父亲泛黄的指间燃烧，烟雾屡屡上升，“回到家后的男孩始终无法放弃对女孩的爱慕之情，他不顾朋友的打趣和玩笑，几经周折，终于要到了女孩家的电话。站在公共电话机前的男孩犹豫地播下一个又一个号码，他将听筒放在耳边，听着耳旁传来的一声又一声回铃音，男孩心中又是激动，又是不安，他惊喜地等待着……”父亲将烟放在嘴边又吸了一口，抖抖烟灰，闭上眼睛，再放松地吐出。

“伴随着一声熟悉而又陌生的‘喂，你好’，男孩愣住了，原来这就是自己这些年来日日夜夜朝思暮想的声音啊。‘喂，喂，喂，你好，听得到嘛？喂……’当男孩回过神来时，听见的只是电话挂断后的忙音，可脸上显露的却是抑制不住的快乐与幸福。男孩下定决心一定要追到女孩。”父亲将最后一口烟吸尽后，将烟头在烟灰缸中掐灭了，向着远处的大厦，吐出袅袅白烟。

“接下来的日子里，男孩每天早晨都亲手为女孩做早餐，再悄悄地放在女孩的办公桌上，贴上笑脸的便利贴；时不时地送女孩玫瑰花和漂亮的衣服；怕女孩加班回家晚，一个人走夜路不安全，总是悄悄地跟着女孩身后保护她……渐渐地，女孩和他的话一点点多了起来，他们一起在元宵节逛庙会，在 KTV 唱歌唱到深夜，在外滩边看万国建筑，也正是那天，男孩终于鼓起勇气牵起她的手。女孩先是惊恐地看着他，终于害羞地低下头去，靠近了男孩。就这样，他们之间的距离慢慢靠近了。”我看着父亲，在灯光的作用下，他的眼里好像有星星在闪耀。父亲好像发觉了我的目光，伸过手，将我揽在怀里。

父亲轻轻拍着我的肩膀，“之后的日子就这样一天天地过去，男孩女孩每天都甜甜蜜蜜地生活着，它们创造了第一次十指相扣，第一次拥抱，第一次亲吻，直到那一天……”父亲顿了顿，将手从我肩膀上挪开，背在身后，小小地摇晃着身体说，“那是女孩的生日，也是二十多年前他们命运交错的第一天。女孩穿着雪白的礼服唯唯诺诺从出租车上下来，在她面前是全上海市当时最著名的中餐馆——锦江饭店。早在饭店口等待多时的招待小生恭敬地迎上前去，问道‘W 小姐是吗，C 先生早已等您多时了，这边请。’”

“女孩微微点了点头，紧张地跟在招待小生的身后，脚下踩着的是不习惯的高跟鞋。女孩小心翼翼地走着，害怕一不留神就崴了脚，出了洋相。这是女孩第一次穿高跟鞋，也是女孩第一次到这么富丽堂皇的饭店吃饭。上了二楼，优雅的钢琴声吸引着女孩一步一步向前走去。‘先生就在里面了，小姐请进。’说罢招待小生便鞠了个躬，转身离去。女孩深吸了一口气，慢慢向前走去。”我沉浸在父亲娓娓道来的故事中，想象着十几年前锦江饭店的模样，是那么的富贵，那么的华丽。

“男孩好像听到了女孩的脚步声，从椅子上站了起来，他转过身，整了整因久坐而褶皱的西服，又调整好领结的位置，微笑着注视着女孩。”父亲半仰起头，闭着眼，若有似无地笑着，“女孩看见了男孩，放下了一开始的戒备和紧张，加快步伐，匆匆向男孩走去。她在男孩面前驻足，男孩摸了摸她的头发，笑着说道：‘你来了啊’，可女孩的脸上却浮现出了忧郁和尴尬。‘怎么了，你今天不舒服吗？’‘没有，就是……’女孩四处张望了一下，踮起脚，小声地在男孩耳边说道：‘这里太贵了，讲究吃饭环境，一点也不实惠，要不我们换个地方吃饭吧……’说完便将头低了下去。男孩轻轻牵起女孩的手，带她走到座位前，拉开椅子，请女孩就座。女孩不好再说什么，顺着他的目光缓缓坐下。男孩低头去，轻声却又沉稳地说道‘相信我’，带着女孩疑惑的目光，回到座位上。”

“菜一道道地上着，都是女孩喜欢的糖醋小排，菠萝咕咾肉，油爆虾。在美食面前，女孩渐渐地放下了开始的紧张、忐忑和疑惑，大口大口地吃了起来。优雅的钢琴声仍在耳边回荡。男孩笑眯眯地看着女孩的狼吞虎咽，一边叮嘱着慢点吃，不着急，没人和你抢，一边不停地给女孩的盘子里夹菜。”

“饭毕，男孩邀请女孩一起跳舞，小醉的女孩的微红脸庞在灯光下显得格外可爱，女孩的右手放在男孩的腰间，左手搭着男孩的肩膀，男孩半抱着女孩，伴着音乐，在舞池中翩翩起舞。”燥热的风吹过，父亲摆出跳舞的姿势，摇晃着身体，跳了起来。

“一曲毕了，男孩才慢慢松开环抱着女孩的手，从西服口袋内侧掏出一个黑色的方形盒子，单膝跪地，对女孩说：‘我可能不是世界上最富有、最帅气、最有才的男人，但是我愿意为了你去努力，在你生病的时候照顾你，悲伤的时候安慰你，孤单的时候陪伴你，就像你当年对我的那样，去爱你。你愿不愿意给我一个机会，让我一辈子对你好。’在那黑缎子的盒子里，一颗璀璨的钻石戒指，在灯光的照耀下，绽放出绚丽的光芒。”

“‘我愿意。’女孩用手捂着嘴，晶莹的泪珠在她脸上滑落。男孩终于如释重负，他亲手将戒指戴在女孩的无名指上，一把拉过女孩，将她紧紧抱在怀里，久久不愿松开。”

“或许这个故事听起来有点假，或许用现在的话来说，是套路，玛丽苏剧情，但是，它在我心里，是真真实实地存在的。”我能清晰地听到父亲所说的每一个字，每一个音，我就这样铮铮地看着他。

“所以说这个故事里的男孩其实就是父亲您，而那个女孩……”

“没错，”父亲笑着说，“就是你的母亲。”

“其实，当时的我很害怕，害怕如果错过了她，可能以后就再也遇不上像她一样那么优秀的人了……”

那个晚上，我在阳台上站了很久。可能在这个世界上有无数这样的男孩，他们可能没有那么暖心，没有那么痴情，没有那么勇敢，但当他一步一步靠近你身边的时候，那种心动是一样的。他也会竭尽全力地去关心你，倾尽所有的去保护你，奋不顾身地去爱你。所以，当爱情来临之时，果敢地做出决定，不要吝啬付出，大方慷慨地去爱，也许可能会很累，但我们也要尝试慢慢坚持，坚持不下去的时候，再放弃走开。

我拿起手机，回复她：Follow your heart and just do it.

【教师点评】

在我们所谓刻板的印象里，父母在给孩子讲述自己的往事时，可能都会大谈自己曾经的“辉煌”，以此来达到教育的目的。

陈同学的“故事”视角很特别，文章从最好的闺蜜和男朋友因没有考上同一所高中而选择分手写起，作为最好的闺蜜的“我”，似乎也因手足无措而黯然神伤。

知女莫如父，此刻，父亲出现了，就这样，自然而然，故事拉开了帷幕……慢慢地同一条巷子里两个孩子间的平行线发生了偏转，最后有了爱的结晶。从文章细腻的笔触中，我们可以感受到那种简单的幸福，那种追逐的美好。父母作为过来人，对于孩子在成长过程中所遇到的种种，无疑是担心的，紧张的，然而父亲没有以长者教导的口吻告诉你该怎样或不该怎样，一个平凡而简单的故事，我想此刻孩子已经在父母美丽的故事中驻足，感受一种美好。（彭艳萍）

【一起思考】

有一天，发现他们开始傻笑，开始打扮，开始“恋爱”了，您会怎么办？您除了叹息“才上高中啊”之外，还可以做什么？

二十四　外公的南行记

郭明昊

我的外公今年已经七十七岁了，他小时候生活在中国最动荡的年代。他1942年生于成都，辗转到达上海，又多次往返于北京和上海之间，跟随父亲去东北生活，后来又回到太原。他小时候几乎走遍全国，而他的父亲——牛正道也是一个忠于职守的人。我的外公从桌上翻开了一本泛黄的笔记本，里面记载了一段段轰轰烈烈的往事……

1946年春，外公一家搭乘他父亲单位的车前往重庆，到达重庆后，一家人等了一个月之后，终于等到了船票。在经历了三天三夜的航行后，一家人终于到达上海。随后他父亲开始了搭乘海船往返于北京和上海之间的工作。当时他们住在北京的同卷胡同六号，在西城区。这个同卷胡同六号原先是清末的一个院子，民国时被一个官员占用，后来空置了。陈景阳经理住在后院，外公一家住在中间，东边住的叫孙汉山。1948年春，外公的父亲所供职的私人银行——裕华银行倒闭了，全部职员都发了遣散费，然后他们各奔东西，裕华银行的大部分职员都去了山西。有一个人叫胡姬，因为孩子多，不堪重负，割断颈动脉自杀了，胡姬的家里更是贫困交加，幸亏外公的父亲有同学在天津，接济了他们。

有一天早上，陈经理把我外公的父亲等银行的业务骨干叫来，对他们说："第一，要把银行的账户理清楚，总行客户在上海，要求把银行账本送去。第二，还可以安排几个人的工作。"还说这是一项重要的任务，叫他们把账户理好就去上海。当时正好是国共和谈的时候，北京成立了军调部，采取"三通"，也就是通行、通邮、通信的政策。正好有这个机会，外公的父亲就准备先带我外公会同五六个同事一起去上海。外公与母亲与六个兄弟姐妹告别，当时年幼不懂事，但能够体会到一种仿佛生离死别的意味。

一天早上，天还很黑的时候，应该是五点左右，外公的父亲就叫醒他了，说道："起来，我们直接走，带上前天晚上的账目。"账目其实只有一张，因为他们提前就合并了里面的内容，所以显得很小。那时的人们出行前要把被褥拿好，需要用的东西卷在里面，再拿一个布袋，就出发。当天晚上，几个业务骨干就从北京出发了。他们在第二天早上到达了天津，吃过早点后，就再次向东南方向进发。

那时的汽车很旧，路面极差，每小时汽车只能跑二十公里。晚上在一个村庄里住下来，这是一个院子，院内有不少马车，人们在房间里把行李卷打开，铺成地铺。颠簸了一天，大家都睡得很香。黎明时有人喊叫，外公的父亲把他放到一个房间里，告诉他不要动。隔着门窗，他看到店主拿起杯子跑到汽车边上。过了一段时间没有动静了，他才知道是夜里司机叼着烟卷加油，不小心把烟灰抖到了油里面。汽车的右前轮爆炸了，大家惊魂未定，刚把备用轮胎换上，就听见有人问："韩玲的孙女周炎在哪里？"后来了解到周炎上厕所去了一直没有回来，找遍了院子也没有踪迹。有一个伙计去打水，发现井里有一些衣服，匆忙爬下去查看，原来是一个人，但已经淹死了。她的母亲呼天抢地地哭，也没有办法，就抛弃她离开了。

听到这里，我感触颇深，这就是动荡年代，生命也许就在一个不经意间消亡了。如果这一幕发生在和平年代，那个孩子至少会得到安葬，但是在那个连基本需求都无法得到满足的时代，这个不幸的孩子就被永远留在了水井里。从前听闻"珍惜和平年代"时，我时常不屑一顾，但听闻了外公的真实故事后，那想象中的一幕似乎重现，我感受到了触手可及的真实与普通百姓命如草芥的无奈。

外公一行继续往东南去，就接近了黄泛区，这里的路面全是黄色的细沙。当地人直接在地上挖一个坑，就会冒出水，水中也全是细沙，等泥沙沉淀下去，就拿出去卖。过了黄河不远，车子就不走了，因为没有油了。此时已经到达封锁线，我外公的父亲想出了一个方法，把钱和账本都藏在了我外公的衣服里，自己只带了行李，好在有惊无险，他们一行顺利通过了封锁线。

离开封锁线后，他们租了几辆推车，让脚夫把他们带到青岛。进城后，一行人顺利与陈经理会合，六七个人挤在一辆车上，陈经理把他们带到一座废弃仓库暂住。在这段时间里，大人们经常出去办手续，我外公就悄悄地溜出去，跑到海边的军用码头附近，每次总能看到飞机在航母上起降。据他回忆："当时我一个人也不害怕迷路，总是能找回去。印象最深的食物是锅贴，特别好吃，但当时不觉得。青岛的街道规划得很合理，那时没有公交车，但是有三轮车。"

那时在青岛，年幼的外公天真烂漫，即使处在动荡年代，青岛给他留下的仍然是纯朴的印象。

一周以后，他们登上了去往上海的船。那是一艘柴油船，味道很厉害。一行人住在筒仓，但从窗户刚好能看到海面。外公说："我现在还记得那白茫茫一片天连水、水连天的景象！走了一天一夜，船到了吴淞口。停靠在哪个码头不记得了，只记得离公路挺近。我母亲的老三舅家在昆明路，那里有五六排空置的房子，我们就在那里落脚。晚上他们知道我们是从北方来的，特意给我们做了面条。可是奔波了一路，我只想吃大米粥。"

奔波的历程艰险无比，但外公的父亲始终保持着冷静，并且尽量没有让外公感受到恐惧，最终把风险降到了最低，平安到达了上海，这是一个父亲对幼子怎样的呵护啊！

"我们逐渐安顿了下来。将账本安全护送到上海后，父亲也有了新的工作。他早晨去上班，晚上才能回来，在那里我每天就是玩。那栋楼房有两层，一进门是客厅，后面是餐厅，侧面有一个房间，楼上有三个房间。每天早上都有俄罗斯人卖面包。站在二楼能看到一个大操场，好像是学校，又不像，因为我从来没有看到有人使用过。当时昆明路已经属于郊区，夜间有人骚扰抢劫，所以 1949 年前我们搬到了市区，住在小旅馆内。”

“旅馆的地址在南京路与河南路的交叉口附近。上海解放的前一天晚上，虹口区的弹药库爆炸，从那里就可以看到，一晚上隐隐约约有救护车声音。第二天早上我们很惊讶，回想起来场景和电视里的一模一样：马路边上睡的都是解放军。”

“解放以后我们又回到昆明路住去了。一天天过去了，从那个操场，我经常听到训练的声音，应该是军队在训练。我站上凳子，爬上墙头去看，看了很长时间，发现是警察在那受训，有臂力训练、开会、唱歌。防空警报时常响起，每次都是从台湾来的飞机轰炸工业设施，基本上都是下午，爆炸声、枪声四起。”

“不久我该上学了，爸爸把我送到苏州，留在刘耀堂家里。刘耀堂，是在四川的时候，爸爸的好朋友，也是山西人，家在榆次。刘耀堂家里面有两个男孩、一个女孩，那男孩比我小一点，女孩比我大。他家住的是典型的南方的宅院，院里面还有一个小花园，有个假山，有两个大房子，房子后边的就是厨房，还有水井。在苏州住的时候，我上了学，二年级考试考了年级第二名，考得还不错。我中午不睡觉，先是假装睡，睡上一阵儿我就下床，跑出去玩去了，看着小孩们在院里面斗蛐蛐，一个拉罐里面都放了两个，胜利的蛐蛐就只知道欢乐地跳，顶着大太阳。我对苏州印象比较深刻的是南下工作队，当时住的那个大院里，我们出了门，这些人打个地铺，穿着军装带着枪。我就喜欢人家的枪，有时候人家丢在院里面了，我就去捡子弹壳。他们在那里住了一段时间，后来神神秘秘地走了。父亲在上海人民银行被选入了东北财经委员会，这个委员会是到南方找财经人员，选了一批人过去。”

一路上，外公跟着他父亲坐上火车到南京，一路飞机轰炸，所以上海到南京一段，只能是晚上走，白天不敢走，从上海到北京要走三天三夜，白天火车上都有伪装。当时还没有长江大桥，从南京到浦口，坐的是轮渡，过江后再换乘火车。过了黄河以后就解除伪装了，到了天津以后，转车到沈阳。安顿下来后，他的父亲在东北财经委员会金融处工作。

“后来，我先到了北京，在奋斗小学上学。这时冯玉祥在北京的时候开办了很多奋斗学校。1949 年开国大典之前，回家的路上，我看到很多的装甲车从复兴门外开进来了。大路上，汽车、行人都不允许通行。到了下午长安街上已是人山人海。这时从人群中飘来了糖炒栗子的香味，让我终生难忘。五点多卡车就来了，让我印象最深的就是卡车后面拉了高射炮，轮胎涂上了白油漆。”外公的大姐当时上中学，还参加了开国大典的群众游行。

今天中华人民共和国成立七十周年了。虽然开国大典新公布的彩色视频中没有群众游行，但是在视频中看到运兵的装甲车，想到外公是历史的见证者，我的心中就激情澎湃！

不久外公又跟着父亲去了沈阳，住了一年多。抗美援朝开始不久，从太原传来消息，他的奶奶身体迅速恶化，加上他该上初中了，于是他父亲选择了停薪留职，回到太原继续生活。听到这里，我有了疑问，为什么外公生在成都？对此外公又讲了一段过往。

“之前我说的是南行记。当时我爷爷呢，去日本留学，后来参加北伐战争，就不在家里。所以我奶奶和父亲经常为了他的事搬家。我父亲八岁时爷爷才从南方回来。父亲很早就在上海工作，由于抗日战争爆发，撤退到了成都。我母亲便带着我二姐去找他，路上辗转了多个省份。起初几个月，走的是川陕公路，在河南的时候，还遇上鬼子扫荡，藏到房子后面，脸上都抹了泥，日本骑兵过来，见人就杀。川陕公路有一段，路没法走，也没有车，前面就是深沟，只能是拖上行李步行。最终他们到达了成都，与我父亲会合。”

外公的母亲真是一个坚强勇敢的女子，她独自带着自己的孩子，冒着生命危险，辗转他乡，只为与亲人团聚。当时的中国，正是因为有无数个像她一样勇敢的人，才最终成功抗击了侵略者。

我的外公出身于牛家——一个历史较久的家族，这个家族人数众多，鼎盛时期仅一个“云”字辈的孩子便有一百多人。“云”字辈的下一代是“道”字辈，“道”字辈的下一代是“维”字辈，我的外公便是“维”字辈。当然这个家族中有很多传奇的故事，就像外公的南行记和出生在成都的原因。以前我听到的故事都是片段，如通过封锁线、航船上。但这次将各个事件连接了起来，形成了完整的故事，更能让我清晰地了解到那个动荡的年代。在那个年代，我外公的父亲是一个敬业的人，圆满完成了护送账本的任务；在 20 世纪 60 年代，我的外婆同样是敬业的人，她毫无怨言，十年坚守偏关县，直到改革开放后调回。这不仅是一份责任，更是世代流传的精神。

20 世纪 60 年代还是讲究出身的，我的外婆出生于一个地主家庭。1967 年从大同医专毕业后，她和她的同学们被分配到山西省内的各个地方医院。由于出身不好，她被分配到了最偏远的偏关县。外婆至今还记得第一次去时的经历：从太原坐火车到阳方口，再转乘汽车到偏关。到达阳方口时已经是傍晚，她和同行的哥哥住了下来。那一晚上遭遇了煤气中毒，半夜惊醒，发现头晕，急忙大声呼喊，好在她哥哥没有睡熟，马上冲过来打开窗户，关闭了炉灶。那时的道路状况仍然不佳，汽车是老式的，汽油味很重，随着在盘旋的山路上越开越久，她的不适感也变得强烈。据她描述：“出了县城就是土路，一座一座山翻过去了，好像永远到不了尽头，每次下车，我必然会吐。”后来这段路成了她每次去偏关发愁的原因。虽然那时条件艰苦，但她从无怨言。每当她提起这段经历时，她总会感慨万千，说道：“现在回去已经没有意义了，六七十年代的任何事都被淡忘了，也没有熟悉的人了，那些地方早已不是原来的样子！”

三年前我也同样做过类似的整理，可是远远没有这么详细，内容的增加让我的理解从事件上升到了品性与智慧。通过封锁线时，外公的父亲巧妙藏钱降低了风险，当然这是建立在我外公配合的基础上的。我外公的父亲在一生中都非常敬业，回到山西后，他在晋祠小学任教，桃李满天下。在他们的身上我能看出时代的变迁，虽然时过境迁，但那段记忆是永存的。为了社会发展，无数像他们这样的人投身事业，创造了一番新的天地。书签上的一句话让我感慨万分：背起行囊的那一刻，风吹拂我的发梢，思绪翻飞在云里，梦想包裹在囊中，长长的路不准备一个人走，陪伴我的，还有你的音容笑貌。

外公缓缓合上了笔记本，往事已去，记忆永存。

【教师点评】

一个家族的历史就是一个时代的缩影，读罢郭同学的文章，我们可以看到这个家族在时代的风云变幻中，那种个体命运的颠沛流离、起伏跌宕，也可谓轰轰烈烈。我想如果不是这份特别的作业，很多时候，或许现在的我们并不会特地去了解家族的过往，可当你慢慢地以文字的形式来采撷这份记忆时，你会发现，它原来也可以和时代的脉搏如此贴近。其实，对于每个人而言，家族的过往，无论是经历了轰轰烈烈还是平平淡淡，于我们而言都是一份宝贵的记忆，它让我们认识自己的来路，亦让我们懂得肩上的担当。（彭艳萍）

【一起思考】

一个人，怎样才能做到一生坚持做一件事情，始终兢兢业业，无怨无悔呢？值得几代人一起思考。

二十五　属于他们的青春

潘逸晨

感觉自己收集父母辈、祖父母辈故事的过程倒与那些清代小说家收集民间故事的过程有些类似。这些我所收集到的故事，有的已在脑中沉睡许久，却又久未忘却；有点像后台程序，总会时不时地浮现在脑海中。我的“任务”则是将这些碎片拼凑起来，拭去碎片上的尘土，让它们以华美的姿态，展现在众人的眼前。

一　“巨兽”迎面袭来，姨妈死里逃生

跟随时间的脚步，回到20世纪80年代——一个没有手机、电脑，电视只有黑白画面的时代。

微风轻轻拂过夏季的田野；岸边，柳树用柳条拨动着水面，荡起阵阵涟漪。远程，是航船的引擎声。

一群孩子从桥上使了个燕跃式入水，跳入河中，开始嬉戏起来，享受这凉爽与欢乐的暑假时光。偶尔地，驶经的航船会打断孩子们的游戏。孩子们也不恼、不怒，识趣地游到一边。待船过去了，再继续他们的游戏。

当然，我的姨妈，也在这群孩子中。至于姨妈小时候是个怎样的人，我是无从得知的。是顽皮？是谨慎？我是实在不知道，只不过她一时疏忽差点导致了悲剧的酿成。

应该是在扎猛子吧？她并没意识到远处（也就四五十米）有两艘船，相向而行，正逐渐逼近着。待她从水中探头出来时，那两个庞然大物业已是近在咫尺。更恐怖的是她就被夹在两船中间。船自然无法像汽车那样急刹，两船就这样擦肩而过。我那可怜的姨妈，被夹在两“巨兽”中间，不见了踪影。

待船慢慢离去，水面上是空空如也，只剩下航船在水上画下的银色印记。

既然是“差点导致了悲剧的酿成”，姨妈自然毫发无损。这不，没一会儿，水面上探出个头来。

姨妈怎么逃过一劫的呢？

我的母亲猜测，我的姨妈定是在水里往下潜水，加上她本来就瘦，才没受到伤害。

好险好险哪！

二　母亲童年那些事

母亲的童年是在农村（渔村）度过的。

戏水、跳绳、跳橡皮筋、穿花绳等，这些活动对于我们来说都是耳熟能详的，放到现在，也许我们也可以到操场上耍一耍。要讲，就讲一些我认为稀奇的。

拎着火钳，到河滩子去，跳上一条船，弯腰，低头，瞧瞧这个水舱，再看看那个……家乡的船是带个小船舱的。打个小孔，让河水流入其中，便可将捕捞到的鱼虾存放在里面。你问我船会不会沉？那你大可不必担心，不然人还如何去湖中捕鱼？

正是这种小孔，造就了母亲童年的另一娱乐活动——逮青蛙。这青蛙也真是，好端端地跳入这水舱中，却难以逃脱。但它虽然被困在那了，要想捕到它，还是需要好眼力的。瞧这青蛙，白肚黑背，用保护色伪装自己。但这种雕虫小技怎么能逃过母亲的火眼金睛，母亲手疾眼快，一个箭步，用火钳将一只青蛙逮住。不过母亲逮住青蛙作甚我亦是无从得知的。

当然，战场不会局限在船上，田野里，也会成为战场。

相比在船上时的那身装备，田野里母亲会多携带一个瓶子。为什么？田里可是有蚂蟥的。尽管看着让人恶心，但却有药用价值。把抓住的蚂蟥往自家的铁钩上一挂，风干几日后，便可卖给专门收购这个的人，换些零花钱来满足自己的需要。

……

丰收之后，田中立满了枯黄的麦秸秆，接下来的工作，是可能会交由孩子来完成的。拿盒火柴，走到田野边，用力一划，从掌心中变出个小火苗，再扔到田中。不一会儿，星星之火便有了燎原之势。看着由这一个小火苗变成的火海，看着这滚滚的浓烟，让人不禁联想到古时的烽火狼烟。这火是谁放的？自然是母亲与一帮孩子干的。他们静静地坐在这熊熊烈火的旁边，欣赏着这许久后才结束的表演。

……

一日的傍晚，红轮西坠，外公外婆备下了饭菜，唤母亲从楼上下来吃饭。

母亲可真是调皮。也不知是脑中什么在作怪，操纵着她，举起了她的双手，撑在楼梯旁的两面墙上。然而家中刚刚改造完毕，这两面墙也是新筑的，尚不牢固。轰然间，一面墙倒了下去。墙下，是一家人就餐的地方，而墙，不偏不倚，正砸在桌上。结果可想而知，楼下是一片狼藉，以及被吓蒙了的外公外婆呆站在那。

事后，估计母亲被好好“伺候”了一顿。

……

三　那个时代，令人无可奈何

时间转瞬即逝，母亲上了高中。

那一年，母亲凭借自己优异的成绩，为自己争取到了一个去评选“三好学生”的名额。只可惜，擅长长跑的母亲在短跑方面差了一等，也因此落选。

第二年，母亲不愿放弃，决定再去搏一搏。期间，年级里出现了几起餐券失踪案。一时间是闹得沸沸扬扬。在母亲与她的众位同学的不懈努力下，这个无耻的“小人”终于浮出了水面。放到今天，这种人肯定是要被重重责罚的，只是，那时是那时啊！

愤怒的众人将这人带到教导处，准备全权交由老师处理。可偏偏这臭小子的老爸是“李刚”——另一所学校的校长，使得教导处的老师有所顾忌，始终不敢对他施以严惩。

事情是越闹越大，老师最后怕是恼羞成怒，将参与了此事的母亲的评选“三好学生”的名额给除去了，这事最终也是不了了之。

我问母亲，遗憾吗？

她说，不遗憾。她还乐观地跟我说，就算去了，可能短跑还是达不到优秀吧。

……

我还问母亲，为什么在东湖中学读书，而不去同样是在朱家角的朱家角中学呢？

她答道，那时教育资源不比现在，没能考上。

顺带一提的是，当时青浦分成了东西两部分。西边最好的高中是朱家角中学，东边最好的是青浦中学。西边的人不能去上东边的学校，反之，也是一样。

啧啧啧。

经历了些许磨难，母亲虽然最后没考上大学，去读了中专，但最后靠自学，过了考试，得到了复旦大学与上海财经大学的文凭，令人骄傲。只可惜，当时当名教师是需要全日制的学历的，母亲也没能如愿成为一名教师。

母亲在读中专时，上的课程是专门应对公务员考试的。次年，母亲他们这一届学生被告知无法参加公务员考试，原因也不太清楚，就这么过去了。待母亲他们毕业了，又得知可以参与考试了，这可真是造化弄人啊！

四　外婆的灾祸

我的外婆，在我上幼儿园大班的时候因病离世。她都没来得及为我讲述她的故事就这么走了。时至今日，想起此事，心中也是隐隐作痛。

那年，外婆怀孕了。一个月，两个月，三……终于，这一天到来了。产房中，一个生命哭闹着来到人世间——她就是我的母亲。对于医生来说，这次出诊顺利结束了，他圆满地完成了任务。

可是不久之后，外婆腹中依旧疼痛，不知何故。此时，这位“有经验”的医生才大呼不妙，因为外婆腹中，还有一个孩子没有出来。可一切都晚了，待外婆将孩子产出，这可怜的孩子早已一命呜呼。哀哉哀哉！

为什么会发生这种事？也怪不得那位医生，怪只能怪当时尚不发达的医疗技术。

……

一晃，多年过去了，外婆已离开许久，在天上默默地注视着这块土地。我已记不起她可爱的容貌，但她对我们一家人的爱，我不会忘记。与她在一起时的美好回忆，我不会忘记。

爱你，外婆！

五　父亲从军记

军人，是个神圣的职业，他们保家卫国，他们守护人民，他们，是最可爱的人！

那年，父亲坐上了通往南京的火车。

第一年，新兵训练，父亲面对的是严厉的教官与残酷的训练。他第一次尝到了思乡的味道。就这样，一年慢慢地过去了……

第二年，父亲在南京军区某部队，担任了汽车兵的职务。听父亲说，部队就驻守在南京航空航天大学的旁边(可能有误)。

训练场上，口号声与引擎声环绕在耳边。远处，59 式坦克隆隆地驶来驶去。而父亲驾驶的，相比之下，是毫不起眼的小军车。倒车，停车，全是些现在耳熟能详的科目。

日复一日，汽车兵这个职务好像还不错，毕竟算是那些团长、旅长的专车司机，平日里也免不了替那些个老爷们收些礼品，比如茅台、中华这样的好家伙。碰上一两次好机会，就能得一份“满汉全席”，喝一点好酒。喝不完的，就去换些零食回来，也能滋润滋润日子。

罢罢罢！

就这件事来说我心中是憎恨、讨厌我父亲的，因为这与我心中的军人形象不符，但毕竟已成为往事，又何必追究呢？关键的是现在的人民军队比以往更加强大，更有正气，那么不再拥有往日的污浊之气，便是最大的进步。

这是家耻，也是我继承的耻辱。

六　外曾祖母的凶险一刻

采采青菜，慰我孙儿。外曾祖母像往日一样，裹上自己的头巾，沐浴在下午的阳光中，走向自己的菜地。

远处，是鱼塘那传来的犬吠。

外曾祖母为自己的菜地除些杂草，乐呵呵地看着自己的劳动成果。一棵棵青菜全像她的娃娃一样，长势旺盛。外曾祖母看看这棵，再审视一下那棵，琢磨着挑些好的，送给难得来一次的我们。

犬吠声似乎更响了些，隐约约地听见急促的喘息声。

终于，外曾祖母找到了自认为最壮、最好的几棵菜，拎在手中，开始往回走去。

突然，她感到臀部一阵剧痛，回头看，身后一只藏獒死死地咬住了她的臀部。

出现了，是记忆的空白部分。随后发生了什么，我想象了两个版本。

吹牛大王版：外曾祖母见势不妙，用手里的摘菜工具，狠狠地打了那恶犬一下，打得那恶犬眼冒金星，不得不松了口。外曾祖母忍住疼痛，乘胜追击，又给那恶犬来了一下，打得那恶犬呜呜地哀号，夹着尾巴灰溜溜地逃走了（这显然不可能）。

正常版：藏獒主人听见外曾祖母的求救声，急匆匆地赶过来，呵斥着自家的恶犬，带着外曾祖母到医院去打了狂犬疫苗针。

最后外曾祖母好像在床上躺了几天，但又可以下床料理她的菜地去了。

若要问商榻南浜村一个鱼米之乡，怎么会有藏獒这种恶犬呢？那是鱼塘主人买来看家护院的。

被狗咬只能算皮外伤，但还有一回，可真是差点要了我外曾祖母的命呀。

那回，外曾祖母被心脏病打垮了，全身浮肿，躺在床上奄奄一息。情急之下，被送到了青浦中山医院进行救治。

外婆早已不在人世，只得由妈妈照料外曾祖母。妈妈说，每次去看外曾祖母的时候，她都会笑得像个孩子。

老天赐福，想不到在医院待了一段时间后，外曾祖母的身体逐渐康复了。不过，出院时医生告诫说外曾祖母不能再到菜地种菜了。

但外曾祖母又怎么会乖乖听话，总是会像溜出家门玩耍的孩童一样，趁人不备时，偷偷地溜到菜地去种菜。

至于为什么老天放了外曾祖母一马，或许是被她天使般的笑容所感动，或许是她每日的劳动造就了她相对强健的体质。现在，香蕉是她的药物兼零食（香蕉富含钾），吃香蕉时她也会露出那孩童般的笑容。

外曾祖母确实是个孩子。

不知哪日，我问妈妈外曾祖母近来身体如何？吃得下东西吗？她便给我讲了个故事：

有一次妈妈回家，晚餐较平时丰富了些，是外公特地从淀山湖捕了鱼虾回来，又去菜场拎了几只螃蟹回来。

外曾祖母倒也未表现得特别激动，端着个饭碗，从容地、不紧不慢地在那吃着，熟练地挑出鱼刺、虾壳，一一吐在了桌上。

黄色的灯光像个小太阳，为这场难得的团聚增添了丝丝暖意。过了一会儿，邻居家的一条斗牛犬兴冲冲地闯了进来，见食无肉，又抖着它那一身肥肉出去了。

日将暮，妈妈发现外曾祖母身前的那些鱼刺、虾壳、蟹壳早已堆成了一座小山，妈妈再看看自己和外公的战果，是远远不如外曾祖母呀！

虽已年过八旬，外曾祖母的一言一行变得像个孩子，但她对家人的爱却从未减少半分。

我们都爱现在如孩童般的外曾祖母。

【教师点评】

小作者遴选了六个故事，每个故事都有鲜明的中心，剪裁非常精当，从不同的侧面表现了20世纪中后半叶青浦百姓日常生活中的精神风貌。面对生命的种种际遇，他们都会用时间抚平生命的伤痛，重新出发，从而展现出热爱生活、不甘沉沦的强大的内心世界。（简振雷）

【一起思考】

不要小瞧孩子的眼光，判断力就是从“窥视”开始的，我们能接受孩子的质疑吗？

二十六 致敬岁月

丁 楣

一 活了“两辈子”的奶奶与执手同老的爷爷

我看着她，那个已经满头白发却依旧神采奕奕的老人，突然觉得她好像又变回了当年那个风华正茂的名记者。

奶奶的新书是在我小学时出版的，当时我只匆匆翻了几页便将它束之高阁。直到高一那年，看到寒假作业，我才又一次从书房布满灰尘的旧书堆中翻出它。我从前听过不少奶奶的故事，只是这一次终于透过《活了两辈子》这本奶奶写的书，听奶奶讲了一次完整版，或许亦只能说是比较完整，那个老太太的故事太长了。

“她的前半生从流放地走出，身为名牌大学高材生却被时代的暴风雪刮到雁门关外，凭借乐观坚强，终圆名记梦，摘取首届‘范长江新闻奖’。她的后半生从癌症中走出，47 岁时的生死变故让她转型成为一个快乐的普通记者和贤妻良母，重拾亲情、友情、信心、责任，享受了事业，享受了生活。”

爷爷奶奶都是复旦大学哲学系毕业的，爷爷因为伤寒症休学了两年的缘故和奶奶是同一届。据说当年的爷爷既沉静儒雅，又有点清高，而奶奶自称是哲学系“一支笔、一张嘴的标本”，一开始两人根本没怎么讲过话。后来在一次全系大会上，等其他演讲人说完，主持人随口说了句“谁还想上来讲几句”时，爷爷突然冒了出来。“很沉静的，很悠闲的，绝无前几位的慷慨激昂，倒有几分在小沙龙上即兴发言的味道。他手中没有一个字的讲稿，在话筒前一站就开始娓娓道来，声音平和语调流畅，犹如在作内心的独白，讲话中既有生动的事例，又有严肃的思考，还有耐人寻味的提问，与会者的情绪很快被调动起来。”这是奶奶在书里的形容，我想这话她是绝对不会当面说的。爷爷就这样凭借着那一次即兴演讲中的精彩表现不经意间进入了“挑剔”奶奶的视线。清瘦、颀长、温文尔雅，是奶奶对当年的爷爷的评价。后来的故事自然不用多说。

终于迎来了毕业，本该前途光明，可惜“文化大革命”从天而降，奶奶的毕业鉴定上是“资产阶级反动路线的爪牙”这一类的词汇，将被流放。我难以想象现在这个乐观豁达的老太太竟然在当时哭得天昏地暗，甚至拒绝签字。爷爷的条件本可以留在上海，却为了奶奶，明明自己体弱多病，还是义无反顾地放弃了难得的机会，跟着奶奶一起去了雁北。“历史是人自己写的，人生最后的鉴定，是他对社会的贡献。”这是爷爷当年对奶奶说的。

可是谁想得到呢？正是在那块荒漠严寒的土地上，他们的命运又被改写了。爷爷的第一篇稿件《河泥是怎样挖出来的》，获得了高度评价。奶奶曾说：“我一看那题目就反胃：什么呀，挖河泥还值得做篇文章？但刚看了个开头就被吸引住了……”果然，稿件很快被《雁北报》采用，并且从大同传来了编辑部主任很高的评价：“写得太精彩了，我一个字也未改，一个字也没法改。”于是爷爷奶奶开始继续写下一篇又一篇充满“激情”的报道。终于爷爷成了《山西日报》的记者，奶奶后来也成了《光明日报》的记者。再后来，爷爷也被调到了《光明日报》，却成了奶奶的“助手”“贤内助”。我爷爷是个淡泊名利却富有才华的人，他和“争强好胜”的奶奶截然不同。

奶奶一直说，自己之所以有所成功，从来不是因为聪明，而是凭着一种“武士道”的精神，不达目的誓不休。当年，为采写长篇通讯稿，她早出晚归，在山西焦化厂一待就是一整天。那个时候，地处郊区的厂还在建设中，院角落里砌起一人高的砖墙，里面挖个洞，就算“厕所”了。寒冬腊月，头顶上寒风呼啸，地下又脏得伸不下脚去，她硬是憋着一天不上厕所。几天下来，尿血了，但翌日一早，又跟着厂长下煤矿了。爷爷拿着药追到楼下时，车正开出院门，他紧追几步终是没有追上。还有什么大年初一赶千字稿，白雪皑皑中骑单车采访，采访印度第九届亚运会前不会英语（大学学的是俄语），硬着头皮上……

就这样，奶奶如愿以偿成了一名记者，而爷爷却被妻子的“光环”遮盖了十年。爸爸也提起过那段爷爷带他的日子，爷爷的身体一天不如一天，也一天比一天寡言。不仅病魔缠身、形销骨立，又得了忧郁症，整天郁郁寡欢，但是他对奶奶毫无怨言。我想这可能是那个年代最好的爱情的样子吧。

一场“灭顶之灾”改变了这一切，虽然很多年后，奶奶可以风轻云淡地感谢那场意外的疾病，但我想当时于她而言那毫无疑问是个打击。在奶奶获“范长江新闻奖”不到一年，正处于人生巅峰时，一场癌症打碎了这一切——直肠癌晚期。前十年没用过医保一分钱的奶奶根本不相信，直到两天后面对化验单，才不得不接受。爷爷说，奶奶被推出手术室时，脸白得如床单，却在与他四目相对时，裂开了毫无血色的嘴唇，绽出了一个微弱亦生动的笑容。手术成功了，真正的煎熬开始了。提起那段日子，奶奶总会一遍又一遍地教导我和姐姐还有堂弟，一定要珍惜彼此。在奶奶躺在病床上的那些日子，是她的姐妹们从全国各地赶来没日没夜地照料她。常年咳嗽的四姨婆，直到一次在医院厕所咳得吐血，才终于被奶奶“赶”回了苏州。当然还有爷爷和爸爸，爷爷的老毛病头疼、牙疼、胃疼，在奶奶的疾病面前一扫而空；而爸爸当时刚刚被美国一所大学录取，为了照料奶奶，只得留在了国内。

“人啊，往往不珍惜自己所拥有的东西，而非要到灾难降临，才会重新认识对方，也重新拥有对方。……我才大彻大悟到：自己这 20 年最大的幸福，不是事业上的成功，而是有一个世界上最善解人意的丈夫、一个温暖无比的家庭。别人都说我是丁炳昌（爷爷的名字）的上帝，其实他才是我的上帝，是我的精神支柱，是我的全部。”奶奶说。

奶奶那代人，比起上一代，要幸运得多，逃过了“反右斗争”，没有像数十万“右派”那样蒙受二十多年沉冤，几乎被毁了一生；比起下一代，也幸运得多，那数以千万计的孩子们，年仅十多岁便被中断了学业，遣送到边疆、农村去插队，很多时候连饭都吃不饱。但是那代人也一样经历过那个年代的苦难，他们长期超负荷运转，有一时期，中年知识分子死亡率甚至超过了上一代。

好在正是因为在飞得最高时被折断过翅膀，奶奶有着岁月沉淀的乐观、豁达。笑比哭好，这是奶奶的性格，是她的一种处事方式，也是她的一种人生观。

被“文化大革命”摧残过的不只是奶奶，即使是一直笑眯眯的爷爷，在谈到他复旦附中的教导主任时，也忍不住哽咽——那位教导主任是被活活打死的。在那个人们思想极度扭曲的时代，学生打老师的事情层出不穷，据说附中当年已经算情况稍好一些学校了。那起事件是由几个爱捣蛋的学生挑起的，他们围到教导处，冲那位主任吼，说他是资本主义之类的，还扬言要打他。那位往日极受爱戴的老师，露出错愕的表情，大声喊出“打啊！有本事你们打啊！”之类的话。没有想到，这句话彻底激怒了学生们，最后他竟是被学生活活打死的。那时的爷爷，刚好大学毕业。“他是个很好的老师，教过我，我们都很喜欢他。那时我家里穷，也是他帮我申请的助学金。”六十余年后，爷爷说这话时，仍然湿了眼眶，“当时是我一个高中同学来告诉我们的，我们都痛哭流涕。那个时代有多疯狂，你们根本无法想象。”

二　在海峡对岸的外公外婆

今年过年，是第三次没回台湾过年，突然很怀念从前过年时餐桌上外公的“高谈阔论”。“我刚来台湾时才十几岁，地下到处布满了日本人埋的地雷。我跟着老兵们一起去踩地雷，就眼睁睁地看着前面的人一个接一个被炸死。老的排在前面，年轻的在后面……”外公是性情中人，每每饭后谈起这些，他总是一边摇头一边叹气。说到一处，突然哽咽。小时候我和姐姐不懂事，总会偷笑。母亲这时便用无奈的眼神看着外面，喃喃道，“你们不懂……”

台湾人分成三类：山地人、本地人、外省人。尽管现在大家已经刻意不再提及，那些伤痛却一直都在，我想，也许要等母亲这辈人入土后，才能终于被真正抹去吧。每一个地方的人们都有背后鲜为人知的辛酸。

所谓外省人，正是像外公外婆这样跟着国民党退到台湾的人，他们的故乡其实在大陆。有些老兵，就像我外婆的父亲，等了一辈子，也没能等到两岸开放来往，遗憾地在异乡死去。我到现在都记得外公第一次回到上海，他竟然可以和路人用蹩脚的上海话聊上两句。“怎么可能忘记呢?”当时他这样说过。

而所谓台湾本地人,是那些土生土长的台湾人。当年,老兵们刚刚踏上台湾,那可真叫苦的。的确当时的台湾经济已经算不错了,但对于没房没地的外省人来说,重新开始无疑是困难的。那时候台湾本地人对外省人非常排斥、看不起。我那位感性的母亲,一提起这些就会掉泪。

“可是后来偏偏是我和你外婆这样的外省人有了点出息,你说妙不妙?”外公是东海大学的毕业生,当年他的成绩完全够上台湾大学,却因为家境贫寒,只得去了给予其全额奖学金的东海大学。而外婆,则是台湾大学的毕业生。他们选择自己开公司。日子变得越来越好,但背后的故事很长。

“我当年读书,要穿过一片森林,里面有很多蛇,当时都是敲它们七寸。我现在想想,真的很愧疚,但是当时真没办法,为了去学校必须走那条路。现在想起来,我真的伤害了太多生命。”这是外婆一次偶然对我和姐姐提起的。时至今日,依旧清晰地记得当时那种吃惊到说不出话的心理。本来是我在跟她抱怨走路上下学太累,听她说完,心中只剩下惭愧。当年的人们真的有太多迫不得已。

外婆从小就很用功,虽然她生来就拥有极美的容貌,但鲜少玩乐,外公是她的初恋。而外公五岁那年母亲就过世了,在他们五个兄弟中,他是最杰出的那个。外公年轻时,不仅成绩优异,还酷爱体育,尤其是足球,虽然他在晚年为此付了代价——膝盖开刀换过。还有歌剧和植物也是外公的“心头肉”。这个固执的老人,尽管身体早不如当年硬朗,却还热衷于养植物。那么重的一盆一盆,只有膝盖动过刀的外公搬得动。每每台风天,他都得把植物从顶楼搬到楼下。其他的时间,他就戴着老花镜,拿着放大镜,翻阅各类外文资料,研究植物,到了晚上则开起音响听歌剧。外公一直以实际行动践行着“活到老,学到老”。

外婆的爸爸,正是所谓的老兵。他的晚年过得略显凄凉。我从来没有见过他,只听大人们提起过几次,但他在我心中却有着鲜明而立体的形象,就好像我真的和他相处过一样。他一直有个执念,希望自己当年能在抗日战场上献身逝去。身为一名军人,他大概觉得能在战场上为国而亡才是真正的好汉,所以这一直是他的心结。他也一直一直殷切地期盼着,有一天能回故乡看看,可惜最终没能实现。他最后的那段日子,据说是有些痴呆,精神萎靡,身体也因为在战场上落下的各种病痛和心理上的悲观日益衰退。

那个年代因两岸隔绝导致的悲剧很多,我爷爷的父亲也是一个例子。他是一名船员,在1949年秋天货船恰好停泊在台湾。谁能想到呢,突然两岸封锁,他就这样彻底失去了回家的权利。他和两地相隔的妻子,都没有再娶或再嫁,就这样等着等着,盼着盼着。这样的感情无论在哪个年代都是很难得的吧,尤其是对于爷爷的父亲来说,他在台湾可谓是无依无靠、孤苦伶仃。直到几十年后,大陆对台湾开放,爷爷的父亲几乎是在第一时间启了程。但悲剧又再一次发生,爷爷的父亲没几天就能到上海,可爷爷的母亲却在那些日子里的某一天,在河边洗衣服时,不幸落水去世,两人终是没能再见上一面。唯一幸运的是,爷爷父亲最终葬在了故乡，与他一生中唯一的妻子葬在一起。

三　爸爸妈妈两岸来相爱

初中前桌开玩笑地称我“杂种”，因为关系近的朋友都知道我的父家是大陆人，母家是台湾人。太多人好奇我的父母相识的故事，所以我打算写一写。尽管现在两岸婚姻不算奇事，但在20世纪90年代初，像我母亲这样从台湾嫁到大陆的女子少之又少。我的父母相识在海南。当时外公和父亲在谈有关棕榈树的项目，外公请母亲去海南考察情况。那时大陆才刚刚对台湾开放，且要从香港转机，而台湾还未对大陆开放。结果没想到，我的父母竟然就这样走到了一起。

每次和同学讲，我大概讲到这就结束了，大家总感叹太甜了，好幸福。但就像童话故事总以“就这样王子和公主过上了幸福快乐的生活”结尾一样，很多看似美满的故事背后总还是有无数酸与泪。

“我刚来海南的时候，海南还很落后，而且在那里我一个朋友也没有，当时我们也没有邻居，你爸爸在上班，我一个人在家里，真的连说话的人都没有。”妈妈是在我和姐姐都迈入初中后才偶然跟我俩提过这些。我出生在海南，在那里待过三四年，也算是半个故乡。那时候太小了，只记得在海滩边玩乐的欢愉，却不知道那里藏着母亲过去的心酸。

很多故事我都只在很小的时候听过一遍罢了，但我始终铭记着。作为后辈，我想，这大概被我当作了一项使命吧，如果连我们都忘记了，还有谁记得呢？人在世上走一回，若是没人记得，该是怎样的心酸啊。

只是很矛盾的是，很多故事我只略知一二，但说实话我没想再去询问。有些东西或许大家总用“因祸得福”或者“时间会冲淡一切”之类的字眼去描述，但是我总认为伤痛就是伤痛，经历了才会变强，这话没错，可是揭开伤口还是会痛的吧。

我也经常感到幸运，总觉得自己恰好生在了时代的转折点，甚好。

【教师点评】

作者运用细腻的笔法，形象生动地向我们追述一个家族史的典型故事，从一个侧面向我们展示了时代的风云变幻，再一次印证了一个颠扑不破的真理：一个人的命运总是和一个国家、民族、时代的命运紧密地联系在一起的。（简振雷）

【一起思考】

“一切都会过去”“一切都不会过去”，这不仅是一道高考作文题，而是我们每一个人都应该思考的话题，除了无力阻止岁月，我们可以想一想怎样去传承人格的力量吧？

二十七 “遥花圃”家庭纪事

程 遥

一

我现在十六岁，正是最美好的少女时期。昨晚我翻到了一本旧的相册，里面有妈妈年轻时候的照片，这张照片我不曾见过，但是照片上的那个少女皮肤多么水灵，白里透红。三月底梅花开得正好，那时候还没结婚的我爸和我妈一起去南京游玩，用胶片相机拍下了这张照片。

还有一张更早的照片，那是妈妈初中时的毕业照。照片上，妈妈身穿一件鹅黄色的外套，扎着长长的双马尾辫子，青春活泼。

最重要的一组照片，便是爸妈结婚时敬酒的照片。婚礼是女人生命中最难忘的一天。泛黄的老照片上，妈妈穿着正红色旗袍，身姿旖旎，口点胭脂，“肤如凝脂”“齿如瓠犀”，也是一个水灵灵的美人。

原来妈妈曾经的确是个少女，不是一生下来就是妈妈的。

我记得，在我小时候，妈妈经常带我去公司玩。她那时大约三十多岁，身材很瘦，烫着一头大波浪卷发，也喜欢时髦打扮。

她现在当了快十六年的家庭主妇，待在家做家务、照顾我和两只宠物猫，也生活幸福、家庭美满。之前我是最瞧不起家庭主妇的，嫌弃她既不爱化妆打扮，又不爱出去和朋友聚会，总是劝她多把重心放在自己身上。我问她为什么愿意当家庭主妇，把自己全部的重心都放在别人身上，这样不会失去自我吗？妈妈轻哼了一句，淡淡地微笑说：“每个人都有他要做的事啊。”我现在大概懂了她的意思。能把家庭成员照顾好，把家里一切事物料理妥当，室内窗明几净、干净清爽是对一个女主人最大的褒奖。同时，教育好自己的孩子，这也是一项有意义而且重要的任务啊。

“十一”期间，我们一家三口去了朱家角的彩虹桥。那是一座婀娜多姿的桥，横跨淀山湖潋滟的水波，64 跨彩虹桥连接着夕阳摇摆的倒影，夜晚又编织通往月亮的皎洁小路。我看到，此刻夕阳悠悠地落下，把天边的云烘成薄薄的桃花色。我正用手机忙着拍照，爸妈没等我而继续往前走了。抬起头，我看到了这样的一幕：妈妈挽着爸爸的手臂，两个人慢慢地走。秋天的落日照得游人暖意融融，周围的一切喧嚣好像都不存在……

我立刻联想到海子的诗歌：

“你来人间一趟

你要看看太阳

和你的心上人

一起走在街上”

我爸妈是大学同学，妈妈是大一届的师姐。听说妈妈的闺蜜和我爸是老乡，在举办同乡会时大家相识，后来逐步发展成恋爱关系。因为父母的爱情，我于是有了现在这个美满幸福的家。之前爸妈来到我学校的教室，他们回去后，看见他们的同学还跟我说：“你妈妈真年轻，还喜欢蹦蹦跳跳的呀！”我觉得这真有意思：一个女人到了四十岁，还能保持天真活泼。一个人能始终保持一份天真和纯洁，亦是生活的勇者。岁月仿佛没有在他的灵魂上留下印记，反而坚定了他一辈子追求的初心，沉淀了他丰富的知识和阅历，形成了他对生命的态度。

我之前对妈妈年轻时候的事一点也不了解，昨天刚听她讲了些。妈妈上大学的时候是苏州大学学生会的文娱部部长，唱戏唱得很好(爸爸还是校园十大流行歌手第一名，他们都爱唱歌)。上中学的时候，她有空就去家门口的白糖厂空地上和伙伴练戏，厂主家里人有会乐器的就帮她们伴奏。那个时候，很多现在的名角都还没走红，她还偷偷溜进过戏院的后台，偷看演员们化妆、调嗓，好不调皮！今年腊月，我还陪她一起到美琪大戏院看了一场越剧春晚，她那狂热劲一点也不亚于现在的年轻人追星。

爸妈上大学时学的都是植物方面的专业，现在自己办的公司也是做草花种子贸易。和花花草草打交道，这的确是个让人觉得幸福的职业。画册上单瓣的、重瓣的、各个品种、各个颜色的花朵图片，看了叫人赏心悦目。我从小也有许多种植的经验，观察一粒种子从小苗成长一株能开花的植物，这种孕育生命的体验能让人深刻地体会到生命的意义和价值。

妈妈说她小时候对植物学的启蒙，就是家里后院水井旁边的一小块地。外公以前经常从单位里拿花草树苗回来，她就整天流连忘返，剪几撮树枝上的嫩枝，圈一小块地，把嫩枝插得整整齐齐，再按时浇水、蒙上塑料薄膜，她说那是她第一次扦插植物。

妈妈还喜欢小动物，每天都会给小区里的流浪猫喂食，这样已经坚持了三年。除了自己家原本养的两只大猫，暑假里，妈妈又救助了两只小流浪猫。现在我们已经是一大家子了，三口人，四只猫。

以我现在的眼光去看妈妈，我再也不觉得她是个无聊的母亲了，又或者说，她的确是个有趣的母亲！因为爱，她认为守护好这个家就是她这一生要去努力的事。家里有这样一个妈妈，是多幸福的事！

二

我爸是家里的老二，他还有个哥哥，兄弟两个差了五岁，爸爸读小学一年级的时候，伯伯读六年级。

他总是会跟我讲起他在小学、中学里的故事。

伯伯每天早上都去田径队训练，训练完了每人分发两只豆沙包。伯伯总是念着自己上一年级的弟弟，于是跑到他教室里，把豆沙包分给他吃，然后自己再冲回去上课。后来我爸没白吃这么多豆沙包，也长成了运动健将，还当上了班长。爸爸讲到这段就一定会跟我炫耀说，以前他考第一名的喜报直接送到奶奶厂里，全厂里的人都羡慕不已。

20 世纪 80 年代的时候，家里还很穷。爸爸小时候的晚饭经常是酱油炖蛋、酱油汤、青菜豆腐、炒豆芽之类的。所以，每次爷爷一发工资，就会买最好吃的——猪头肉。一天晚上，爷爷把切好的猪头肉包在油纸里，藏进橱柜。于是，一次偷吃行动开始了。电光火石之间，我爸和伯伯溜进厨房，摸开橱柜，打开油纸，窸窸窣窣开始偷吃起来。前面提到过的，伯伯练田径，听到传来小心翼翼的脚步声，撒腿就跑，留下懵懵的我爸，被爷爷当场抓包。以前爸爸读的十里坊小学门口有卖小零食的摊头。老爷爷摇着把手，只听“嘭”的一声，白白胖胖的爆米花从炉子里滚出，热气腾腾、米香四溢。旁边的三轮车上还有塑料袋子装着的粟米棒和蛋卷。

爸爸当时考上了南通市的一所市重点高中，在那儿度过了高中三年。有一年夏天，爸爸和几个伙伴约定一起到狼山看日出。他们凌晨出发，蹬了两三个小时的自行车，爬上山顶，终于等到太阳从地平线上升起的那一刻，一缕红光闪耀得刺眼，伴着金黄色浩浩荡荡洒向大地。

后来爸考上苏州大学，二十岁的他一脸朝气，身材挺拔，浓眉大眼。20 世纪 90 年代流行音乐的潮流席卷了全国，爸爸最喜欢听谭咏麟、张国荣的歌，伴着热爱和一副天生的好嗓音，爸在校园十佳歌手大赛上顺利获得了第一名。听说当时爱慕他的女孩子可不少！

爸爸毕业后的第一份工作是在一个水产公司里做质检员，检查海里捞上来的蛤蜊的质量。寒冬腊月，爸出差到连云港去检查货物。十几公里的滩涂，四周没有一点遮风的东西，那时候爸爸裹着两件军大衣，徒步走到冰冷的海水里，仔仔细细地检查货物质量，一干就是一整夜。工作的地方环境简陋，没有什么可吃的，爸爸只能煮海水蛤蜊，荡荡泥沙，不带嚼的囫囵吞下去充饥。

1999 年，爸爸来到上海发展。他曾经上班的公司在青浦赵巷，年轻的小伙子一点也不怕苦不怕累，爸爸和工人一起到大棚里干活，皮肤晒得黝黑，回家过年的时候，爷爷奶奶看着都直心疼。2010 年，爸爸从公司辞职，开始自己创业，办了我家现在的爱腾园艺有限公司，主要的业务是草花种子贸易。爸爸十年来积攒的工作经验让他对这个行业十分了解，诚恳、踏实的为人让他结识了许多生意伙伴，得到了许多帮助。

小时候我也经常和爸妈一起到常州跑客户收款。每年年底，爸妈都要处理大量的账单，联系客户，十分繁忙。我一直认为爸妈的这份工作能够给人带来快乐，花朵是世界上最可爱的事物，无论是一束鲜花装点室内，还是一片花海沁人心脾，花总是蕴含着大自然的力量，让人懂得生命的意义。

近几年，爸爸拓展了一些业务，做一些小的绿地工程。他总是起个大早去监督工人干活，又亲自给工人买肉包、盐汽水和午饭，确实很体贴。爸爸一直教导我要做善良的人，尽自己可能的去帮助他人。对我们这一代人来说，生活几乎没有压力，大家不用担心上不到学，家长又为我们准备了今后住的房子，这是给了我们更多实现自己梦想，实现自我价值的机会。放眼观察这个社会，仍然还有许多人挣扎在温饱线上。爸爸去给工人买午饭后跟我说，那里卖得最多的就是最便宜的盒饭，干活的人都心疼这点钱，他们也许也是父母亲，想给自己的孩子能提供的最好的东西。

爸爸给我的，不仅是一个好的家庭环境，他还教会我做人最重要的东西，让我葆有一颗善心，始终支持着我。这些最宝贵的精神财富，就是我们家的传家宝。

三

我家的老房子不大，门前有一块菜圃、一棵银杏树和一棵桂花树。花木从不修剪，野草快长疯了；枝叶纠缠，荫影深浓，却是麻雀儿、母鸡和虫儿生存和嬉戏的乐土，也是我儿时的乐园。春天采一串红的花朵，学小蝴蝶吸其中的花蜜吃；夏天把大西瓜放在水桶中，浸在清凉的井水里；秋天躺在摇椅上，闻桂花香，听风吹落叶的沙沙声；冬天冻得小脸通红，在灶头的烟灰里烘红薯吃。老房子的墙上爬着丝瓜和豌豆，记忆中嫩黄的丝瓜花、豌豆藤小小的紫花、地上的狗尾巴草都摇晃着脑袋，笑对观赏它的人。推开铁门，黄狗小虎会跑出来迎接小主人。在老房子的日子总是那么快乐！

老房子有一栋两层高的楼房，一间木头的厢房，前庭有一片院子，后边有一条小河。厢房在我爸小时候就有了，楼房是十几年前爷爷自己一手盖的。爷爷做过玻璃厂的员工，做过泥水匠，年轻的时候左手三根手指被轧坏，弯不了。我记得小时候，爷爷还会抽抽草烟，现在把烟戒了，最大的爱好是在附近学校的操场上散步，还有酿米酒喝。奶奶年轻的时候则是一个彪悍的女子，在生产大队里，她的工分跟男工一样多。

我和我的堂姐小时候就一直在这儿玩耍。堂姐大我七岁，我人生中第一次吃辣条，就是她偷偷带着我溜到村后一家小卖部去买的。听她说，我小时候特别好玩。一串红花蜜是她骗着我吃的，我记忆里好像是什么都没吃到，只当是好玩。更好笑的是堂姐烤了一串玉米，炭火把玉米烤得黑乎乎的，我却一口咬上去，吃得满脸炭灰，把堂姐逗得开怀大笑。

老房子里最热闹的时候，就要数那餐桌上的时光了。一家人围聚在一起，欢声笑语充满了整个老房子。奶奶掌勺，桌上总是摆满了我最爱吃的各色菜肴。厨房上的小烟囱呼呼冒着白烟儿，漏出饭菜的香气。上学之后，我和爸妈很少回到老房子，只有逢年过节时一家人才能团聚。

有一年中秋节，正是“秋风起，蟹脚痒”的好时候，我们回到了老房子。晚饭前，电视机里嗡嗡的节目声，厨房里灶头火烧的声音，奶奶砧板上切菜的声音，正为这“隆重”的晚餐渲染着气氛。“遥遥，爷爷买了可乐，你喝不喝?”“好呀!”爷爷给自己倒上一碗浓浓的米酒，放进微波炉里温好。等到奶奶在厨房里喊大家来吃饭时，我跳到椅子上，喝一口可乐。可乐是热的！汽水里的气也跑没了，只剩下一杯黑色的糖水。哈哈，原来是爷爷把汽水也当米酒，放进微波炉加热了。

菜渐渐上齐，家里有规矩：必须一桌人坐齐，长辈先动筷。可这些都是我爱吃的！黄豆猪脚冻，粉丝煲，鸡汤，当然还有大闸蟹。饭过半旬，不懂事的我吵着要去看电视了。等我回来时，碗里却有满满一碗蟹脚肉。“你猜这是谁帮你剥的？是奶奶。”爸爸说。奶奶好像被表扬了的孩子，脸上泛出一种得意的笑，顿了几秒，却又说：“我用剪刀给你弄的，没用嘴咬，怕你嫌弃。”羞愧之情涌上我的心头。我的年龄越大，和爷爷奶奶的关系却好像渐渐疏远了，有时还会嫌弃他们什么都不懂。

元宵节也是一家人团圆的日子，在这特别的一天，我们还会全家一起做元宵和汤圆吃。元宵是没有馅的，要蘸糖吃；汤圆则有鲜肉、芝麻馅。我小时候喜欢把糯米团搓成各种形状，当橡皮泥玩。爸爸这会儿就会喝住我，他说，汤圆的圆形，是寓意着一家人永远团团圆圆，幸福美满，是不可以捏成其他形状的。

芝麻馅汤圆的香甜直到现在还回味在我嘴里，就像我们一家人的笑声，一直回荡在老房子里。

长大后，我越发爱儿时的回忆，常常拉着爸妈给我讲我小时候的趣事儿。翻相册时，看到已经拆迁了的老房子，想起已经过去了的童年，觉得惋惜不已。虽然老房子不在了，但是我们家人之间的爱会永远延续下去。

这个春节回南通，看见原来老房子的位置拔地而起一片拆迁小区。爷爷奶奶辛苦了一辈子，也到了应该过过好日子的时候了。明年我们一大家子人又可以团聚在自己家里过年了。我想，对爷爷奶奶那辈人来说，能给小辈留套房子，大概也是一件他们能够得意的事了。奶奶包了一大包韭黄春卷，又塞了不少冬枣、柑橘、年糕、牛奶给我带回上海。

每次春节从南通回到上海的这一路上我总是会流泪啊。怀念老房子，感恩家人，感动这份浓浓的亲情。

【教师点评】

本文采取倒叙的手法，追忆了三代人幸福而难忘的往事，故事展现了时代的变迁和家族的发展史，字里行间流淌着浓浓的亲情和对生命的感激，一个热爱生活、阳光、积极、乐观向上、富有感恩之心的小作者的形象跃然纸上，祝福这个相亲相爱的大家庭。（简振雷）

【一起思考】

让婚姻成为爱情的巢穴，这难道不是对年轻人而言最好的爱情课吗？

二十八　杨元归途

顾吴琼

“老妈，给我讲讲你小时候的事情吧，我要写作文！”

“有什么好讲的呢……让我想想”

“就随便说说，什么都可以的。”

轻轻点了点头，母亲似是陷入了回忆：“那个时候……”

那个时候青浦区，哦不，应该叫青浦县香花桥镇的一个小村庄，三幢两层的联排房屋连成一线，每幢生活着十家人家。屋前有着五六米宽的空地。空地前是一条不算太宽阔的河流，河的对面是稻田，屋的后面也是稻田。春日里，刚种下的秧苗，翠生生的，充满活力，惹人欢喜；秋阳中，恰成熟的稻穗，沉甸甸的，压弯了腰，稻香阵阵。杨元村，那是一个被稻田围绕着的村庄，是母亲度过美好童年的地方。

说话间，母亲翻找出了一张照片，是她和外公外婆的合影，照片的边缘已经微微皱起。

“黑白的嘛。”早已见惯了彩色相片的我，小小的惊讶。

“那时候哪像现在啊，黑白照片都很少拍，更别提彩色的了。”母亲笑了笑。

照片里面小小的姑娘留着学生头，八九岁的样子，高挺的鼻子，常被别人戏说像外国人的鼻梁，已可以从中窥见一斑。我还是第一次看到母亲短发的样子，虽然只是小时候的，很新奇。我看着这张黑白相片里笑得开怀的母亲，微微发愣。

那个时代以黑白为基调，大人们大多穿着黑白双色为主的衣裳，而红与绿已经是孩子身上最鲜艳的颜色。黑白的电视，黑白的幕布电影，黑白的小人书，黑白的教材课本。白天是白的，夜晚是黑的，黑白的界限如此的清晰。破晓，将整个世界都带入白昼；日落，则让世界陷入黑暗。那时候乡村的夜晚，没有路灯。

许是没有路灯的缘故，那时候的月亮，特别的亮，那时候的星星，特别的多。

黑白的世界，单调，却无比简单纯粹。

如今我们面对的世界却是奉七彩成主旨，到处充斥着无比鲜亮的颜色。走进时装店，衣架上，模特身上，挂着穿着的衣服，颜色亮丽，晃花人的眼睛。彩色的电视，彩色的电影，彩色的漫画书，彩色的教材课本。就连夜晚，也被装点得无比绚烂。走在夜晚的大街上，七彩的霓虹灯，在纯粹的黑中掺上一丝异色，让夜晚变得不像夜晚，绚丽夺目的灯光，将一座又一座城市装点成彻彻底底的不夜城。白昼与黑夜的界限渐渐地变得模糊了，不再分明。黑夜可以变成白天，而且可以无比绚烂，只要你想，日夜颠倒，也无不可。

许是霓虹灯的缘故，现在的月亮，不再那么亮，现在的星星，甚至不愿再让我们看到它们的踪迹。

彩色的世界，绚丽，却带来更多纷扰。

母亲收起了相片，手指在桌上轻轻点了两下，似是回忆起了什么美好的东西，她抬手指了指餐边柜上的水仙花，洁白的花朵已经绽放，小小的，惹人疼爱。母亲的注意点却不在于此，她用手捻起放置于花盆底的一颗弹珠。

"我们那时候没有什么可以玩的东西，和几个伙伴一起，小小的弹珠也能玩得不亦乐乎，不像现在，你们玩具种类那么多，琳琅满目，可以塞满一整个商城。"

那时候，家中的地面都还没有铺上水泥，逢上雨天，便是一片泥泞的土地，有些时候在家里也不得不穿上雨靴。这样的泥土地，却成了孩子的乐园。约上三五好友，寻一个干燥一些，至少不用穿上雨靴的天气，带上一颗弹珠，聚在家中一角，蹲下身去，捋起袖子，开始"挖洞大业"，为自己手中的弹珠寻一个好归宿。伙伴们争着抢着，要把对方的弹珠踢出局，打偏的，打歪的，还有误把结盟的小伙伴给踢出了局的。小小一隅，欢欢笑笑。最后，白嫩的小手上总是灰扑扑的，沾满了尘土。

"我们那时候可皮了，家里总有一块地是坑坑洼洼的，中心和四个角上，总留着五个浅浅的土坑。后来，家中那块空地就成了我们打弹珠的据点。"

母亲的指尖捻着那一颗小小的弹珠，终是轻轻放于桌上。

"其实我们女孩子，打弹珠参与的还是比较少的，没有那些男孩子玩得疯，经常是在旁边瞎看看，瞎玩玩。后来，屋里和屋前的空地上都铺上了水泥，我们就找不到地方挖洞了，弹珠也就渐渐地不玩了。"说罢，母亲起身，将那颗弹珠轻轻丢回了水仙花盆中，"扑通"，是弹珠入水的声音。

或许是有些难过的吧。对于打弹珠，母亲虽然参与的不多，但却被一次改变，可以说是生活上的改善，生生剥夺了打弹珠的权利，是不舍的吧。

"小皮球，小小来。落地开花二十一。二五六，二五七，二八二九三十一……九五六，九五七，九八九九一百零一。"母亲小声用流畅的青浦方言念叨着一首没听过的歌谣。我回神，母亲已是坐了回来。见我面露疑惑，开口解释道："那是我们小时候，跳橡皮筋时哼的一首歌谣。"

两人做桩，绷紧一根长长的橡皮筋。三两个俏皮的小姑娘，扎着羊角辫，和着歌谣，勾着橡皮筋，跳得欢快。头上的羊角辫，随着主人的运动，上下翻飞。母亲还说，有一次，她们明明听到了上课铃，却不约而同地喊着，快点快点，跳完这一局再走。不出意料地，被罚站在教室后排。一溜儿排开，却默契地对视一眼，都笑了。

看着母亲的神情，我相信，那时候即便罚站也是开心的。

心生向往，那时候的快乐多么简单而纯粹。一颗弹珠，一根皮筋，都可以是快乐，在那个时候，快乐被具象化了，变成了看得见摸得着的东西，留下了印记，一直保存至今。我看了看手边的手机，这是我们现在最风靡的“玩具”。小小的孩子手中也托着一部比他的小手还大的手机，绚丽的屏幕上演着精彩纷呈的游戏。真的快乐吗？或许当下是快乐的，但在游戏带来的激情与快感褪去之后，留下来的又是什么呢？是空虚，那种快乐是独属于虚拟世界的快乐，它无法完完全全地牵引至现实世界。我们的快乐是抽象的，甚至我们无法断言我们是否真的快乐，我们是历经一番“快乐程序”之后，达成了预期的目标，完成了游戏中的任务，而自认为是快乐的，还是，那是我们发自内心真正的快乐。当它过去之后，我们找寻不到一个寄托，或者说是象征，它永远停留在了过去，现在和未来的我们在回忆的时候只能在记忆的棺匣中试图找到一丁点属于它们的蛛丝马迹，至于是否找得到，全凭缘分了。

“我们那个时候，过年是最开心的，不像现在，年味都没有了。”

母亲看着桌上因为前几天过年祭拜祖先而留下来的一碟碟剩菜，几不可闻地叹了口气，轻轻摇了摇头。

“那个时候啊，孩子们是盼着过年的，过年是最开心的，那时候平时吃得简单，只有过年才能吃上平时吃不到的鱼啊肉啊，哪会有什么剩下的菜啊。我们没有什么压岁钱的概念，只知道过年的时候能得到难得的新衣服。去这一家那一家串串门，开开心心，热热闹闹，或许还能讨到点什么吃的。不像现在，过年能吃到的菜，平常也能吃到，或许会比过年吃得更好。年夜饭也就失去了它本来应有的氛围，甚至成了年后的负担。”

我直愣愣得盯着眼前，那已经吃了不知多少天，早就吃腻了的菜，深以为然。看看窗外，除了物业统一布置的，挂在大铁门上，那个红艳艳的中国结，竟是一点也看不出过年的气氛。过年于我们这一代来说，已经没有了什么特殊的意义，更多的可能是厌烦的情绪。走亲访友已经变成了负担，我们不愿，不想，却又不能不去。带着满满的礼品，说着客套的场面话，虽是略坐坐就走，但是累，真的累。

那时候的年，年味很浓，传统文化的底蕴很好地留存了下来。一家人，可能还有邻里，热热闹闹的，吃顿年夜饭。孩子没有压岁钱，却有新衣服。一年的开端，也是上一年的结束，开开心心地过去。可是现在，年没有味道了。特别是在上海，过年的那几天，反倒是比平常还要冷清，大街上，人少了，车少了，开着的店面也少了。冷冷清清的，连象征性的红灯笼也没有。年对我们来说，变成了“春运人多”等一系列存在于网上的热词，一点点地，趋近于普通而又平凡的一天，变得与其他的日子别无二致。像母亲小时候那样如此期盼过年的心情，我们是再也难有体会了，哪怕是母亲自己。

“那时候人与人的关系很近、很亲，白天敞开的门，随时欢迎来串门。”

临睡前，母亲来到防盗门前，拉了拉门把手，确认把门锁好，才转身回房。其实防盗门终日上着锁，没有那个必要特地来检查一下。

“那时候，只有在天黑的时候才会把房门关上，白日里都是敞开着的，街坊邻里谁想来串门随时都可以。十家人家联排的房子，给了我们与同龄的孩子一起接触玩耍的机会。屋前的一大片空地更是给了我们玩耍的场所。那时候，我在前面玩，你外婆就搬了个小板凳，坐在门口择菜。有时候，邻居会送来一捧菜，笑着说是地里刚挑出来的，家里吃不掉了，一起尝个新鲜。”

家门常开？这样的念头从没在我的脑海中出现过。可在那个时候，这种想都不敢想的事情，却是铁打的事实。人与人之间的关系，很近，很亲。在这样一个小小的村庄里，没有当今社会里那些尔虞我诈，人心险恶。常开的大门，是主人毫无防备的心，是邻里真实朴素的存在。

母亲还告诉我，他们那时候买零嘴，都有货郎挑着担子来到村里。

“‘咚咚咚，咚咚咚’那是卖货郎摇着拨浪鼓走近的声音，听到这声音的时候可开心了。赶紧搜罗着平常攒着的收着的塑料薄膜和牙膏皮儿，跳着蹦着揣着这些东西，笑着向货郎奔去，举高手中的薄膜递过去。货郎也没什么标准，估量着你手中的薄膜，多就多给你点零嘴儿，一群小孩子在身旁叽叽喳喳地闹个不停，货郎也不嫌烦，操着一口地道的青浦方言，安抚着身旁着急换零嘴儿的孩子。他总是笑着的，年纪不大，一个个包着零嘴儿的三角包从他手上递出，笑吟吟地，落入一个个心急的孩子手中，甜甜的一声谢谢，换得了年轻货郎的开怀笑声。”

同一个村庄基本上来的都是同一个货郎，他和这里孩子打好了关系，拨浪鼓的声音就是孩子们的召集令，从村庄的四处脱缰似的野马一样奔来，瞬时围满了货郎身遭，嬉笑打闹着，向货郎讨吃的，有时候没有带上薄膜，白嫩嫩的小手中也会被货郎放上一包小小的吃食，抬起头，对上的是那双含着笑的眼睛。很明显，货郎并不只是为了赚钱，他喜欢这群天真的、可爱的孩子，送上的那包小小零嘴儿便是证明，孩子们也喜欢这个年纪不大的、爱笑的货郎，被团团围住，不断传出的孩童们银铃般的脆生生的笑声，就是最好的佐证。

村里有人造新房，在第一层房梁造好的时候，会站在上面，将买好的瓜子花生，和兑好的硬币，一把把撒下，不知道是风俗还是什么。总之，满村的人都会来凑这个热闹，小孩子们尤其起劲，争着抢着要去捡那散落一地的宝贝，吵吵嚷嚷。大人们，虽然没有那么投入，但这些东西偶尔蹦落到脚边还是会弯下腰捡一捡的，毕竟是来凑热闹的嘛，然后笑嘻嘻地送上一句祝福。主人也不恼，接下祝福的同时，手上抛洒的动作不停，几乎全村的人都聚在了此处，十分热闹，小孩子们自是抢了个轰轰烈烈，大人们那是聊了个热火朝天。

可是如今，这样的场面少了，可以说是非常罕见了，人们都住进了公寓高楼，大门紧闭，和邻里的关系也不再那么亲近，连点头之交都算不上了，可能打个照面都不知道彼此就住在对方的隔壁。邻居虽说是邻居，住得近，离得却远。母亲口中描述的那种画面，过去那种彼此毫无猜忌的模样，许是再也见不到了。人们的交往中多了一分戒心，少了一分坦诚。这样说来,生活的发展到底是让我们进步了,还是退后了。

这一天,母亲零零散散地跟我讲了很多她小时候的故事。三四岁的时候懵懵懂懂地去桥上凑热闹,被人不小心挤下了河,面朝下,却是一口水都没喝到,毫发无损,但把外公外婆吓得心惊肉跳;元宵节没有精巧的花灯,就点着个火把在田埂上瞎跑,几乎是全村的小朋友一起出动,火苗被风吹着,越烧越旺,孩子们跑着,把一整片稻田都点亮了;初中的时候为了听英语磁带买了一个随身听播放器,后来就用来放磁带听歌了;中专的时候还买过一张苏有朋的海报,贴在了宿舍床头;那时候结婚迎亲,用的不是豪华的车队,而是船队,浩浩荡荡的队伍载着新人和新娘的嫁妆,在屋前的河里驶过,沿岸的人家都会出来看看,高喊着祝福新人。

母亲口中的故事很零散,有些琐碎,我听得却着实津津有味,忘了一开始我仅仅是为了完成我的作文。母亲口中的生活都是我不曾接触过的,也是未来不太可能经历到的。相对现在而言,那时候生活的物质条件是落后的,但在母亲的讲述中,我没有感受到丝毫的对过去生活的抱怨,而是一种发自内心的快乐。“那时候可开心了呢”,简简单单一句话,我愣是听出了快乐,还有怀念,怀念那天真无邪的童年时光和那无比青涩的青葱岁月。母亲一直在那个小村庄里住着,直到她和父亲结婚。后来,那个村庄拆迁了,带着母亲儿时快乐的回忆一起消失了。从此,再也不见那十间房屋联排的楼房,再也不见那屋前河中浩浩荡荡的迎亲船队,再也不见元宵节夜晚围着稻田的火把。但那些快乐却具象地封存在母亲的记忆中,跨越了时光,讲述给我听。

这些故事让我有幸经历了一个截然不同的人生,让我认识到了过去与现在是有多大的不同,母亲小时候想都不敢想的事情,到现在可能只是一句话一迈步的小事。为这些发展欣喜的同时,母亲的故事却让我多了一些思考:是不是如今的一切都好?或许有些地方,我们应该学会回归,回归过去,去活得简单一点,纯粹一点。

【教师点评】

本文以母女聊天为线索,运用主客问答形式,在母亲今昔对比中表现时代的变迁和社会的发展,边叙边议,首尾呼应,水到渠成,娓娓道来,平实朴素,但字里行间流露着作者对生命的热爱和对美好生活的向往之情。(简振雷)

【一起思考】

时代变了,吃的变了,玩的变了,住的变了,但什么没有变而且不会变呢?

二十九　行舟记

周骥桐

有一次与父母吃饭，聊到他们以前的生活，我小的时候，对这类事也不太敏感，父母那时也年轻，自然不会回忆年轻的日子，对于他们的过去，我知之甚少，这次聊到这个话题，我还蛮感兴趣的，饶有兴致地听。

关于父亲

父亲是在农村出生的。在农村，中考考分高的孩子选择读中专，因为这样可以尽早工作、补贴家用，考分低的孩子才会上高中。当时父亲中考成绩在全县排前十几名，但因为家庭经济情况，百般纠结下选择读中专，进入了宁波卫校，学习四年，一个学期才能回家一次。学习解剖时，第一节课就发下一箱尸骨，供学生学习辨认各个部位。

"所以为什么我有的时候对你不满意。你现在16岁，我在你这个年纪的时候已经学习了许多专业知识了，条件很艰苦。"父亲说。中专毕业后，父亲进入镇海石化公司的职工医院做一名五官科医生。他意识到自己的知识有限，下定决心考研，由于学历原因，申请上海医学院时材料不通过，他又突破了许多阻碍，最终考入青岛医学院。硕士研究生毕业后，又考上上海医学院的博士。

单词本和22盘磁带

上中专时，父亲的英文很差，不仅词汇量只有初中水平，而且是"哑巴英语"——只会写，不会说。当时为了准备考研，父亲把单词抄在本子上，一遍遍写，一遍遍看。

"给你找出来看看，就是这个本子，太珍贵了，所以我留到现在。"父亲一边说他的故事，一边在橱柜里翻翻找找，找出了一本有些泛黄的本子，里面密密麻麻抄录了单词、标记了重点。本子的封皮用印有医学仪器的广告纸包着。"为什么包这个纸你知道吗？我当时看病的时候就翻翻这个本子，套上这个纸人家以为我在看什么工作的东西，不然我看病的时候老翻看别的东西，人家肯定觉得怪怪的对吧。”我笑了，父亲也笑了。

父亲就这样学着，研究生入学考试时，英语考了51分，比要求的分数线高一分，顺利通过考试。“这是我幸运啊。不过我已经很满意了，毕竟底子很差。”

刚读研究生时，父亲是班里英语最差的人。因为学的是哑巴英语的缘故，甚至连最简单的英语都听不懂。父亲的好朋友送给他22盘英语磁带，他就天天听，除了吃饭上课睡觉以外的时间都用来听磁带了。“我当时一直听磁带，听到后面我都感觉我的听力要受影响了，可当时没办法只能靠听磁带练习听力。”就这样一学期后，他顺利通过了四级考试。

1996年6月，奥比斯飞机眼科医院到青岛做慈善，由于是外国医生团队，在青岛治病时需要同传翻译。父亲在一旁做辅助翻译，凭着他对医学专业英语词汇的储备量，他被外国医生挑中，带到飞机上做同传翻译。

“我从哑巴英语到同传翻译，这件事还是可以骄傲一下的哦。得到这个翻译机会主要是因为我平时对专业英语有一定了解，别人英语比我好的都不会白内障、近视啊这些词汇，所以我才显得出类拔萃，还有一个就是我敢说，就算说错了我也毫不犹豫继续翻译，所以人家才挑中我了。”

考研途中一波三折

父亲在工作的时候听说中专学历也允许报考研究生，但需要加试。于是父亲准备好报考材料，寄给上海医学院（今复旦大学上海医学院）。材料寄出后，到了12月25日，父亲准备向医院提出休假，集中复习20天准备考试，医院不给批准，于是父亲提出休探亲假。

一切准备妥当，父亲准备开始复习时，突然收到学校寄来的挂号信，退回了所有材料，并附上没有本科学历不符合报考要求的说明。当时父亲受了很大的打击，转念决心报考其他学校，自己坐车去了杭州的浙江医科大学。“当时人家这些事都已经结束了，我去问人家能不能报考，其实我就想能给一次考试机会就可以，但是人家有规定的，一定要有本科学历才能报考，所以无功而返了。”

“之后没办法，过完元旦之后我只能回医院上班，别人看见我都很惊讶的，都来问我说‘你不是去探亲了吗？怎么现在就回来了。’我就只能笑笑。当时医院其实不鼓励我们去读书的，怕我们走了就不回来了，所以考试这件事也只能瞒着。”

后来父亲调查清楚了，上海医学院、浙江医科大学这些学校要读研就必须要有本科学历才行，但如果去青岛医学院就不用，直接参加考试就行。于是他准备好材料，上报了。

“我印象最深的是去交材料的时候，那个老师看到我的材料就直接说：‘我想你不用报了，你中专学历报了也没用，人家不会要的。’她就不帮我报，我就去给青岛医学院打电话，问那边我的情况是不是可以报名的，那边认可了，我又去跟那个老师说，那个老师很不情愿地帮我上报了，我问老师贵姓，那个老师很冷冰冰地说了一句‘我姓谢，谢谢你的谢！’这个场景我永远记得，这句话我一直记得。”父亲说到这里，严肃地看了我一眼，跟我说：“所以你不要太在意别人怎么评价你的，人家看到的也许只是表象。那个老师看我是中专学历就说我不用报考，但她根本不了解我为了参加考试付出了多少。”

后来父亲考过了初试，接着是面试和加试，去报名处报名时，那边的工作人员看见父亲的中专学历，也是有些瞧不上，父亲的老师跟工作人员说：“反正都考不上，就让他去考吧。”父亲获得了第一个同情分，报名处帮他盖章了。可医院不给他调档，他就不能参加考试。父亲的老师又一次帮了他的忙，在医院的大人物来医院视察时，多亏了老师的引荐，得以获得上层青睐，又加上父亲平时为人很好，有“小大夫”的称号。领导听别人说医院里三个大学生都没考上，只有“小大夫”过线了，觉得父亲能力挺强，最终给他调档。

加试的时候父亲考了两门科目，一个是生物化学，一个是妇产科学，他都考了很高的分。“那个面试老师，觉得我是中专的，分数考这么高不正常，当场问我是不是作弊了。”

之后父亲再次面试，顺利通过考试，进入了青岛医学院攻读研究生。

意外的留学

2000年2月，父亲受邀赴韩国留学，本以为是玩笑话，没想到4个月后毫无准备的他坐上了飞往韩国的飞机。他一下飞机，发现医院因为年轻医生的罢工而一片狼藉。

由于医院人手紧缺，父亲刚进入一个紧张而陌生的环境，才学了几句最基本的韩文，就要直接上手术台帮忙。父亲当时的生活环境也不是很理想，吃的饭菜不习惯，睡的床与国内不同，舍友经常发酒疯，有一次甚至与房东起冲突，警察都干涉了。“有一次半夜睡觉的时候被蚊子叮了一下虎口，过了一段时间之后发现一整条胳膊都过敏了。我当时以为得了什么绝症，吓得要死。”

父亲花了1个月适应新环境的生活，理解那些正在罢工的年轻医生，更快融入他们，学习他们待人接物的方式。

为了完成博士后论文，父亲开始设计实验。由于父亲平日里待人很热情，有许多年轻医生愿意帮忙。当时父亲做的是兔子实验，因为外国比较注重动物保护，提倡无痛实验，父亲特地了解了当地的实验规范和要求，严格按照规范执行。做完实验要给兔子滴药水，每天要重复好几次，父亲亲力亲为，按时去实验室照顾兔子，就这样坚持了3个月。“在我的实验过程中，没有一个兔子意外死亡。我也从中学会了要把动物也当成病人对待。”

实验顺利完成，父亲又用了6个月就完成了全英文的论文，前前后后修改了4次。正是因为这次实验，父亲获得了韩国老师和同学的尊重和信任。他的文章在英文杂志上发表，在激光的研究上正式走入国际舞台。

父亲那时候的求学之路，可谓十分坎坷。他一开始因为家庭原因放弃了学习的机会，成为了他的绊脚石,一次次阻碍他前行。但他并没有为此自怨自艾,打消学习的念头,反而更加努力用功。父亲是个很有毅力的人,定下了目标就会努力实现,即使遇到这样那样的问题,即使听到尖酸刻薄的言语,他都没有动摇。

读高中之后,我经常抱怨学习压力大、学校生活苦,感觉每天的生活基本除了上课就是写作业,考完试看到不理想的成绩还得闷闷不乐一会儿。父母看见我学习状况不理想,跟我说:“xx科目怎么会学不好呢?我以前就是把所有知识点全背下来的。”“你放松的时间太多了,我们以前都是抓紧一切时间背单词。”

我素来觉得他们不了解学习的方式方法,我自认为学习并不是只要死记硬背就能学好的,适当的休息也很有必要,便振振有词地说:“现在的学习难度跟以前不一样的,你们以前那一套在现在不管用。”

因为从小到大成绩都还算不错,我在学习方面有点小得意,以至于每次父母与我谈论关于学习的问题,我都坚持自己的观点,认为父母不懂学习、不会学习。

但听完父亲的故事,我觉得我错了,父亲正因为是过来人,有过被人瞧不上的经历,更知道学习对一个人的重要性,希望我学习更用心些。我从小到大享受着优质的教育资源,家庭的一切都不用我操心,可我老是想着如何放松,如何享乐,认为理所应当。仔细想来,我一直生活在一个相对安稳、舒适的环境中,享受着父母给予的一切美好事物,习惯了不劳而获,也就慢慢忘记了现实竞争的残酷。以后离开了学校,就得完全靠自己打拼了。现在不发奋,以后用什么与别人竞争,用什么来获得社会的尊重?

关于母亲

母亲小时候在卫校生活,牙疼的时候,中医扎一针就能缓解疼痛,她从小耳濡目染,有过做医生的念头。但是母亲读高中的时候,对化学学科比较感兴趣,一心想考化学系,第一志愿填的是化学系,第二志愿才是中医学院。但因为高考时出了一些状况,成绩不太理想,第一志愿没有被录取,便去了中医学院。

“当时考得不是太好,你外公外婆在家里也有些唉声叹气的,我当然也沮丧了一个星期,不过一个星期之后我就振作了,本来学中医也算是我的一个梦想,读这个学校也不错。”

后来母亲很努力地学习,本科毕业时还作为学生代表发了言。

读硕士时,母亲发现比读本科更需要创新思维,不是仅仅把课本上的知识背出来就行的。为了提高自己独立思维的能力,她经常跟着师兄师姐一起去做动物实验,有时甚至做到半夜一两点钟。在学习的过程中,母亲发现,做实验跟化学也是有一定联系的,自己以前学习的知识也能派上用场,于是她逐渐对中医产生兴趣,专业水平也越来越高。

最终母亲以第一名的成绩考进上海中医药大学,攻读博士学位。

完成博士论文的时候，母亲为了找到合适的实验室，硬着头皮，骑着自行车跑遍了整个上海，终于找到了离学校很远的实验室，开始起早贪黑、通宵达旦地做实验，一个人担任饲养员、实验员、研究员多重角色。“我当时想跳楼的心都有，但只是想想，毕竟生活还要继续，只能一遍又一遍做。”重复了多次，母亲终于完成了毕业论文。

“虽然我没学成化学，但我也没什么可后悔的。我享受现在的职业，一切都是最好的安排。”

心存敬畏，方得始终

“我当时学中医的时候因为心存敬畏之心，所以学习的时候战战兢兢、如履薄冰，把每一个知识点都很认真地记在脑子里。”

“大学的时候不能死学书本知识，要有更广阔的视野，要拥有更渊博的知识。”母亲每周末都会去图书馆看中医的古籍，拓展知识面。

因为母亲高考失利，她从那一刻起就下定决心，从哪里跌倒就从哪里爬起来。所以进入大学开始，她就为自己制订了严密的学习计划，劳逸结合，专注学习，立志毕业考试一定要考全班第一，最终母亲实现了自己的目标。

“你学习的时候一定要对每一科都怀有敬畏，要努力对每一科都产生兴趣。你相信它、热爱它，如果就只是随意地看看玩玩，不把它当回事，怎么可能学好呢？”

母亲一直教育我做事情一定要尽全力做，结果都是上天定的，只要问心无愧就好，一定要保持良好的心态。“很多你当时以为天塌下来的事，好多年后想起来只是小事一桩。”她的心态一直很好，她能够很平和地接受并冷静处理突发状况。

我初三的时候，由于对老师在教书的方式方法上有一些成见，经常在她讲评试卷的时候不听课。那段时间我的成绩一直很不理想，我十分焦虑，跟母亲抱怨老师太差，我学不好。母亲听完，严肃地说：“你不尊敬这个老师，怎么能学好这门课？老师能教这么久的书一定是有本事的。既然无法选择老师，你就要尽量接受她。”

进入高中后，我对新的环境有许多不适应，自以为做了一个错误的决定，经常后悔没有选择离家近且有许多熟悉的同学的市重点高中。母亲察觉后，让我不要轻易觉得后悔，要努力闯闯才能知道这个决定是否正确。现在想来，我在这所学校收获的东西，比我当初以为自己失去的要多得多。一切都是最好的安排。

谢谢母亲，把我从无限纠结的怪圈中拉了回来，用她的亲身经历教育我，既然回不了头，就要放手一搏，要积极地面对生活中的一切，并学着热爱生活。

父亲的求学经历，在我看来，算是比较传奇的故事。他从农村走出来，走向国际舞台，究竟付出了多少，也只有他自己知道，旁人只能从他的只言片语中感受了。而母亲相较父亲而言，有更好的学习和生活环境，但她也经历过很多坎坷和曲折。

这些只是父母生活中的一小部分经历。听完这些，我觉得对他们知之甚少。

在我眼里，父母一直都是很平凡的人，我以为他们一直轻松地生活和工作，未曾想到他们的人生道路从不是一帆风顺的。他们曾为了自己的梦想、自己的前途那么奋力地拼搏，即使处处碰壁，也在不可能中寻找可能，努力突破困境。他们从未忘记积累学识，提升自己，为每一个未知的机会做好充分的准备。是父母的不懈努力为我创造了如今安稳的生活环境。

有时候我会把父母的说教当作耳旁风，一吹就过，认为对我没什么用途，其实那些话，都是父母实践后的经验，总结的规律，越早吸取，受益越深。

父母是最好的老师。

感恩父母。

【教师点评】

作者讲述的传奇性的故事可以给每一位读者以生命的启迪：在命运面前，我们绝不能逆来顺受，我们要拿出自己的勇气、智慧和坚韧不拔的毅力，奋力拼搏，不断超越自我，就有机会到达成功的彼岸。机会从来都是青睐那些有准备、肯付出的人，对于清楚自己要到哪里去的人，世界会让出一条路来，由他去探索。（简振雷）

【一起思考】

父母的优秀，除了给孩子树立榜样外，还能给他们什么呢？（我们的学生中，有很多人的父母特别优秀，但是孩子却觉得“压力山大”，总是在想：我怎样才能赶上他们呢？）

三十 拾光

孟可菁

岁末,家家户户张灯结彩。不过上海,虽说是继续着她的繁华,那新春佳节的气息却总觉得还差那么一丝火候,纵使是特意装饰上的迎新对联或是那彻夜长明的霓虹灯,也掩盖不住这城市骨子里透出的冷。

长途跋涉回到我的故乡武汉,才安顿了一个晚上便又举家前往贵州,看望我那鲐背之年的老祖母(外婆的妈妈)。四辆车十几口人一路上浩浩荡荡,拥挤的车厢早已被欢声笑语填塞得温暖、充实。途经凤凰,就顺便在那儿歇脚,逛逛古城小桥流水,以缓解心中只可意会的紧张——这不,俗话说得好,近乡情更怯。

凤凰是个好地方,古城屹立百年的不朽风韵更是不曾令我们失望。夜晚的古城与白日相比,恰似两座城。白日亲和而古老的粉黛气息到了夜晚就被辉煌如漫天星火的灯饰所替,宛若一个两百年后的长安街头。一家人沿着古河两两三三结伴逛着,晚风卷来不知谁家的糯米酒香,甘甜,微醺。方沉醉着,天生桀骜的妹妹硬扯着我的衣袖,指着不远处河面说要去走一回连接古河两岸的石头桥。我一看,无奈道,这能算是桥吗?不过是立在水里的一排石墩子罢了。还未来得及推脱,她便朝我狡黠一笑,连蹦带跳地踩着石墩,娇小灵活的身影不一会儿就到了河对岸,还得意地向我招手。我一咬牙,也踏上了所谓的"石桥",然而才迈出几步便不争气地后悔了。这排石墩正好处于河流的落差处,流水如同水中银龙般拍打着石块,颇有将其击碎的架势。我不停告诫自己不要去看,这才好不容易到了河对岸,狠狠地瞪了一眼一旁捂嘴偷笑的妹妹,殊不知这一切都被跟着我过桥的父亲看在眼里。他竟然也毫不费力、稳稳当当地走过了那排石墩,父亲一脸笑意地看着我,拍拍我的肩膀打趣般的挖苦了我两句。我们俩沿着古镇的河岸继续往前走,父亲便开始回忆起他的年少时光了。因为工作的缘故父亲常年不在家,难得的对话,我便颇感兴趣地洗耳恭听。

"刚才那还算好走的。你知道我小时候啊,那石头桥才叫难走呢。"

父亲生在红安,虽然是个小地方,但因抗战时期出了一百多位将军,也算小有名气。我每年都会回去,那是正宗的乡下风光——土路两旁不知是谁家的田,随处可见的老黄牛行动迟缓，坡上三三两两矗立着几栋墙面斑驳的老屋。爷爷家的老屋在这个村的最高处，虽然离镇中心不远，却远不及镇上的现代化和繁华，不仅用的还是自家打的井水，还时常会出现停电的状况。然而每逢佳节，纸糊的红灯笼、倒置的福字和象征吉祥平安的门神贴都会将这儿的喜庆气息渲染到极致，每家每户飘出的饭菜香更是让人的心思早早漫游至那一桌琳琅地道的佳肴；我们每次回家都恰逢这个时候，迎接我们的永远是属于新春的温暖和笑容。

父亲的故事，就发生在这样一个地方。

父亲小时候上下学要渡过一条小河，没有正经的桥，只有立在水里的几块石墩子。听父亲说，为赶上早自习，出门时往往是皎月未落，繁星未褪。他只能和邻家的孩子一起踏着微弱的天光启程，抄一条小道，还得处处小心兔子洞以免磕磕绊绊扭伤了脚踝。最惊心动魄的事还要算是走这石头桥——抄近路最险阻的一关，一步三颤。想象一下脚边便是颇为湍急的水流，虽说不至于有性命之忧，但谁想搞得一身狼狈呢？父亲提起他儿时一个颇为要好的玩伴，在天寒之时两人一同结伴上学。初次霜落，本就崎岖的石墩上又覆了一层剔透的霜冻，变得更为滑溜难行。玩伴心急，步子迈得快了一些，结果脚下一个不留神就打了滑。若不是尚在岸上的父亲眼疾手快助他稳住了身形，那位玩伴怕是要尝一尝天寒水寒钻进骨子里的滋味了。那次的失足令两个孩子心有余悸，于是在那之后的每一个冬天，不管有没有落霜，孩子们总是宁愿起得更早，绕个远路，避开那条在他们看来罪孽深重的小河。

父亲半开玩笑地讲，那时的上学路呢，只要蹚过那小河，心中的大石头就倏地落下了。纵使已经走过五个年头，属于小学的最后一个夏天，他还会在踏上石块上的那瞬间心中一紧。那是一段多么悠久的时光啊，让这座算不上桥的石桥云淡风轻地刻在父亲的生命里，让父亲再次提起它时，只有溢满眼眶的、属于岁月的柔光。

在凤凰的这般从容，也是多年风吹雪落的沉淀吧。我总觉得，无论多宽的江河，多急的湍流，多辣的烈阳或是多黑的夜，他都能从容不迫地迈开步伐。

离开凤凰，我们又踏上旅途。在贵州的深山中沿着蜿蜒的山路盘旋，终于望见了远处村落的袅袅青烟——已至苗寨。这苗寨，其实和乡下小村镇的格局差不多，也是大片大片的田野和百来户人家。只不过，某些宛如细流萦折般的小巷子让这本来不大的苗寨看起来倒别有一番洞天。

我祖母所居住的，是几十幢平凡的小楼房中的一幢。妈妈多年以前曾来过这里，那时候还是很古老的木屋。因为发展的缘故，木屋变成了现在钢筋水泥的楼房。天色黯然，小楼房一侧的偏屋有一扇看似饱经岁月侵蚀的木门尖锐地叹息着，昭示了我们一行人的来访。说实话，我怎样也没有想到一推开门后所看到的景象：偌大的前厅——其实不能算是前厅，因为角落里有一口热气腾腾的大灶——这里并不比外面的暮色更明亮，所有光源都来自房间中心一盏摇摇欲坠的低垂吊灯，再来就是安置在某一隅的发红发热的火盆。

墙边堆积着厚重的陈年木材，唯一有些现代色彩的是墙角的一台饮水机和紧挨着它的一台电冰箱。

然后，我看到了她，我的老祖母。那瘦小而佝偻的身躯被裹进一席枣红色的棉衣，头上高高盘起的黑色包布昭示了她生在这大山苗寨中淳朴的民族血脉。沧桑的面容上沟壑遍布，那是山风用光阴在她面庞上所刻下的烙印；又有谁可曾想到那双布满老茧的双手，在那个动荡纷乱的年代撑起了属于这个家的一片天。这样一位老人，安静地坐在火盆旁边，点点星星之火照亮了她的眼眸——纵使浑浊，却容得下万千祥和慈爱。这样的她，与这颇有年代感的环境融为一体，乍一看，恍然以为她已在这里驻足百年。我想要知道祖母的故事，迫切地想要知道，我也深信她的岁月中一定点缀着许许多多值得诉说的经历。但是当我们在表达问候时，她的那双眼眸在我们一家人之间徘徊了一次又一次，唇吻翕辟，却始终吐不出一个字来。外婆忙过来和我们解释，祖母本不会说汉话，又因年纪大了，只会偶尔用苗语和熟悉的人唠一唠。闻言我心中一惊，是啊，我们在这里都是陌生人，无一例外，就是母亲距离上一次来访，已有三十年之久，更别提我们这些后辈了。我们和祖母之间虽有血脉的联系，不过也只有血脉的联系了。

可是自我看到她第一眼，我就知道，这是一个心怀无限慈爱的人。若是她与我们之间没有语言障碍的话，若是她愿意聊聊她的那些前尘往事的话，我相信那一定会是一个扣人心弦的故事。

“你祖母啊，一辈子也没离开过苗寨半步。”

我想知道的故事，终究是从外婆口中得知了。祖母生在大山、长在大山并嫁给了同寨的祖父（外婆的爸爸）。祖母是个喜安定的人，祖父却恰好相反，喜欢到处去见识。据说多次想带祖母离开苗寨去外面走走，即使是去最近的松桃县城，最终还是拗不过祖母这生在骨子里的乡情，便在这苗寨本本分分地过了一辈子。后来他们有了孩子，孩子们也长大了，兄弟姐妹九人只有我外婆一人随了祖父的性格，遇上了城市里招工的机会，便只身一人毅然走出了贵州的深山老林，最后在武汉落了根。后来祖父按捺不住那颗飞鸟一般的心，时常跑到武汉去看望女儿，又一起去游玩了许多年轻时就想去的地方。而祖母依旧是没有离开苗寨一步，一直坚守着自己的一方乡土。

后来，祖父先祖母而去了。祖母依旧没有离开苗寨，但除了默默陪伴自己坚守了一辈子的乡土之外，似乎又多了一些什么。

毕竟再怎样的执着终究耐不住孤独。

挥别苗寨，那个佝偻身影最后也仍然坐在火盆面前，一直看着我们，带着一丝淡然的笑。

“鬼火什么的你见过没？”

又是一路风尘仆仆赶回父亲的故乡，途中瞥见远处山上的墓群，或许是勾起了某些遥远的回忆，父亲又开始滔滔不绝地讲起鬼火的经历。大约上小学的时候，有次放学后，他等值日的三姐，两人回家的时候已是日落西山，月朗星稀。走到约莫过半的路程，天便黑透了。那时的农村荒山常见，荒山上立着几座老坟也仿佛是顺理成章的事情一般。正好父亲和三姑经过一座小丘，忽然燃起幽蓝色的火焰，在煞黑的夜里好是令人惊惶。三姑当时就被吓出了些许哭腔，但还是强作镇定，扯过父亲的袖子便是一段狂奔，一口气跑过两座小土坡方才停下，两人都气喘吁吁，心有余悸。父亲回忆，当时远远瞥见还以为是幻觉，结果越是靠近越感真实。那时啥都信，小伙伴之间传神传鬼，便什么都成了真的。直到学了化学，才知道磷火这种东西，倒也莫名地松了一口气，反正是再也不想见到那玩意儿了。

我听完后暗暗一笑，原来现在天不怕地不怕的父亲也曾经这般害怕过一样东西。

已过耄耋之年的爷爷奶奶，相对祖母而言身体硬朗了不少，也都是饱经沧桑的面孔，见了亲人便满脸笑容。每次我们回到家的当晚，注定都是要晚睡的，一家人围着火盆嗑着瓜子唠着嗑，小屋里一片欢声笑语，火光把每个人的脸都映照得通红通红的。爷爷不停地问我们一年的工作和学习，也和我们讲着家里的一些琐碎和日常，慈爱的目光不断地落在我们脸上。父亲和大伯二伯他们，时不时和爷爷一起讲起儿时的片段和经历。爷爷说起过去的故事时那叫一个神采飞扬，但讲到和奶奶的部分便柔和了下来，眼睛里充满笑意。当年日本鬼子杀进红安，只有三岁的爷爷跟随他的父亲和哥哥暂时躲避在老朋友，也就是奶奶的父亲家里。爷爷家世代书香，虽说家境不富裕，但文人风骨和正直做派在当地颇有名气。奶奶家是没落的地主家，两家之前因为一些机缘导致经常往来。那段时间，他们互相帮扶、互相勉励，共同应对日军的围剿。在历经劫难的年代，这份患难见真知的友谊弥足珍贵。日本人离开后，两家人就郑重地给我六岁的爷爷和九岁的奶奶订了娃娃亲。1951年，爷爷和奶奶就结了婚，在那个物资极度匮乏的年代，他们含辛茹苦养育了七个子女。据爸爸说，记忆中的爷爷和奶奶从未红过脸，他们相濡以沫，互相搀扶走了大半辈子。

我知道关于那个动荡年代的故事还有许许多多，但回忆起那些对爷爷而言是一种难以言说的沉重，因此那些往事，封尘便是。

考虑到我忙碌的学业，我们待了两天便踏着星光启程了。我细细捋过这些记忆片段，每一个故事都是那么耀眼。对于叙述故事的人而言，那也一定是他们最渴望珍藏、最不愿忘却的往昔。往事可思不可追，思亦醉人。

突然想起了什么似的，我凑到母亲跟前问道，您有什么故事可以和我说说吗？

母亲闻言道："我在城市长大的，那些奇异见闻可没你老爸多，"她轻轻一顿，"不过，要真讲起那些旧事，一天一夜都听不完。"

【教师点评】

作者不愧是一个表达的高手，能在不露声色的叙述中表现出苗汉一家亲，来自苗乡的外公外婆的善良、淳朴和勤劳，让我们想起《边城》，想起温暖而珍贵的乡情。来自革命老区的祖辈的故事，让我们感受到了一部中华民族前仆后继的寻求解放道路的抗争史。本文沿着时间的长河逆流而上，一幅幅时代的画卷在眼前铺展开来，读罢令人荡气回肠，情不自禁。（简振雷）

【一起思考】

有人说，理解就是从“离开”开始的，您认同吗？无论你是谁，我们都有共同的乡愁。

三十一 我家的四十年

朱俊键

随着生活节奏的加快，现在人们更热衷于去饭店吃年夜饭，省时、省力，但在我们家，还是与以往一样，喜欢在家过除夕。看着爸妈忙前忙后张罗年夜饭的身影，我也当起了小帮手，一家人团团圆圆，要的就是这个气氛。

四喜烤麸、皮蛋、葱油海蜇、黄豆芽烧油豆腐、油爆虾、熏鱼、清炒虾仁、烤鸭、水笋烧肉、塔菜炒冬笋、全家福、春卷、八宝饭……满满一桌菜，大家围坐在桌旁，举杯共饮，互道祝福的话语，聊着过去，享受着当下，展望着未来。

“在我们那个年代啊，物质条件很不丰富，大家的工资都差不多，但是，光有钱还不行，买东西都得凭票，什么粮票、肉票、糖票、布票、鸡蛋票、香烟票……就说粮票吧，凭粮票购买米面，根据从事的职业和年龄，每人每月 20～40 斤。在餐馆吃饭也要粮票。各地的粮票还不能通用，去外地出差要去有关部门换‘全国粮票’，哪像你们，生在了一个好时代，吃啥有啥，点个外卖，一切搞定，你们真是幸福的一代啊！”外婆说。

“记得我小时候每年寒假，最盼望拿着购粮证到粮店买年糕。年糕也不是随到随买，而是要等居委会通知，通知一到，弄堂里的小朋友都会提着篮子去粮店排队。年糕是按人头数发放的。买回家后，先把年糕一条一条撕下来，否则硬了就难掰了，然后一部分浸在冷水里，随吃随拿，另一部分切片晒干，等着日后去爆年糕片。”

“爆年糕片？”

“对，就是爆年糕片的手艺人，把晒干的年糕片放进一个带柄的铁球里，加一点糖精片，那时白糖是要凭票买的，而糖精片不要票，且甜度又高，铁球架在炉子上，手艺人右手拉风箱，左手握住铁球的柄，使铁球在炉上不停地旋转，转到一定的时候，他把铁球从炉上卸下来，放进麻袋里，然后打开炉子，这时候会发出‘砰’的一响，年糕片从铁球中迸出，落在麻袋里。爆好的年糕片质地很松，咬起来脆脆的，有点像现在的旺旺雪饼。除了爆年糕片，还可以爆炒米花，爆黄豆。而这些就是我们当时放学后的点心。”妈妈娓娓道来，“那时还有一种零食叫炒麦粉，就是把面粉放在铁锅里干炒，炒至面粉发黄。这个过程需要不停地挥动锅铲来回翻炒，否则很容易粘锅。大约需要炒半个小时，面粉的颜色就会渐渐变黄，然后你能闻到一股麦香。吃的时候，舀两勺炒麦粉，然后浇上一些开水，撒一点点白糖，不断地搅拌直至碗里的面粉没有疙瘩，美味的炒麦粉糊就做成了，这也是我们放学后经常吃的点心。”

外婆指着桌上的一桌菜说：“那时的大年夜，菜品可没有这么丰富，鸡、鸭、鱼、肉、蛋都得凭票购买，包括粉丝、黑木耳等也不例外，每逢过年才会另加冰蛋供应。冰蛋就是蛋的液体冷冻后变成一块块小砖块似的，每户也只能买到一块，这种蛋只能拿来做炒蛋用。到了 20 世纪 80 年代后期，街上出现了小商小贩，有的家庭，家里的香烟票用不完，还可以用它去换鸡蛋。”

“到了 90 年代，国内慢慢出现了美式快餐的身影。1989 年底，肯德基入驻外滩的东风饭店。第一次吃肯德基我还记忆犹新：一块炸鸡，一杯土豆泥，一杯牛奶，一个小餐包，就将近二十元，我请你舅舅一起去的，两份肯德基花了我近一个月的工资……”妈妈眼里充满着对过去的回忆。

“那时候啊，可口可乐也是很高大上的存在啊！可乐刚进中国的时候是 80 年代初，卖四元一瓶，当时人的工资也就每月四五十元左右，只够买十几瓶可乐。”爸爸说道，“随着时代的变迁，食品花样也越来越多了，以前是有啥吃啥，现在是吃啥有啥。”

“看看你身上穿的，又是一件新羽绒衣，又轻又暖和，舅舅在你这个年龄，穿的最多的就是军装。”舅舅话锋一转。

“对啊，你外公在部队里，所以，会领一些小号的军装给你舅舅穿，我记得上初中的时候还曾用海军蓝军裤改过一条喇叭裤穿呢！”妈妈插话道。

“你妈妈和舅舅小时候，衣服都是我买布自己做的。当时买布是要布票的，所以一年也穿不上几件新衣服。只有到过年了，弄堂里才会有裁缝师傅上门，少的做两三天，多的做四五天，一家老小的衣服，包括棉袄等。除了应付的工钱外，还包吃包喝，下午另外提供点心。所以一到冬天，裁缝师傅就很吃香。那时还流行这样一句话：新三年，旧三年，缝缝补补又三年，意思是老大穿了老二穿，老二穿了老三穿，衣服裤子全有补丁，小孩子顽皮，经常裤子没坏，膝盖部位已经磨出洞了，于是心灵手巧的妈妈，会去买小动物的贴布，补在那个部位，当时我就经常干这事。”外婆说道。

“我们上学的时候，不像你们现在有校服，而且春夏秋冬都配齐了，当时白衬衫、蓝裤子就是正装的标配，一有活动，就得这么穿，唯一可以打扮的是女孩子头上扎辫子的蝴蝶结。”爸爸补充道，“说到白衬衫，就得说说的确良。80 年代初，一种被称为‘料子’的化纤纺织品风靡全国，那就是的确良。的确良面料光滑，不易起皱，多用来制作衬衫和连衣裙。当时的确良就是洋气、时髦的代名词。还有听说过“假领子”吗？假领子其实是真领子，但它不是一件真正的衬衫，只是一个领子而已。假领子又不完全只是领子，它保留了衬衫上部的小半截，穿在外衣里面，以假乱真，露出的衣领部分完全与衬衣相同。假领子是用零头布做成的，零头布不需要凭票供应，因此这种聪明的做法很快风靡全国，后来商店里还有现成的假领子卖,基本每个成年人都有几个假领子。”

“前两天电视新闻里说,现在上海人均住房建筑面积已经达到30平方米,要知道40年前,上海人均居住面积才4.5平方米,到了80年代末才提高到人均6平方米。当时大多数上海人还是居住在石库门弄堂里,以前有部滑稽戏《72家房客》,说的就是1949年以前发生在石库门里的故事。”说到石库门,我家最有发言权。外婆说,她家以前住在卢湾区的石库门弄堂里,外婆和外公结婚没几年,搬进了位于虹口区的部队大院,所以妈妈小时候对石库门是没有什么记忆的。但巧的是我爸妈又是在石库门房子里结的婚,他们结婚时的新房就在多伦路文化名人街上的石库门建筑群——永安里,可我出生的时候,爸妈已经搬离了那里。我以前曾跟着爸妈回去过几次,它属于新式里弄住宅,混砖结构三层,户户毗连,联排朝南而居。外墙立面装饰有古典英国式、西班牙式等多种风格。里面有独立的厨房和卫生间,卫生间虽小,但还能放下一个1.2米的搪瓷浴缸,顶楼还有个小晒台。这次,我又特地百度了下,2003年12月16日,永安里已被虹口区文化局公布为不可移动文物,2005年10月31日,确定为上海市第四批优秀历史建筑,因为周恩来总理从1927到1931年在上海居住和筹划革命活动的秘密地点就在永安里44号。纵观20世纪二三十年代,鲁迅、陈望道、茅盾、叶圣陶、冯雪峰、周建人、柔石等人,都曾居住于这一带。年后,我又去了一次多伦路,如今的多伦路,街面上印着他们的足迹,道路边竖着他们的塑像,他们的名字,都一一清楚地刻在上面。

那天我是骑着共享单车去的多伦路。我还记得年夜饭的饭桌上外公的一句话:“从单车到单车,这是一个怎样的伟大轮回啊!”自行车、摩托车、私家车、公交车、地铁、共享单车……从单车到单车,都市丛林中的出行方式,仿佛一个轮回,映射出时代的变迁、经济的发展和理念的更迭。他说,40年前自行车是家庭主要交通工具,不少人参加工作之后,最想要的就是自行车。而购买自行车,必须凭票,每年一个单位最多才能分到十几张自行车票。20世纪70年代末,风靡全国的自行车品牌是永久、凤凰和飞鸽,骑“永久”就像现在开奔驰,有“凤凰”就像现在有宝马。那时的男孩子都想拥有一辆28寸的永久或凤凰牌自行车,而女孩子则想拥有一辆24寸飞鸽牌自行车。一直到80年代改革开放后,物资逐渐丰富,和其他商品一样,自行车也逐渐敞开供应,中国迅速成为自行车第一大国,在这个“自行车王国”里,有世界上最大的自行车产量,世界上最多的自行车骑行者,世界上最宽敞的自行车道。20世纪80年代中期,摩托车变成了都市新宠,是家庭富裕的象征,骑着一辆摩托车游走于大街小巷,无疑会引来不少羡慕的眼光。

正是在外公的熏陶下,我喜欢上了车。从1949年到2019年,他近乎完整地和我讲述了整个中国汽车的发展过程。外公因为是部队里的军官,有配车,因此他也是国内较早接触大众桑塔纳车型的人。我国第一辆国产桑塔纳于1983年在上海汽车厂组装成功。那句“拥有桑塔纳,走遍天下都不怕”的广告语可谓是风靡一时。到了90年代末期,上海通用汽车公司与美国通用汽车公司一起制造的第一款“别克新世纪”下线,成为当时合资车里最高档的一个品牌。其实在那之前，美国克莱斯勒公司已经与北京汽车集团合作推出了“切诺基”型越野车，也就是如今大切诺基的前身，作为 90 年代初上海第一批特警的舅舅也是第一批接触切诺基的人。

外公还告诉我，时间再往前移，1958 年长春第一汽车制造厂制造出新中国第一辆东风牌小轿车和第一辆红旗牌高级轿车，结束了中国不能自主生产汽车的历史。长春一汽的建成，开创了中国汽车工业的新历史。经过五十多年的发展，一汽已经成为国内最大的汽车制造企业之一，为中国未来汽车发展奠定了基础。

聊过了衣食住行，再来聊聊“用”吧。过年时，妈妈带我去舅公家拜年，舅公也和我聊开了。舅公是 20 世纪 80 年代中期结的婚。他说，和现在的上海年轻人大都追求有房有车一样，他们当年追求的是“三十六只脚”和“三转一响”。何为三十六只脚？即大橱、五斗橱、夜壶箱（床头柜）、床、桌子和四把椅子，共九件，每件四只脚，一共三十六只脚；“三转一响”是指缝纫机、自行车、电风扇、收音机。那时候谁结婚有了它们，就算是“扎台型”了。舅公说他的那套三十六只脚的家具不是在家具店买现成的，而是当时外公托人从福建买了木料运回来，请木工师傅来家里做了一套“弹眼落睛”的镜框式家具。为了能在 14 平方米的婚房里放下这三十六只脚的家具，舅公在硬板纸上按比例一一剪出“三十六只脚”，一空下来就不断地排列组合，最终在螺蛳壳里做好了道场，妥妥地放好了这几件家具。

聊天过程中，舅公家的电话铃响了。现在人手一部手机，一般家庭里固定电话机的利用率已经很低了。舅公说，以前有事联系，要么到单位用单位电话，要么到公用电话亭打电话，几乎没有人家里装电话的。不过我们家例外，妈妈说因为外公工作需要的缘故，我们家 80 年代已经装电话了，一开始是那种老式的拨盘电话，到 80 年代末，换成了按键式的脉冲电话。等到 1994 年爸爸和妈妈结婚时，他们花了 4 000 元初装费，排了一个月的队才在新家装上电话。

说到电话，最有发言权的是爸爸了。爸爸是 20 世纪 80 年代初的大学生，学的是计算机通信专业，这个专业在当时是非常前沿的。爸爸说，毕业后他放弃了留在武汉大学担任数学老师的机会，原因是奶奶希望他回上海工作，于是他进了邮电部 520 厂担任技术员。20 世纪 80 年代，改革开放刚刚起步，爸爸血气方刚，也想一展宏图。那时候，外资企业开始慢慢涌进中国，深圳是改革开放最前沿的地区，深深吸引着爸爸，他凭着出色的专业技术，在 80 年代末期，从体制内出来，进入了位于深圳的外企。那时，他主要参与国内各个重点单位的数字电话程控交换机系统的建设，可以说是最早的“码农”了。接着，各地的电话号码升位系统，诸如上海当时电话号码从 6 位升到 7 位，再从 7 位升到 8 位，爸爸和他的团队都在现场担任技术保障，之后的 114 电话查号排队系统、大众出租车电话预定排队系统、各大高星级宾馆及企事业单位内部运营管理系统的设计、维护等都在爸爸的工作范围内。妈妈告诉了我关于爸爸最神奇的一件往事，就是第一次看他在现场如何工作的，只能用震撼两个字来形容。1993 年，爸爸有天正好出差回来去妈妈单位接她，刚到妈妈那里，他身上的BP机响了，只见爸爸拿起妈妈办公桌上的电话回拨过去，然后拔掉电话线，掏出包里的笔记本电脑（这里要插一句，当时笔记本电脑可是个稀罕物，妈妈说，她那时办公桌上的电脑还是单位自己组装的386），把电脑上的连接线插进墙头的电话线插口，打开电脑，开始在键盘上码字，一连串的动作迅速、麻利，爸爸说，这就是最初的移动办公。

现在移动办公已经司空见惯，更不需要借助电话线拨号上网了。随着移动信息技术的不断发展，我们即将进入5G时代，我们的生活又将会迎来新的篇章。

【教师点评】

这是一篇非常有时代感的文章。文章没有空洞的宏大叙事，而是以一个家庭成员的视角运用对比的手法详实地表现一个大家庭在时代发展的过程中的所见所闻、所感所思。社会的发展，时代的进步，百姓生活水平跃然纸上。笔法细腻，体会深切，令人感慨良多。（简振雷）

【一起思考】

中国人的爱，常常体现在“舌尖”上，衣食住行，难道不也是文化传承吗？

三十二　乡晨有辉

李滢萍

都说“好汉不提当年勇”，可是人一旦上了点年纪，有了经历，便总爱说起当年。我的父母把这一人性体现得尤其明显，总时不时地回忆一段他们那代人的成长记忆。也许是那些经历于我太过新奇独特，又或许是一桌人都愿意听听在我们回不去、又老念想着的那片土地上曾发生的陈年往事。总而言之，父母一开口，我就乐意做个忠实的听众。十几年来，林林总总，似乎拼拼凑凑间，父母的前半生已隐约可见。

一

我的父母是在同一片土地上生长起来的，只是在青年以前，两人的生命并无任何交集。我们的家乡在祖国的大西北，母亲出生的时候，“文化大革命”刚结束不到一个月。也就是说，那时的老百姓很穷，每天起早贪黑的为了挣几个工分在生产队拼命地干，日子过得很艰辛。妈妈家姐妹多，穿衣自然是老大穿了老二穿，老二穿了老三穿，打了几层补丁的衣服只要洗得干净也就算不错了，家庭再穷点的孩子就连旧衣服也没得穿，都有的五六岁了还是光着屁股跑。那个年代的孩子肯定是买不起玩具的，于是就出现了各种发明，一切都能玩。最让我震惊的是有一次吃饭时，母亲挑出羊汤里的一块骨头，现在想来那应该是羊的脚踝上的骨头，笑着告诉我，这就是他们小时候的玩具。我在惊叹了一番之余，也新奇的将那块圆润的小骨头冲洗干净把玩了一会儿，想象着三十几年前，一群小孩在黄土地上玩翻骨，笑得无邪的样子。

玩具稀缺，吃不饱饭也是普遍存在的，这便是母亲的童年了。她常常告诉我们，那时如果能吃上一次炒土豆丝就已经觉得是很幸福的事情了，吃到最后姐妹几个都眼巴巴地盯着盘子里剩的一点菜汤，抢着蘸窝头或者浇在稀饭里拌着吃。那个年代，吃到点油水就跟过年吃肉一样鲜少而快乐。平时的主食吃的都是土豆丝饼子或者玉米面窝头，好点的就是国家救济的富强粉，虽然黑了点但总归是面粉，能吃上它已经是很开心的事情了。白面一般姥姥都是藏起来舍不得吃，只有家里来了客人才拿出来招待的……

除了盼着家里偶尔开次荤、加个餐，母亲和她的小伙伴们也常利用闲暇四处搜罗好吃的东西。野生的酸枣和莓子是不可多得的免费美食，只是要获取有些不易，因为酸枣树通常生长在沟边的塄坎上。成天赶着羊群上山下山、走过无数险路的农村孩子又怎会把这点阻碍放在眼里呢？他们仔细地剥净带刺的枝条上每一粒小小的红果，塞满衣袋。回家的路上撒开了脚丫，笑得张狂而傻气。日子虽穷，却笑得比谁都开心。那时的快乐，怎么就这么简单哪。我常常想，那段穷苦岁月，一定是靠着这笑声、这简单却真实的快乐而撑下去的吧。

二

当然，生活总是起起落落，再乐观积极的人也难免遇到一些糟糕的事。父母的成长中，吃的苦、遭的祸事自然不会少。

母亲家里有姊妹七人，她是老四。那时的家里太穷，一是养活不起这么些孩子，二是姥爷和姥姥还想再生，因此前后一共送出去三个女儿，为的就是能等到个儿子。在农村没有儿子会被人欺负，会有人说你绝后，戳你的脊梁骨。这个伤疤困扰了姥爷十几年，好在他四十岁时得了个儿子，正所谓老来得子，为了这来之不易的儿子，姥姥和姥爷在小舅舅出生十天时大办酒席，其高兴和爱护的心情也可以理解。

但不幸的是小舅舅长到三岁那年，由于感冒引起咳嗽，一天夜里忽然地发了高热。一家老小四处奔走，找邻居、找车赶往市区医院。冬夜里很冷，姥姥便用棉被把小舅舅裹得紧紧的，还罩上了一层厚重的军大衣。车子在漆黑的夜里赶了四十多里土路，终于到了医院，医院需要住院押金5 000元，听到5 000元，姥爷呆住了，他拿光了家里所有的积蓄也就只有3 000元，5 000元对于80年代北方的农村人来说，已经是很大数目了，姥爷四处奔走借钱，总算凑齐了数。小舅舅被捂了一路，高热到四十一度，经医生诊断，小舅舅因高热烧成脑膜炎，另外还因咳嗽引起肺炎，每天大量用药、吃药，半个月出院后，小舅舅犹如四五个月的孩子一般，不能坐、不能爬、不会说话……所有的一切都要慢慢从头再来。

我不太清楚这一事件对于姥姥和姥爷的打击有多大，母亲很少提起这件事，也只是简简单单地告知我们结果。后来小舅舅慢慢长大，时不时地给姐姐们添点麻烦。“他人虽不大，脾气还不小嘞。我被他闹腾得心烦了就骂他两句，他虽然不会说，但很生气地去墙角拽了铁锨来作势要打我。”母亲说这句的时候带着笑，我沉默着不知说什么好，亲生的弟弟纵然痴傻，但也是惹人怜爱的吧。

那时的人们还是略有些迷信的。有一年姥姥带着小舅舅去吃喜酒，席间碰上了一个会算命的婆子。那婆子看了小舅舅的面相，告诉姥姥说：“这娃是个哄人的货（地方话，意为这孩子会夭折）。”姥姥听后自然是把那婆子大骂了一顿，谁料小舅舅六岁的时候还真出了事。

北方缺水，附近并无河流，家家户户都有一口水窖，用来收集雨水，平日里洗衣、喂牲口自这里取用。母亲家的路边有一个以前修的蓄水池，上面用四块板盖着，其中有两块之间拉开了一只水桶能放下去的尺寸，下面便是平日里蓄积的雨水。小舅舅就是独自一人在这蓄水池上玩耍时不小心掉进去而过世的。那时一到冬天，姥爷家每天都会有村里的人来打麻将，互相聊着天消遣，姥姥就在一旁的火炕上做针线活和照看小舅舅。那天小舅舅出去玩耍两三个小时还没回家，姥姥急了，急忙去东家问西家找，都说没看见，跑到邻村几个有孩子的人家也说没看见，眼看天黑了，打麻将的人都散了，一听出事了大家也都顾不上回家吃饭，帮着去附近几个邻村挨家挨户找。遍寻不找，有人提出被人贩子拐跑的可能性，姥爷慌了神，便和堂舅骑着自行车一路追到四十里路外的市区，边走边打听，也没看到小舅舅的身影。能找的都找遍了，姥姥哭得死去活来，有人建议实在不行就去找神婆卜上一卦，于是关系好的邻居帮着去了四五里外较出名的神婆家，神婆说从卦象上看人没走远，"回去就在你家附近找"……此时已经是后半夜了，大家也都跑累了，索性等第二天再找，第二天临近中午时有人在蓄水池发现了小舅舅已经肿胀浮上水面的尸体。看到这犹如晴天霹雳一般的情形，姥姥晕了过去，姥爷瘫倒在地。那年母亲正在县里读中学，一周才回家一趟。家里出事姥爷不让告诉母亲。过了两天，邻居家一起读书的同学还是忍不住告诉了母亲。那时正值雨天，母亲听了也不顾雨天路滑，一路跌跌撞撞地跑回了家，想着能见上小舅舅最后一面，结果还是晚了。

此后的几年，每到腊月，家家户户都忙着准备年货，姥姥家总是冷冷清清。逢年的时候，姥姥总是不见踪影，那时的天似乎很冷，每到冬天积雪会有三四寸厚，妈妈随着雪地里深深的脚印一路寻去，远远就听见姥姥凄惨的哭声在整个山间回荡，她跪在小舅舅抛尸的地方(民间有迷信的说法：小孩子死了不能埋，埋了会阴魂不散的，因此只能用草芥裹起来放在偏僻的山里)痛哭很久很久。

母亲也曾遇过灾祸。那是在她上初中的时候。由于学校距家有四五里的山路要走，冬天的早晨天亮得晚，母亲常常是天不亮便骑着自行车独自前往学校。有一天中午放学，母亲和同伴一起结伴骑行回家，正走在接近家门口的那条山路上时，母亲忽然地没有了意识，整个人连同车子一起轰然倒下，摔落到两三米高的土坎下面，昏了过去。

和她同路的女孩当时被吓坏了。同伴一面哭喊着，一面不停地拉扯妈妈试图叫醒她。据说扶起妈妈后血不停地从鼻孔冒出来。直到同伴的哭喊声引来了熟悉的人，妈妈才得以获救。"我醒来的时候已经睡了三天三夜，家里人都以为我活不过来了。"

我想，经历了那么多的苦难，母亲那一代人对于命运和生死，也许有逆来顺受的意味，可至少，他们对于活着总是心存感激，因而活得认真而顽强。

三

父亲话不算太多，很少提及自己的故事，他的故事自然也就短得多。父亲年长母亲三岁，是家里的长子，自小也没少吃苦。父亲家里有苹果园，至今果园还在。爷爷和奶奶婚后不久，爷爷就去参军了，当时爷爷的双亲都已经去世了，家里上上下下的事务全落在年轻的奶奶肩上。

爷爷家有兄弟七人，爷爷排行老二。大爷爷早早地去了兰州打工，作为长媳的奶奶白天除了去生产队干活，还要照顾三个未成年的小叔子和两个小姑子的生活，压根没空闲管父亲，幼儿时期的父亲经常是饥一顿饱一顿的。再后来有了叔叔，家里没人的时候，奶奶就用木桩钉在墙角，绳子的一头系在木桩上，另外一头拴在父亲和叔叔俩人腰间，这样他们的活动范围就局限在炕上，任他在炕上爬，只要不掉下去就行。有一次两人的绳子绕在一起，如果不是舅姥爷及时赶到的话，父亲和叔叔就窒息而亡了。

奶奶的娘家人自然不忍心看自家女儿这般劳累，家里穷得揭不开锅的时候，奶奶的娘家就会救济点，通常都是舅姥爷偷偷地送点吃的来，据说奶奶的爷爷在旧社会是个小地主，家里有点存粮，也会时不时地把外孙接到娘家来照顾一段时间。据说父亲五岁时，舅姥爷第一次接他去外曾祖母家，路边的田里有轰隆隆的拖拉机在耕地，整天被锁在家里的父亲从没见过这样的庞然大物，直吓得哇哇大哭。

我听到这个故事的时候忽地忆起小时候在老家度过的岁月。当时的我和弟弟还在上幼儿园，爷爷奶奶常常是天都黑了还在地里忙农事。有天晚饭后奶奶给我和弟弟冲了奶粉(大概是补钙的)，叮嘱我俩乖乖坐在屋里。她匆匆离去后，不一会儿我们就喝完了奶，小心地下了炕出了屋，到院子里寻找奶奶。爷爷奶奶都不在，大门被反锁了，打不开。我和弟弟在院子里胡闹的时候，忽然看到一只硕大的癞蛤蟆正从大门底下进到院子里来。我们被这没见过的丑陋生物彻底吓傻了，弟弟哭喊着要开门出去找奶奶，我拉住不让，试图抵住大门不让癞蛤蟆进来，一面也惊慌失措地喊着奶奶。印象之中很久很久以后奶奶才出现，赶走了癞蛤蟆，安抚了受到惊吓的我们。当时的无助、恐惧与惊慌，使得这记忆深深地烙印在我的脑海中。父亲的幼年，是否也充满了这样孤立无援的时候？也许正是因为身在农村所经历的磨砺，才使得他得以在之后的人生中，一直自立自强地走下去？我想，答案是肯定的。

爷爷当过兵，对子女少不了棍棒教育，年轻时脾气又十分暴躁。奶奶没上过学，只知道持家和种田，家里还承包了一个五亩大的果园，因此父亲兄妹三人的学习是从没人管的，农村的孩子早当家，父亲每天放学后放下书包就帮奶奶喂猪，在果园里干活，直到晚饭后才开始做作业。父亲知道对于农村的孩子来说，如果想摆脱这种苦日子，唯有苦读书才能有出路，直到现在父亲还是这样教育我和弟弟的。奶奶告诉过我，秋天苹果收获的时候，每晚父亲都给自己摆一桌的苹果——自然都是磕磕碰碰卖相不好的，好苹果都留着卖给沿村收购的商贩了。纵是如此，父亲也很满意了，边吃边完成作业。

上了高中的父亲每天自己骑行十几里路到县城去读书，高中生活并没有比小时候好过多少，中午食堂里供应的大多只有凉拌萝卜丝和烩菜，尽管烩菜一份只有五毛钱，但一般家庭的学生也是消费不起的。与其说那是烩菜，不如就说是土豆片烩豆腐。高中三年，父亲大多是用奶奶腌的咸菜就馒头，食堂的烩菜一星期吃上一到两次就很不错了。“偶尔我和几个同学去学校附近的面馆吃一碗炸酱面，一碗几毛钱，几个月能吃上一碗就已经很满足了。”

父亲至今依然好这口。

四

对于父母从家里独立出来以后的生活，我了解的并不是很多，只是多多少少地从老照片和他们零零散散的闲谈中得知一二。父亲大学毕业后，有幸被招工到温州，再后来到上海。直到父亲的九叔介绍父母相识，我们这个家庭的故事才刚刚开始。

父母到了上海落下脚跟，努力工作、攒钱、买房，后来就有了我们。童年的记忆里，家不大却很温馨，父母两人每天骑着自行车上下班。因为祖辈不在身边，父母下班又迟，我和弟弟常常是幼儿园里最晚被家长接走的孩子。我总是坐在教室里和弟弟把白天做过的游戏再玩一遍，一边看霞光一点点暗下来，一边等着熟悉的身影出现。

除了这些我知道的，其实还有很多我所忘记的。比如小时候的我们每晚都很烦人地缠着父母要听故事才肯乖乖睡觉。母亲总是讲得绘声绘色，听着她的故事我们姐弟两人才能酣然入睡，有时夜里竟连做梦都是在故事里；而父亲就只会照着书读给我们听。后来十几岁的我听到这个故事，总是忍不住去想平日里不苟言笑不温柔的父亲是怎样被年幼的子女缠着去讲童话的，遗憾那时的自己年纪太小，未能牢牢记住父亲当时的窘态与温柔。夏天晚上的时候，母亲会在夜半摇醒我和弟弟，让我们喝下早已放凉的白开水再去睡，那半杯水总是放了冰糖的，很甜。

如今，故事里的少男少女已经有了鬓边的白发，他们常和我讲些这样那样的往事。滔滔不绝的时候，就好像又回到了那段泪也多、笑也多、虽苦也乐的岁月，好像又重新拥有了轻盈矫健的身体和年轻的梦想。而听故事的我总会禁不住去想象，去翻看以往翻了百八十遍的相册。家里的相册里有父亲年轻时的老照片，那时的他穿着白皮鞋，四六分的头发，背临外滩的灯火，对着镜头坐得很端正，脸上有浅浅的笑。当时的我实在难以把照片上这个俊朗腼腆的青年和如今窝在沙发的角落里看手机的中年大叔相联系，再看看照片里同样年轻时髦的母亲，才意识到，我的父母亲，也曾有过少男少女的青春啊。

生命无论是在过去还是当下，都是沉重而又脆弱的东西。活着，实在是一件太需要勇气的事，是一个太有力量的词。我们的上一辈，用前半生拼命与命运抗争，会为苦日子里的那一点点甜而幸福，也会在苦难来临的时候失声痛哭，然后再像断了枝丫的植物一样，继续艰难地在这片土地上扎根下去，毕竟，只要有人活着，生活还要继续。

所以我也愿意做一个安静的倾听者。我也许不需要经历他们艰辛多难的过去，可我想，这样的精神也许永远不可磨灭。

【教师点评】

这是一个令人荡气回肠的讲述，反映的是中国西部两个家族前后半个多世纪的发展历程，在那片贫瘠的土地上，生活着一群正直、善良、勤奋的始终与命运抗争的人们，透过这些故事，我们可以感受到身处苦难中的人们身上所散发出来的人性的光辉。经历过苦难的人们，他们对生命的理解自然是深刻的、独到的。（简振雷）

【一起思考】

1. 我们应该意识到，“闲谈”是最平常、也是最有效的沟通方式，您的家里人，经常抽空闲谈吗？

2. 如何面对苦难，我们应该告诉孩子们，因为没有一帆风顺的人生，您认同吗？

三十三　在那遥远的地方

王佳敏

关于母亲的故事，是从 1996 年的某一天开始说起：

我和我的妹妹们，还有父亲和母亲，正坐在列车上。我们是从内蒙古来的，目的地是新疆。那对于我来说，是一个新的开始，我寄望着，能够闯出属于自己的世界。

那是一个冬天，我们来到了新疆阿克苏农一师五团。当我们下了汽车，四舅来接的我们。一家人坐着他的毛驴车，沿着九塔公路一路向南。虽然名为公路，其实不过是泥土堆砌的小路，毛驴车过去时还有一层灰“呼呼”地掀起来。就这样晃晃悠悠到了住所，见到了好多许久不曾碰面的亲人，那种久别重逢的快乐实在难以形容，就好像是心头开出了一朵朵花似的。

舅舅为我们找了一个住处。房子是由土块搭出来的，屋里烧着煤炉子，还有从未见过的火墙，房前有个院子，种了几棵葡萄树、梨树。亲戚们总爱热情地叫我们去吃饭，尤其是过年的时候，最让我难忘的是表哥家的老母鸡汤，直到现在都会怀念的味道。

不知不觉就到了春天，作为家里的大女儿，我不上学，妹妹们每天早早地都去上学了。父亲为我找了一份活，那时候每家都会承包地，我就跟着表姐去她家承包的棉花地里干活。那地方在离我家五十多公里远的皮里牧场，牧场老板的侄子每天都会开着烧柴油的小四轮拖拉机载我们去。我记得有一次车坏在路上，修了很久，我们坐在公路旁喝着涝坝里的水（所谓涝坝就是个存水的大坑，里面流着的是天山的水，甜滋滋的），新疆的夜里，天是那么的黑啊，而星星月亮就显得格外的闪亮和皎洁。

春天就这样静悄悄地来了。农忙时，芦苇也高了，母亲砍芦苇的时候，两只脚常常被砍到，如今那脚上还有几条伤疤印子。而我呢，干活时总因为手疼看手而停下工作，我那亲爱的表姐就老说我，这会影响进度的。那时候我总觉得委屈，手上又起泡又长茧，流出来黄红相融的脓水。

到了六七月份的时候，老板带我们去维吾尔族人家里做客。那人家里有个杏园，可随便吃里面的杏子，老板去那总会摘一个又大又青的给我，你别看那杏子青，但却是最好吃，其貌不扬，却有香甜的果肉，丝滑香嫩的味道如今却是再难吃到。那家主人很大方，总愿意让我们来吃。

后来到了秋天，我们承包的合同到期了。回去的路上，车子竟又坏了，夜很冷，“嗖嗖”的风直往心口吹。第二天，去父亲承包的地里干活时我就不舒服了，父亲提前收了工，回去给我烧了荷包蛋、面疙瘩、煎豆腐，全是我爱吃的。那时家里来了位叔叔给我又找了一份工作，是在短途汽车上当售票员，我一口答应了下来，于是第二天一早就去了。

那老板人很好，总带我去饭馆吃拉条子，就是羊肉拌面，加有番茄、辣椒、洋葱和小茴香(孜然)。老板家里有两个女儿一个儿子，他们学习都特别好，还考上了重点高中，那时我心底暗暗羡慕着。

1997 年是最幸福的一年，兄弟姐妹都在一起，父母也都在。但那一年老板家里却出了好多变故：他的妻子因为胃癌去世了，他的侄子不知道什么缘由，喝农药自杀了。就这样，我在他们家打了一年工后，就回了家。

到了 1998 年过年的时候，团部人忽然多了起来，我想着做点生意补贴家用，就去进了一些水果，在九塔公路旁卖橘子和香蕉，竟真有好多人来买。也就是那时的某一天，我遇到了现在婆婆公公。那时候我还不认识他们呢，后来听他们说在路上一眼就相中我，便打听到：“是二连老张家的外甥女。”那年我十七岁，是四舅牵的红绳。但我当时觉得自己不应该那么早谈婚论嫁，这件事就不了了之了。原本过了年想回内蒙古去看看，行李收拾好了，父母也答应了，但过了一晚，父亲又后悔不想让我去，我也是，因为我们都舍不得彼此。

入秋，母亲做了裤子叫我去镇上裁缝铺拷个边，去的时候老板娘和老板刚起床。我就说：“我来借一下你的机器，可以吗？”

老板娘看我灵巧的样子，便问我：“你愿不愿意来我这学手艺。”

我想都没想，“嗯，好啊！”

老板说：“你在我们这学，不用教学费，但不管午饭。”

那时候的我没什么钱，只能去团部买包子吃。双休日，父亲还带我去打零工，两天就能赚三十块钱，够我吃上一个月的中午饭，我中午别的不吃就吃两个包子，特别管饱。

1998 年，毫无征兆，我失去了父亲。

那天，我照常去裁缝店。一路上，总有几只乌鸦在我头上盘旋，我记得特别清楚，那天的乌鸦叫声特别响，我这一辈子都不会忘记。到了中午十二点的时候，表弟来找我：“不好了，你爸进医院了！”我急忙去农一师五团的医院，那是当地最大的医院。一进去，我就看到父亲躺在那，在一张白色的、感觉不到生气的床上，睁着眼睛看着我，一动不动，嘴好像在蠕动又好像没有，就那样看着我，一直看着我。那时候医疗技术很落后，医生说不出他得了什么病，妈妈一遍又一遍地去找医生，但他没有搭理母亲，头也不回地说他在写病历卡，没空。就这样在不知不觉中拖了很久，到了下午三四点钟，父亲就不省人事了，那双眼睛渐渐空洞下来。

就这样，我再也没有了父亲，一家子人就像天塌了下来。从此以后我就成了家里除妈妈以外的顶梁柱了，尽管我有一个哥哥，但他总跟个小孩似的，对家里的事不管不问。我和母亲承包了二十五亩地(那时按家庭中已成人成员分配)，加之双休日也会摆摊做小生意。父亲去世的那年，家里光景不好，连养的大黄狗，自从父亲去世后，就再也没吃过东西，常常会流眼泪，后来也默默离开了这个世界。最不幸的是，家里养的毛驴平时很乖巧的，哥哥有一天牵着它去地里吃草，它那天很调皮，我哥哥往北走，它偏向南跑，哥哥本想用耙子(耕地的工具，一处有尖头，一头平)平的那头轻轻敲它两下，谁知阴差阳错，那天偏偏转过来尖的一头，毛驴的肚子上被戳出了一个洞，血从肚子里流出来，不久后，它也死了。

新疆的沙尘暴很厉害，关着门从窗里看出去，什么也看不见，只有灰茫茫的一片。我那时候便想，如果有一天我能离开这个痛苦的地方该有多好啊！

但当时的我无法离开，因为家里人都在那。有一次，连队的女会计说我十九岁也不小了，要给我介绍对象："我给你介绍一个，可以到上海去，怎么样？"她又问我记不记得以前相中我、想为我和他们儿子牵线的那对夫妇，我当时只想离开，想着这也是缘分便答应下来。没想到过了第二年的春天，到了三月份还没有动静，我想怕是黄了。有一天，四舅又碰到了从前的那对夫妇，便来到我家里商量，很快双方达成了共识，同意两人交往。公公当时开拖拉机，总从我们家门口过，两家人常来往，我感觉自己又有了一个父亲。

又到了金秋，有一天，公公突然来家里问我，如果真的想好了，就和他一起去上海。没有考虑，我说想去。

离开的前一晚，亲戚们都来我家吃饭，那是我在新疆最后的晚餐，就像喝女儿出嫁时的喜酒一样。

离开那天是国庆节，也是从乌鲁木齐开往上海的火车的第一次运行，更是我人生另一个新的开始。坐在火车上，往窗外望着，那天边的云，那一望无际的田，还有那伴随我四年的沙尘暴，一切好的不好的都往车后跑，然后渐渐地，再也看不见了……

下　乡　前

还有一个故事，是恰巧从奶奶的口中得知的，故事很零散，也是与新疆有着不解之缘，更多的是夹杂着那个时代背景下的无奈与辛酸。

那时，"三年困难时期"刚刚结束，岗位少，家里又都有四五个孩子，上海社会压力很大，所以鼓动我们知识青年报名下乡。当时父母低收入，我们几个小青年也就去跟着看看，去了报告厅看到影像里放着有关新疆的宣传片：牛奶可以洗澡，哈密瓜多到吃不完。我们当时都惊了(现在想想，可不就是忽悠我们年轻人去)。

后来我去报名，却是被分配到崇明农场，虽然，有很多人都在崇明落户了，但我不习惯，那里水是咸的，我说我要回家(去崇明当时是允许回到上海的)，便回来了。那时我 21

岁，去过上海识字班当老师，去过食堂干活，又去粮店发票子。后来再一次报名下乡(实际上是他们上面要完成名额来凑数)，我又去了。当时妹妹在家和我一样吃闲饭，哥哥在大学当老师，弟弟在上学，还有我的姐姐，为了找工作，半夜里去邮电大厦报名。还记得当时报名的地方黑压压的，挤满了前来报名的人，当时防护措施没有现在这么好，有的人被推下了四川路桥死了，尸体就漂在河上，不过姐姐还是很幸运地报上了。当时拍电报贵，我姐姐告诉我报平安就打四个字：一路顺风。

去新疆之前，上面发了一套军装和一个小油灯，我们一拿到，都把衣服穿到身上互相看。当时要同时把户口迁到新疆去，母亲看着我蹦蹦跳跳的样子，说我傻，很不舍得把户口本给我……

路　上

我永远不会忘记，1973 年 8 月 18 日。母亲把我送到老北站，那里人山人海，走的人还没有送得多。刚上火车，我十分开心，到了西安的时候，外面一片荒凉，车内就开始有接二连三的哭声，列车员让我们把车门关好，怕靠窗的物件停站时被拿了去。火车一路上都没有水喝，到了兰州，还好有人认识当地的人，一只又一只的热水瓶往外递出去又拿回来。到了大河沿(吐鲁番)下了车，之后，我们坐着敞篷的军车又启程了，一路上吐下泻的，心里那个苦啊。

三天三夜的车程，一路的灰啊土啊，一番折腾，途经了哈密、焉耆，终于到了五团。我们被招待了两天，又在团部和领导见了面，然后被分成几个连队。

下 乡 生 活

我被分到了十七连，是坐着马车去的，一共两个小队，四十人，我被分到最远，差不多离团部二十公里。

第一天，没规定要劳动多少。当地风沙大，由于在上海习惯了，我们都用手绢擦鼻涕，擦完放裤子里，但当地人都直接粗鲁地弄到地上。有些人不习惯那儿的环境，还总戴着草帽和纱巾盖住脸去干活。

后来又分了几个班，由上级派人带我们去劳动，自己内部定个班长。在那儿的冬天不怎么忙，就是一边学习当地文化一边干活。

但是春天就不一样了，农忙的时候，大家每天都很累，吃饭都是拿一个大碗来盛。当时我是班长，我记得有一次帮他们盛饭的时候，有一个人，因为我少盛了那么一点点米饭，她当时就拿东西砸了过来，那时每个人都吃不饱，但饭就那么多……

后来我们又重新被分配干活。当时农作工具是坎土曼(新疆铲子)，用起来很方便，但刚开始我们不会用(与一般铲子不同,是讲究方法的),后来慢慢学会了。还有一系列的干活的方法和技巧,也都有老班长来教我们。

又一年春播,连队学校的校长来找文化人当老师,正好就找到我,一开始不想要这份工作,因为以前常听爸爸提起,“教学就是照亮了别人燃烧着自己!”但后来还是去了,毕竟比起干农活,还是教书轻松。

我去了师训班一个月,被分到了十四连子校,我成了办这所学校的第一批老师中的一个,其中连我在内的四个老师都是知识青年。学校教室是我们自己盖的,把猪圈改成教室,用土块重建,争取在开学之前建好。当时可没有选择,我们必须要完成,否则以后在学校就会没有威信。

艰苦回忆

盛世才(曾经的新疆一霸)的侄子盛利明是我们的校长,“文化大革命”的时候,总是三天两头挨批斗,甚至与他沾上边的人也不被放过。

当时闹得很凶,有很多人上吊自杀,也没人知道为什么,我们当时都害怕极了。记得很清楚,那时还有一个女教师被学生活活打死,学生们不懂,被别人唆使,当时那教师还有病在身,就这样白白丧失了一条人命。我们几人简单组织了追悼会,默默地送她走了。

还有记忆很深的另一件事,是一个叫邓长江的学生,学校离家远,他一个礼拜回家一次。那时候没什么好玩的,孩子就爱玩斗鸡,有一次不幸顶到了要害上,到晚上的时候他叫难受,照顾的阿姨让他睡一觉就好了,可第二天他就起不来了,有个不懂装懂的人给他闻了些东西,说是可以治好病,没想到他闻了不久就死了。他的爹是个哑巴,文化水平很低,而当时死亡好像太过正常,他看到自己的儿子死去也没啥大反应,就把儿子用车拉了回去。

当时,写黑板没那么多讲究,写得密密麻麻地连在一起,有一次,一不小心被看成了反动标语,我就被叫了出去。

后来我调到了二连。也是有个人,因为一不小心把毛主席的像摆倒了,就被叫走了。那时候我还被定了两个罪名,有一个是里通外国分子,就因为那时候我家里叔伯在台湾,而父母在上海。

被批斗下来又到地里干了几年的活,后来校长来找我,要恢复我名誉。那阵子我怀着孕,可能干活太累,进了医院。当时连队指导员,看不惯我,跟别人说我娇气,其实就是不想让我当老师。当时我们住在油库旁边,他们硬生生把我们的家搬了,说怕我们把油库点燃了,现在想来真是可笑。尤其是有个叫毓秀光的,把毒药放到我们的鸡圈里,毒死了一窝的小鸡,我因此去请示政委;你爷爷脚被狗咬肿了起来,要请病假,但是上面却请了事假,我又去请示了政委,这下那指导员可把我恨死了。

回过头来看，那时的生活好像总离不开“死亡”二字。那时候，死就是再普通不过的事，活着的人都要着眼于未来。

现在想来，那些悲伤又美好的“青葱”岁月啊，那些被命运之神所相连的线啊，几度流光，此刻都有了它特殊的意义。

【教师点评】

这是关于一个家庭的富有传奇经历的故事，在貌似平淡的叙述中，时代的风云变幻、家庭和个人命运的跌宕起伏令人感慨万千。故事中的每一位人物都在勇敢地与命运做最顽强的抗争，他们身上所体现出来的善良、勤勉、真诚、积极、乐观向上的品格将是留给晚辈最宝贵的财富。（简振雷）

【一起思考】

有时候，人是无法左右命运的，但是在“无法左右”之余，我们总是可以和命运搏一搏的，这些，不仅是伟大的人可以完成的，小人物也可以做到。这些，应该和晚辈分享，晚辈们愿意聆听吗？

三十四　过去的琐事

陈锶宇

人活在当下，身后是过去，面前是将来。将来成为生活的期盼，过去成为讲述的故事。

在一年级我开始自己一个人睡之前，妈妈总会给我讲睡前故事，我刚出生时的事情，她以前的故事，外公给她讲过的故事，好多好多，有的故事现在仍记忆犹新。

我小时候记得最清楚的故事，是表舅放野火的事。妈妈的老家在金泽，以前过年，乡下有放野火的习惯。有一年，我妈妈表哥，就是我表舅，带着我妈妈和姨妈她们，晚上吃好饭后悄悄溜了出去，跑到北面的田地里去玩。他们都躲着我大姨妈，因为她是我妈妈那辈的老大，放野火这么危险的事，她肯定不会放表舅他们去。几个小孩玩疯了，表舅就带头放野火，放着放着，把旁边别人看田时待的草棚给点着了，好在当时里面没有人，几个小孩吓呆了，我妈妈马上跑回去叫人，火在烧到田地之前被扑灭了，但是草棚已经化为灰烬。表舅早就逃回家里躲着，但是草棚的主人还是找上门来，表舅挨了批，那之后好像再也没有去放过野火。

那片田，后来征地时被征掉了，现在大概是在日月岛那片地方。

另一个令我记忆深刻的故事，是我妈妈自己一个人坐火车到我外公当兵的地方。

我外公年轻的时候在河北当兵，是机场的地勤人员，一年也就过年的时候回来几天。我妈妈放寒暑假的时候，就自己一个人坐火车到河北，去我外公那里玩。那个时候只有绿皮火车，现在几乎看不到了。从上海到河北，大概需要三四天。后来外公回来，妈妈也就再没去过河北了。

还是外公当兵的时候，我妈妈上学时，外曾祖母(外公的母亲)从乡下过来照顾我妈妈。有一次，妈妈在吃饭时吃到块泥，就向外曾祖母抱怨。“多吃点泥好的。”外曾祖母这么说。

外曾祖母吃鱼是不让翻面，因为在她那辈，我们家是渔民，那时候说是吃鱼翻面的话是要翻船的。虽说是那时带迷信的说法，而且我们现在家里吃鱼也不会忌讳这些。不过每次过年回乡下吃饭，鱼都不会翻面，这也是我小时候一直好奇的事。

这是在我小时候给我讲的故事，是她小时候的故事。其他还有好多好多，只可惜都记不清了。

现在我长大了，睡前故事已经没了，但还是有人给我讲以前的事情，大部分变成了我小时候的事情。

上幼儿园的时候，我生过一次肺炎，住了院。妈妈说那时候我天天晚上哭着吵着要回家，不过好得也很快，一个星期左右就出院了，现在我对这件事早就没了印象。

很早以前，一次在小区里玩，别人给了我一块糖吃，结果我噎住了，脸都给憋紫了。当时奶奶就学电视上教的，把我整个人倒过来，拍我的背，把糖给咳了出来。奶奶说当时她快被吓死了，还好前两天在电视上看到该怎么做。

以前我妈妈的堂妹的女儿，也就是我的表姐，他们一家来我家玩。也不知道怎么回事，我们两个小孩玩着玩着吵了起来，吵到最后，我妈妈说我咬了她，然后我肯定是逃不了挨批的。这事我有印象，估计以后还会被他们翻出来，当陈年往事来谈。

我外公是他兄弟姐妹几个里的老大，他的弟弟，也就是我公公，从我记事起他就有一只眼睛是看不见的。有一回我问外公是怎么回事，结果他给我讲了一个下午。

那是他小时候的事情了，一次公公发麻疹，据我外公说是没发出来还是什么的，我没弄懂，但当时公公身上起了一个个脓疱，一开始给他治疗的医生没有治好，反而眼睛开始出现问题了。我外公就赶紧带他到西岑去，当时那里好像有个很有名的眼科医生，还好去得及时，最后总算是保住一只眼睛。

我亲外婆在我出生前就得癌症去世了，后来外公再婚，就是现在伴我长大的外婆。

她是江苏人，比我外公年轻近二十岁。从小我就很喜欢吃她烧的菜，直到现在还是这样。

小学时的寒暑假，妈妈不放心让我一个人待在家里，我就一直到外婆的单位去玩。有时候闲着没事情干，不是跟着已经混熟的叔叔玩，就是听我外婆讲她小时候的故事。

她也是农村出来的，但她老家和金泽不一样，到现在还是和以前差不多，而金泽，只剩下依稀一些影子了。

以前在她老家，是真穷。村里最有钱的几家人出钱合资，买了个八寸大的小电视机，看电视成了当时最受村里小孩子喜爱的娱乐。晚上吃过饭，从自家搬个小凳子，争着抢着也要坐得靠前一些，为的就是看清楚那八英寸大的黑白电视机里面的画面。

那时候，夏天晚上都热得不行，又没钱买电风扇，到天黑透后，就拿着一卷凉席到屋外铺开。外婆的爸爸给她扇扇子，这是她小时夏天乘凉的最好的方法。放到现在，我很难想象那般场景。生活不易，就是在这里体现出来的。

到现在还有，外婆她老家每到过年都会请人来做粉条。听她讲，那可是浩浩荡荡一大群人来。几个人洗芋头，剥皮，然后将芋头块全部浸在水里，一天后再拿出来，把黑的都切去，只留下干净的白色的部分。然后再浸泡一天，把泡好的芋头块磨成粉后做成条状，

然后放到室外晾晒。最好那天是晴天，这样一天就能晒干，据说这样做出来的最好

吃。晒干后再洗干净，泡水，然后再晒，一番折腾过后才算做好。那个时候做粉条时，最开心的是小孩子，他们不用参加制作的过程，就在旁边看着心里觉得好玩。到现在我外婆老家过年时还会请人来做粉条，说来也奇怪，制作工序如此的复杂，粉条却卖得特别便宜。不过很多人都很喜欢吃，年年都会有人来买。

生活就是这样，与艰难困苦相伴而行，不幸与坎坷总是会毫无预兆地向你袭来。但就是这份不容易，让我们的人生增添几分色彩。那些从困境中走出来的人，总会有许多故事。

我奶奶就是那样的人，她年轻的时候是真的苦，真的穷。她过的生活是我怎样都不愿去经历的。

当时我爷爷家在村里出了名的讨人厌，一家人什么活都不愿意干，却一直想占便宜。如果不就是我奶奶要强，不知道我们家究竟会变成什么样。

有一年我爷爷想养鸡，就花光了几乎所有的积蓄买了一窝鸡崽，结果那一年的冬天酷寒，爷爷忘记把那窝鸡崽收进避寒的鸡窝，结果养了整整一年的鸡崽全冻死了。那一年是奶奶他们最难熬的一年，不过最终还是想办法度过了，究竟有多苦，放到现在是难以想象。现在谈及这事时，奶奶眼里还是带着泪的。

那时候的生活，充满艰辛，确实也最能锻炼人的意志。从那个时代走出来的人，性格中都有股韧性。从不轻言放弃，坚守着生活中的希望。这段艰辛的生活经历，虽然很苦，但确是奶奶的人生中无价的瑰宝。这些换不来的宝贵经历，变为故事，由奶奶讲述给我听。

不过奶奶讲得最多的还是爸爸和姑姑小时候的故事。奶奶认为，唯有读书才能出人头地。所以她对家里仅有的两个儿女，就是我爸爸和姑姑，格外严格。爸爸小时候的学习成绩一直在班里名列前茅，是当时村里唯一考到青浦镇上的学生。

爸爸高中是在青浦中学读的。奶奶跟我讲，有次老师打电话叫她去趟学校，当时她心里一惊，想是不是我爸爸出了什么事情。到学校后才知道是没什么事，就是我爸爸他逃了几次早锻炼，学习上倒是非常用功，悬着的心放下了，她回家跟我爸讲过学业和身体两方面都不能落下。

后来我爸大学考到武汉，每次放假回来，奶奶总觉得我爸爸太瘦，一直让他吃，总算是长胖些，下次回来又瘦了。

我妈妈以前有段时间身体不好，奶奶带着她去看病，从青浦的医院到市中心的医院，一直是奶奶跑前跑后，就是那几年累出了毛病，现在奶奶的腿脚还是不利索。前后看病四年多，妈妈的身体才好转，后来才有了我。

要是让我奶奶讲起来，那么多的故事，估计三天三夜都不一定讲得完。每次跟我讲故事时，我都洗耳恭听。因为那些故事里都是我没经历过的场景，对我来说是陌生、神秘的世界。我对其很好奇，想要了解更多。